대통령문화와
민주주의

미국 13개 대통령도서관을
찾아서

An Exploration of
13 US Presidential Libraries

대통령문화와

민주주의

라이트 지음

좋은땅

*Presidential Culture
and Democracy*

머리말

　1960년 봄 4.19가 온천지를 휩쓸기 직전 서울 돈암초등학교에 입학했다. 어느 날부터인가 안암동 로터리에서 쏟아져 나와 돈암동 삼거리를 돌아 삼선교, 혜화동쪽으로 향하던 데모대를 신이 나서 쫓아가다 되돌아오곤 했다. 길 건너 성북경찰서에서 콩 볶듯 총소리라도 들리면 그것이 무엇을 의미하는지 몰랐지만 가슴이 철렁하기도 했다. 그때 들은 "민주주의를 요구하는 데모다. 세계 최고의 민주주의는 미국이고, 세계 최대의 민주주의는 인도다."라는 선생님의 말씀이 머리에서 떠나지 않았다.

　아마도 한국전쟁 이후 독재와 부패의 혼돈으로 점철되어 온 우리 현대사의 질곡에서, 또한 끊임없는 북한의 남침 위협 속에서, 귀가 닳도록 배워 온 이상향인 '민주주의'는 손을 뻗쳐도 닿을 수 없는 마냥 먼 곳에 있는 신기루 같은 개념이었다. 그들은 누구일까? 어떻게 살고 있을까?

　다행히 세계 최대의 민주주의 현장인 인도에서 공부하고 또 세계 최고의 민주주의 현장인 미국에 파견되어 일할 수 있는 기회를 얻게 되어 유년 시절의 목마름을 다소나마 해소할 수 있었다. 이 책은 결국 그 '물맛'을 함께 나누자는 취지에서 쓰게 되었다.

　알래스카에서 플로리다 키웨스트까지 미국 전역을 취재하거나 개인적인 여행을 하며 느낀 것은 '대통령의 숨소리'였다. 국민들은 대통령을 존경하고 신뢰하고 때론 열광했다. 그것은 그대로 민주주의라는 길을 만들었고 거미줄처럼 퍼져 온 나라를 휘감고 있었다. 그 민주주의의 실마리를 지금까지 개관된 13개 대통령도서관에서 찾고자 했다. 또 그 시스템이 구축되기 전에 만들어진 대통령 기념관 중 미국민들이 가장 좋아하는 대통령 유적지 5곳을 추가시켰다. 그곳들을 찾다보니 자신의 전 생애를 바쳐 미국의 대통령문화를 일군 사람들이 있었다.

20년의 신문기자 생활과 20년의 대학교수 생활을 잘 마무리하고 아직 여러 가지 욕심을 부리는 사치(?)를 누릴 수 있는 것은 하나님의 크신 은총이자 은혜임을 이제야 절실히 느끼고 있다. 젊은 시절 건성으로 교회를 들락거리던 한 영혼까지 극진히 대하시는 한결같은 사랑과 은혜에 거듭 감사할 뿐이다.

신문기자 시절 쓰고 싶은 이야기는 너무 많은데 막상 많은 책을 내지 못했다. 시간이 부족해서인 줄 알았다. 대학으로 가면, 신문사에서 글 쓰는 속도라면 한 달에 한 권씩은 쓸 수 있을 것 같았다. 그러나 대학에서도 현실은 녹록지 않았다. 정년퇴임 2년이 넘어서야 한 편을 엮었다고한다면 게으름의 변명밖에는 안 될 것이다.

퇴임 후 출판사를 하는 한 후배를 만났다. 앞으로의 계획을 묻는 그에게 준비해간 10여 권의 집필예정 책 제목이 적힌 종이를 내밀었다. 그가 깜짝 놀랐다. "이걸 다 쓰시게요?" 물론 장담할 수는 없다. 그러나 꿈까지 못 꿀 일은 아니지 않는가. 건강이 받쳐 줄지는 나의 영역은 아니고….

1970년대 후반부터 20년간 이어진 신문기자 생활은 새로운 경험의 연속이었다. 그런 가운데 인도에 대한 열정을 놓지 못하여 오랫동안 소위 주경야독(晝耕夜讀) 생활을 계속했다. 서울신문은 신뢰와 배려가 충만한 인간미가 살아 있는 직장이었다. 300여 명 되는 기자들은 모두 한 형제간이나 다름없었다. 선배들의 격려와 충고는 평생을 사는 데 큰 밑거름이 되었다.

은퇴한 지 오래 되셨지만 김호준 국장님은 두 차례의 중동분쟁, 아웅산테러, 남미대륙 등 수많은 기획취재 파견은 물론 뉴욕특파원, 워싱턴 특파원의 길까지 열어 주었다. 미국의 대통령문화에 구체적 관심을 가질 수 있도록 기회를 만들어 주신 분이다. 또 故 이정연 이사님은 몇 번이고 팽개치려 했던 기자의 길을 인내로 붙잡아 주신 분이다. 휴직도 하고 사직도 하면서 인도를 찾았다. 기자가 떳떳해질 수 있는 것은 온갖 '유혹'에 굴하지 않는 것임을 일깨워 주신 분이다. 고고한 학 같은 그분의 모습은 두고두고 잊히지 않는다.

학문의 길로 인도해 주신 외국어대의 박원탁 교수님, 인하대의 김만규, 문정인 교수님께도 감사드린다. 선망아지 같은 기자생활 20년의 어설픈 학자를 기꺼이 반겨주신 건양대 설립자 겸 명예총장 김희수 박사님께도 깊이 감사드린다. 90세가 넘어서도 여러 가지 새로운 배움의 길을 추구하시는 의지력과 건강을 본받고 싶을 뿐이다.

이 책을 쓰는 데 가장 많은 도움을 받은 것은 건양대 김형곤 교수님의 저서들이다. 10여 권이 넘는 관련 저서로 국내에서 '미국 대통령학' 분야 권위자인 김교수님께 거듭 감사드린다. 또한 바쁜 시간에도 틈틈이 책 제작의 조언을 아끼지 않아 준 송정란 교수님께도 감사드린다.

또한 이 책을 준비하기 위하여 안식년 때 찾았던 미국 버몬트주 '노르위치(Norwich)대학'의 슈나이더(Schneider) 전 총장님과 정치행정대학의 탈렌티노(Talentino) 학장님께도 감사를 드린다. 육군 소장 출신인 슈나이더 총장님은 멋진 연구실의 배려와 함께 늘 따뜻한 말로 격려해 주었다. 이탈리아 이민자 후손인 탈렌티노 학장님은 대통령도서관을 다녀올 때마다 상세히 소감을 물으며 자신의 견해를 밝혀 주었다.

마지막으로 인생의 동반자이자 미국 대통령문화기행 2만km 대장정을 틈틈이 동행해 준 아내 김혜자와 연균, 연준 두 아들에게 감사한다. 남편의 '주경야독' 직장생활에 한마디의 불평불만 없이 내조해 준 것이 고맙다. 특파원 시절 대통령 기행에 따라나섰던 어린 아들들이 이제 각자의 분야로 잘 성장하여 가정까지 이룬 모습이 대견하다.

책의 내용이 1995~1996년과 2015~2016년 두 차례에 걸쳐서 20년의 시차를 두고 취재한 것이어서 그 시간적 격차를 메우기 위한 노력을 기울였음에도 모든 오류는 오롯이 저자의 책임임을 고백한다. 끝으로 기꺼이 출판을 허락해 주신 좋은땅의 이기봉 대표님과 꼼꼼히 책을 만들어 준 편집진께 감사드린다.

2021, 초여름 아슈람글방에서
라 윤 도

목차

머리말 · 4

약자(略字) 색인 · 10

제1장 민주주의를 꽃피운 '대통령문화'

1. 미국 민주주의와 대통령문화 · 14

2. NARA와 대통령도서관법제 · 20

3. 미국 민주주의의 초석, "나는 마운트 버넌으로 간다" · 27

제2장 NARA의 대통령도서관

1. 프랭클린 루스벨트의 뉴욕 하이드 파크 · 38

2. 해리 트루먼의 미주리 인디펜던스 · 56

3. 허버트 후버의 아이오와 웨스트 브랜치 · 66

4. 드와이트 아이젠하워의 캔자스 애빌린 · 76

5. 존 F. 케네디의 매사추세츠 보스턴 · 87

6. 린든 B. 존슨의 텍사스 오스틴 · 98

7. 리처드 닉슨의 캘리포니아 요바 린다 · 107

8. 제럴드 포드의 미시간 앤 아버 · 118

9. 지미 카터의 조지아 애틀랜타 · 129

10. 로널드 레이건의 캘리포니아 시미 밸리 · 140

11. 조지 부시의 텍사스 칼리지 스테이션 · 151

12. 빌 클린턴의 아칸소 리틀 락 · 162

13. 조지 W. 부시의 텍사스 댈러스 · 179

제3장 **NARA 이전의 대통령도서관**

1. 조지 워싱턴의 버지니아 '마운트 버넌' · 196

2. 존 퀸시 애덤스 부자의 매사추세츠 퀸시 · 207

3. 토머스 제퍼슨의 버지니아 샬롯빌 · 218

4. 에이브러햄 링컨의 일리노이 스프링필드 · 230

5. 국립초상화박물관의 역대 대통령 초상 · 248

제4장 **대통령문화를 일군 위인들**

1. 러시모어 '큰바위 얼굴'의 거츤 보그럼 · 256

2. '마운트 버넌'의 앤 파멜라 커닝햄 · 270

[부록] **연구논문과 언론 칼럼**

■ [연구논문] 미국 대통령도서관제도의 역사적 고찰 · 282

■ [언론 칼럼 모음] · 315

참고문헌 · 344

약자(略字) 색인

*AIA(American Institute of Architects): 미 건축연구소

*CBO(Congressional Budget Office): 미 의회예산국

*DEFCON(Defense Readiness Condition): 방어준비태세

*FDR(Franklin Delano Roosevelt): 프랭클린 루스벨트 대통령 약칭

*FOIA(Freedom of Information Act): 미 정보자유법(1966)

*GSA(General Services Administration): 미연방 총무처

*INF(Intermediate-range Nuclear Forces): 중거리 핵전력

*IPCC(Intergovernmental Panel on Climate Change): 기후변화에 관한 정부간 협의체

*JCS(Joint Chiefs of Staff): 미 합동참모본부

*JFK(John Fitzerald Kennedy): 케네디 대통령 이름 약자

*LBJ(Linden Baines Johnson): 존슨 대통령 이름 약자

*MRNMS(Mount Rushmore National Memorial Society): 마운트 러시모어 국가 기념물 사업회

*MVLA(Mount Vernon Ladies' Association): 마운트 버넌 부녀회

*NATF(National Archives Trust Fund): 내셔날 아카이브 신탁기금

*NAFTA(North American Free Trade Agreement): 북미자유무역협정

*NARA(National Archives and Records Administration): 미 국립문서기록관리청

*NASA(National Aernautics and Space Administration): 미 항공우주국

*NPG(National Portrait Gallery): 미 국립초상화박물관

*NPS(National Park Services): 미 국립공원관리청

*NSC(National Security Council): 미 국가안전보장회의

*ORM(White House Office of Records Management): 백악관기록물관리실

*PLA(Presidential Libraries Act): 미 대통령도서관법(1955)

*PLO(Palestine Liberation Organization): 팔레스타인 해방기구

*PRA(Presidential Records Act): 미 대통령 기록에 관한 법(1978)

*RAA(Record Administration Act): 미 기록관리법(1984)

*SALT(Strategic Arms Limitation Talks): 전략무기제한협정

*SDI(Strategic Defense Initiative): 전략방위구상

*SMU(Southern Methodist University): 남감리교대학교(댈라스)

*TJF(Thomas Jefferson Foundation): 토머스 제퍼슨 기념재단

*UVA(University of Virginia): 버지니아대학교

*WMD(Weapon of Mass Despruction): 대량살상무기

[미국 대통령문화 탐방 여정]

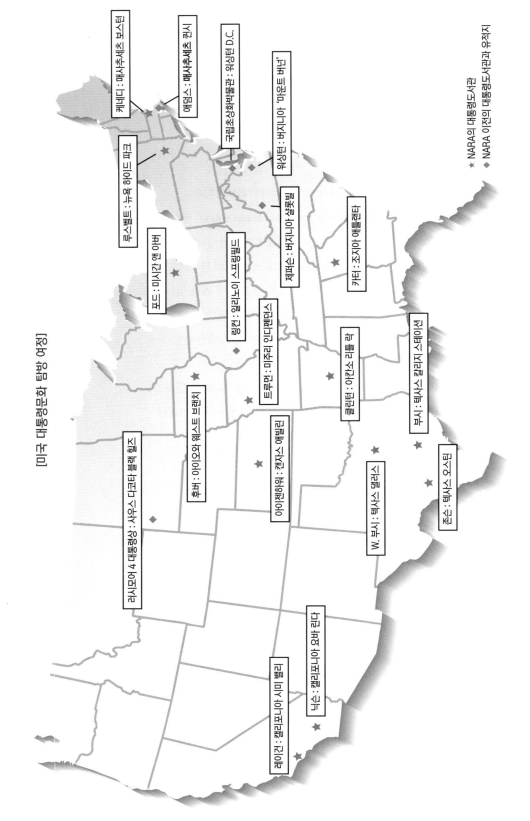

★ NARA의 대통령도서관
◆ NARA 이전의 대통령도서관과 유적지

케네디 : 매사추세츠 보스턴
애덤스 : 매사추세츠 퀸시
국립초상화박물관 : 워싱턴 D.C.
워싱턴 : 버지니아 '마운트 버넌'
루스벨트 : 뉴욕 하이드 파크
제퍼슨 : 버지니아 샬럿빌
포드 : 미시간 앤 아버
카터 : 조지아 애틀랜타
링컨 : 일리노이 스프링필드
트루먼 : 미주리 인디펜던스
클린턴 : 아칸소 리틀 락
후버 : 아이오와 웨스트 브랜치
부시 : 텍사스 칼리지 스테이션
아이젠하워 : 캔자스 애빌린
W. 부시 : 텍사스 댈러스
존슨 : 텍사스 오스틴
러시모어 4 대통령상 : 사우스 다코타 블랙 힐즈
레이건 : 캘리포니아 시미 밸리
닉슨 : 캘리포니아 요바 린다

제1장

민주주의를 꽃피운 '대통령문화'

*Presidential Culture
and Democracy*

1 미국 민주주의와 대통령문화

[조지 W. 부시 전 대통령의 대통령도서관 개관식에 전·현직 대통령들이 나란히 섰다.
버락 오바마, 조지 W. 부시, 빌 클린턴, 조지 부시, 지미 카터(왼쪽부터)]

2013년 4월 25일, 미국 텍사스주 댈러스의 유니버시티 파크 남감리
교대학(SMU: Southern Methodist University) 교정. 'George W. Bush
Presidential Library and Museum'이라는 금색 글씨가 반짝거리는 하얀
색 건물 현관에 5명의 미국 전현직 대통령들이 나란히 섰다. 버락 오바
마(44대, 당시 현직), 조지 W. 부시(43대), 빌 클린턴(42대), 조지 부시(41
대), 지미 카터(39대), 조지 W. 부시 전 대통령의 대통령도서관 개관식을
위한 자리에 정파를 초월하여 전·현직 대통령 5명이 참석했다. 이들이

파안대소하고 있는 모습을 찍은 사진은 전 세계에 타전되어 부러움을 샀다. 특히 전직 대통령들이 한결같이 불행한 모습을 보여 온 대한민국 대통령들과 교차하면서 남다른 감회를 느끼게 했다.

오늘날 세계 최고의 민주주의라고 일컬어지는 미국의 민주주의는 어디에서 비롯되었을까? 결론부터 말한다면 바로 '대통령문화의 확립'이라고 할 수 있다. 1789년 조지 워싱턴이 초대 대통령으로 취임한 이래 현 46대 조 바이든 대통령에 이르기까지 45명의 대통령(그로버 클리블랜드 대통령이 22대와 24대 두 차례 역임)에 의해 230여 년 이어져 오고 있는 대통령문화는 끊임없이 미국의 민주주의를 확대 재생산해 오고 있기 때문이다. 전·현직을 막론하고 대통령을 중심으로 한 미국민들의 애국심의 결집, 대통령 자신의 자유와 평등에 대한 확고한 철학과 신념 등은 타고난 물질적 축복과 함께 오늘날 세계 최고의 민주주의를 건설하는 원동력이 되었다고 할 수 있다.

따라서 200년 미국의 민주주의 역사를 돌아보기 위해서는 미국 대통령들의 자취를 찾아보는 것이 지름길일 것이다. 일찍이 역사 보존과 전승에 대한 인식이 투철했던 미국인들은 역대 대통령들의 흔적을 곳곳에서 잘 지켜내고 있다. 그들의 생가, 묘소를 비롯하여 사저(私邸)들까지 전 생애의 발자취를 추적하여 문화재 보존지역으로, 기념관으로, 박물관으로, 역사유적지(historical site)로 또는 국립공원의 일부로 철두철미하게 보존하고 있다. 단지 보존에만 그치는 것이 아니라 방문객들을 위해 모든 자료를 가감 없이 공개하고 또한 수많은 자체 교육프로그램을 운영하여 해당 대통령 개인뿐만 아니라 당시의 시대상, 사회상, 국제관계까지도 알 수 있는 생생한 교육장으로 활용하고 있다.

[대통령 역사 유적지를 소개하는 책자들]

　역대 대통령들의 유적과 유물을 손쉽게 찾아볼 수 있는 가이드북만 해도 수십 종에 이를 정도로, 대통령들의 일거수일투족이 후손들에게 전파되어 미국의 대통령문화를 이해하게 되고, 진정한 민주주의의 가치를 깨닫게 한다. 이는 애국심의 원천이 되고, 모국에 대한 무한한 자긍심을 갖게 만들어 미국민으로서 꿈과 희망을 키우게 한다. 이 같은 민주주의 교육의 선순환이 대통령문화를 바탕으로 끊임없이 이루어지고 있는 것이다.

　이 책은 미국의 대통령제도나 민주주의에 대한 이론서가 아니다. 미국 역대 대통령들의 흔적을 찾는 작업을 통해 미국 민주주의 발달의 근원을 살펴보자는 취지에서 '대통령문화와 민주주의-미국 13개 대통령도서관을 찾아서'라는 다소 가벼운 제목을 달았다. 미국 대통령문화의 흔적을 찾아나서는 여정은 미국 민주주의를 바로 서게 한 근원을 찾아가는 작업이기도 하다. 결국 미국의 민주주의를 추적해 가는 일은 이들 역대 대통령들의 어제와 오늘, 그리고 내일을 찾아나서는 작업에서 가능하게 된다는 확신을 갖게 되었기 때문이다.

전국에 산재한 역대 대통령의 유적들 - '먼로' 지명만 238곳

현재 역대 대통령 44명의 생가나 사저, 묘소들은 모두 국가 사적지로 보존되어 있다. 필자가 첫 대통령 기행을 떠날 때 참고했던 라첼 코치만 (Rachel M. Kochmann)의 저서 『대통령-출생지, 사저, 묘소』(Presidents- Birthplaces, Homes, and Burial Sites, 1995, 11쇄)에 따르면 당시 41명의 전·현직 대통령에 대한 유적지가 모두 248개소 소개되어 있었다. 여기에는 도시나 카운티의 명칭, 혹은 산, 강, 호수, 폭포 등 자연 지형이나 교량, 터널, 공항, 역 등 인공구조물에 붙인 이름 등은 포함되지 않았다. 아마도 이들까지 합한다면 수천 개에 달할 것이다. 한 예로 버지니아주 '먼로 박물관'이 1995년 펴낸 '먼로' 지명 연구 책자인 『먼로(Monroe), USA』에 따르면 미국 내 '먼로'가 들어가는 지명만 모두 238개에 달한다고 되어 있을 정도다.

[일리노이주 시골에서 마주친 '링컨 이발소']

물론 모든 대통령의 이름이 다 인기리에 남아 있는 것은 아니다. 국가와 국민을 특별히 사랑했던 위대한 대통령이라는 국민적 합의가 모아진 경우에 한한다. 조지 워싱턴, 에이브러햄 링컨, 프랭클린 루스벨트 등 3인은 거의 모든 대통령 업적평가 조사에서 최상위를 차지하는 이른바 '빅 3' 대통령이다. 그래서 그들의 이름은 특히 많다.

　그러나 아무리 인기가 없었던 대통령이라 할지라도 그 이름이 남아 있지 않은 대통령은 없다. 미국 북동부의 뉴햄프셔주를 방문했을 때, 그곳 출신 프랭클린 피어스(Franklin Pierce, 1804-1869) 대통령의 유적들이 여기저기 남아 있는 것을 보고 놀란 적이 있다. 그는 14대 대통령에 취임했으나 워싱턴으로 향하던 승용차가 열차와 충돌하는 교통사고로 두 자녀가 사망했고, 자녀의 비극적 횡사를 목격한 부인의 정신착란증세 등 불행한 가정사로 대통령 업무를 제대로 수행하지 못했다. 따라서 대부분의 업적평가에서 최하위를 기록하고 있는 대통령이다.

[뉴햄프셔주 콩코드의 '피어스 대통령 사저 박물관']

그런데도 그의 고향 뉴햄프셔주에는 힐스보로(Hillsboro)의 생가와 콩코드(Concord)에 있는 사저가 대통령 사적지로 보존되어 박물관으로 활용되고 있으며 프랭클린 피어스 대학, 프랭클린 피어스 고등학교, 프랭클린 피어스 구단(球団) 등 도처에 그의 이름이 남아 있었다. 주립 박물관에는 프랭클린 피어스 코너가 있어 그의 재임 중 업적을 관람객들에게 소개하고 있었다. 어린 학생들뿐만 아니라 지역민들에게는 "우리 동네에서도 대통령이 나왔다.", "우리 초등학교 선배가 대통령이다."라는 자부심과 긍지를 심어 주고 있었다. 또한 그의 재임 중 미국 영토 확장의 일환으로 '워싱턴 테리토리(Territory)'로의 준주(准州)승격을 기념하여 워싱턴주 타코마시에도 그를 기념한 프랭클린 피어스 고등학교가 세워져 있다. 이같이 재임 시 업적과 상관없이 대통령 1인당 최저 10여 개에서 '빅 3'의 수천 개까지 미국 전역이 오늘날까지도 전·현직 대통령들의 촘촘한 영향권 안에 있다고 해도 과언이 아니다.

미국의 50개 주 가운데 대통령을 한 명이라도 배출한 주는 21개 주로 절반에 이르지 못한다. 가장 많이 배출한 주는 대영 독립운동을 이끌었던 버지니아주로 8명, 다음은 남북전쟁 후 산업자본가들이 지배했던 오하이오주에서 7명, 이어 최고의 상업도시 뉴욕시를 품고 있는 뉴욕주가 5명, 버지니아와 함께 독립운동을 이끌었던 뉴잉글랜드의 매사추세츠주가 4명, 그밖에 노스 캐롤라이나주, 텍사스주, 버몬트주, 펜실베이니아주 등이 2명씩을 배출했다. 사우스 캐롤라이나주, 뉴햄프셔주, 켄터키주, 뉴저지주, 아이오와주, 미주리주, 캘리포니아주, 네브래스카주, 조지아주, 일리노이주, 아칸소주, 코넥티컷주, 하와이주 등 13개 주는 1명씩을 배출했을 뿐이다. 이밖에 대통령을 배출한 것은 아니지만 사우스 다코타주의 마운트 러시모어, 펜실베이니아주의 게티즈버그, 필라델피아 인디펜던스홀 등 수많은 대통령 유적들이 존재하고 있다.

2 | NARA와 대통령도서관법제

　미국 국가문서기록관리청을 가리키는 NARA(National Archives and Records Administration)는 미국 연방정부의 독립기관으로서 미국의 역사와 관련된 기록을 보존하고, 일반에 제공하는 역할을 한다. 본부는 워싱턴 D.C.에 있으며, 그곳의 박물관에는 '미국 독립선언서', '미국 헌법', '미국 권리장전' 등 미 역사상 가장 중요한 문서들의 원본을 소장하고 있다.

　NARA는 1934년 미 의회가 미국 역사학회의 건의에 따라 연방 기록물 보관을 위해 '국가기록원(National Archives)'을 설립하고, 기관장을 대통령이 임명하는 국가문서기록관리청장(Archivist)으로 보하면서 정식으로 발족되었다. 이후 1949년 미연방 총무처(GSA: General Services Administration)에 통합되었으나 1984년 '기록관리법(Record Administration Act)' 제정으로 다시 독립기관이 되었다. 관련 법령으로는 총무처와 NARA에 의한 기록관리법, 국립 기록관리청법, 대통령기록법, 연방 기록관리법, 기록폐기법, 정보자유법 등이 있다. 따라서 기관장인 국가문서기록관리청장은 정무직 차관급 대우를 받으며 의회에 직접 보고한다. 그 임기는 종신직이며, 상원 청문회를 거쳐 임명된다. 또한 정치적 중립성을 보장받기 위하여 대통령이 그를 해임하고자 할 때에는 상원에 그 이유를 설명하는 서류를 제출하도록 규정되어 있다.

[워싱턴 컨스티튜션 애비뉴에 위치한 내셔널 아카이브즈 빌딩]

미국의 대통령도서관은 대통령 재임 시 행해진 모든 행위들에 대한 문서, 메모, 메일, 필름, 테이프, 사진 등 기록을 보관하고 있을 뿐 아니라 대통령 취임 전과 퇴임 후의 개인사 및 가정사

심벌 마크(좌)와 대통령도서관(우) 로고

에 이르기까지 모두 포함하고 있다. 따라서 대통령도서관은 대통령 재임 당시의 역사는 물론 그 전후 한 시대의 기록을 알 수 있는 중심 센터로 국민 속에 살아 있는 대통령문화의 현장이 되고 있다.

현재 미국 내 대통령도서관은 31대 허버트 후버 대통령부터 43대 조지 W. 부시 대통령까지 모두 13개이며 주로 자신들의 고향이나 모교에 건립돼 있다. 이들 도서관은 각기 해당 대통령의 재임 기간 중의 모든 자료뿐만 아니라 대통령 전 생애에 걸친 모든 것들을 소장하고 있어 특정 대통령 개인에 대한 연구는 물론이고 당시의 시대상을 연구하는 학자나 일반 관람객들로 항상 붐빈다.

미국에 대통령도서관 시스템이 공식적으로 시작된 것은 1939년, 제32대 프랭클린 루스벨트 대통령의 두 번째 임기 중이었다. 그는 자신의 1차 임기 중 모든 공적, 사적 문서들을 연방정부에 기증했다. 동시에 고향 하이드 파크에 있던 자신의 농장 땅 일부를 내놓았으며, 또 친구와 지인들로 구성된 후원회는 이듬해 그 땅에 도서관과 박물관을 지었다. 그리고 1946년 건물이 완공되자 루스벨트는 국가에 헌납하면서 연방정부의 NARA에 도서관의 운영을 의뢰했다.

NARA를 통한 국가기록의 철저한 보존

NARA의 본부 청사는 크게 워싱턴 D.C. 시내에 위치한 최초 건물인 〈아카이브즈 I〉과 메릴랜드주 컬리지 파크에 위치한 두 번째 본관 건물로서 사무 조직과 서고, 열람실 등이 있는 〈아카이브즈 II〉로 나누어져 있다. 그리고 미국 각지에 산재한 대통령기록관과 지역 기록보존소 등으로 구성되어 있다. 독립선언서와 헌법 원문 등을 보존·전시하고 있는 〈아카이브즈 I〉 건물은 시내 한복판 컨스티튜션 애비뉴와 내셔널 몰이 만나는 지점에 위치하고 있다. 당시 세계 최고의 명성을 날리고 있던 고전건축가 존 러셀 포프(John Russel Pope)에 의해 1935년에 완성되었다. 화려한 꽃잎 문양의 높이 15m, 지름 1.8m의 고린도식 기둥 72개가 받치고 있는 이 건물은 내진설계는 물론 2차 세계대전 중 어떠한 전쟁 포화에도 견딜 수 있게 지어져 '요새 아카이브즈'라는 별명도 갖고 있다.

NARA는 연방기관의 기록관리정책을 수립하고, 그 실행을 감독하는 데 주목적이 있기 때문에 역사적으로 보존할 가치가 있는 연방정부의 영구기록을 보존하고 활용하도록 공간을 제공하며, 기록 이용 가이드를 편찬한다. 따라서 NARA가 수집·관리하고 있는 연방 기록은 CIA, FBI 등 정보기관을 포함한 연방기관의 기록, 군사기록, 입법부 기록, 사법부 기록, 대통령 기록 등에 국한되고 있다. 주(State)의 기록 등 지방 기록은 NARA로부터 독립적으로 운영되며, 50개 주에 주 기록관(State Archives)과 기타 시·카운티 기록관이 존재한다. 민간기록은 주로 각 지방의 역사연구회(Historical Society)나 민간기관이 수집·관리한다.

[내셔널 아카이브즈 내 윌리엄 맥거원 극장]

NARA의 조직은 산하에 13개 국이 있다. 그중 〈의회 및 대통령기록국〉의 '대통령도서관실' 산하에 14개 대통령도서관(아직 미 개관한 시카고의 오바마 대통령도서관 포함)이 속해 있다. 또한 〈연구지원국〉 산하에 17

개의 연방기록센터, 〈업무지원국〉 산하에 전국 10개의 지역본부를 갖고 있는 방대한 규모의 조직이다. 그밖에 입법기록관, 국립 역사출판위원회, ERA(전자기록 아카이브즈)가 있다. NARA의 본부 조직은 청장실, 행정국, 인사정보자원국, 기록서비스국, 지역기록보존국, 연방관보국으로 구성되어 있다.

25년 이상 된 기록은 일반에게 공개하며, 비공개 연방 기록은 정보자유법의 조항에 따라 정보 자유 신청을 통해 공개 열람할 수 있다. 대통령 기록은 기록을 생산한 대통령이 최대 12년간 비공개로 보호 지정할 수 있다. 1995년 제정된 대통령명령 EO12958호에 의해 비밀기록은 30년이 지나면 해제하여 국민에게 공개하여야 한다.

루스벨트 대통령의 투철한 역사의식의 산물

루스벨트 대통령의 대통령도서관 구상은 대통령 기록들에 대한 공식적인 보관방법이 없어 분실되거나 훼손되는 일을 방지하기 위해서였다. 그때까지 대통령 기록물들은 주로 의회도서관이나 출신 대학이나 고향 도서관 등에 기증되었다. 더러는 후손에게 물려주는 등 제각각 보존되어 왔다. 그러한 당시의 현실에서 대통령 퇴임 후 문서들을 정부에서 통합적으로 관리하도록 한 것은 그의 투철한 역사의식을 엿볼 수 있는 대목이다.

[대통령도서관의 효시가 된 뉴욕주 하이드 파크의 루스벨트 대통령도서관 초기 창고형 건물]

이와 같은 루스벨트의 뜻에 동감해 미 의회는 1955년 '대통령도서관법'을 통과시켰고 이 법에 따라 대통령도서관이 지어졌다. 부지와 시설은 대통령 자신이 마련하고, 그 관리는 연방정부에서 맡아 주는 오늘날과 같은 형태로 미국의 대통령도서관 제도가 정착되게 되었다. 특히 1978년에는 '대통령기록법'이 통과되어 개인재산으로 간주되던 대통령의 개인적인 문서들에 대한 개념도 국가재산으로 바뀌게 되었다.

이에 따라 루스벨트의 뒤를 이어 트루먼(1957년), 아이젠하워/후버(1962), 존슨(1971), 케네디(1979), 포드(1981), 카터(1986), 레이건(1991), 부시(1997), 클린턴(2004), 조지 W. 부시(2013) 대통령도서관 등 모두 13개가 차례로 건립, 기증되었다. 닉슨 대통령도서관은 그의 출생지인 LA 교외의 요바 린다에 건립되었으나 대통령 당시의 워터게이트사건 관련 문서 등 상당량의 문건이 의회로부터 비공개로 묶여 있어 제대로 자료를 갖추지 못하고 있었다. 따라서 NARA 본부에 별도로 보관되고 있다가 2008년 비공개 문서들의 법적 제재가 모두 해제되어 뒤늦게 이전 개관되었다.

대통령도서관은 NARA 〈의회 및 대통령기록국〉의 '대통령도서관실'에서 모두 관장한다. 이곳에서 각 도서관의 인력 파견과 운영은 물론 자료수집 활용 등에 이르기까지 연방정부의 적절한 예산 배정을 통해 관할하고 있다. 한 도서관당 보통 30~40명의 직원들이 파견되고 부족인원은 자원봉사자들로 충원된다. 한편 최근 각 대통령도서관이 지나치게 크고 호화롭게 지어지고 또 대통령의 업적을 미화시키는 등 부분적인 문제점이 발생함에 따라 NARA측은 1986년 대통령도서관법 개정안을 발의하여 건축 규모와 시설 등의 규제 규정을 신설했다.

현재 NARA 대통령도서관실 산하에는 2억 5천만 페이지의 문서, 500만 장의 사진, 1천 350만 피트의 활동사진, 6만 8천 시간 분의 테이프, 28만 건의 박물관 자료 등이 보관되어 있다. NARA는 대통령 퇴임 시 모든 문건을 인계받아 '프로젝트'라는 이름으로 도서관이 완공될 때까지 임시관리를 맡는다. 시카고에 곧 개관을 앞둔 '오바마 프로젝트'와 올해 퇴임한 트럼프 대통령의 '트럼프 프로젝트'가 운영 중이다.

이들 대통령도서관들을 모두 돌아보면서 미국의 '대통령도서관'들이 대통령의 퇴임 시 자료 확보에서부터 분류, 보존, 활용이 삼위일체가 되어 대통령문화의 진원지 역할을 하고 있음을 새삼 확인할 수 있었다.

3 | 미국 민주주의의 초석,
"나는 마운트 버넌으로 간다"

　필자는 1994년 서울신문 뉴욕 특파원으로 1년간 뉴욕에 근무한 후, 이어 1995년부터 워싱턴 특파원으로 3년간 워싱턴 D.C.에 근무하면서 이들 미국 대통령들의 유적지를 여러 차례 돌아볼 기회를 가졌다. 휴가 때는 물론 틈날 때마다 미국 대통령들의 흔적을 찾아다녔다. 그 결과 1997년 11월부터 이듬해 5월까지 서울신문에 '미국의 대통령문화'라는 제목으로 모두 21회의 장편 시리즈를 연재한 바 있다. 당시 대통령도서관은 모두 10곳이 개관해 있었다. 그러나 시간상 제약으로 워싱턴 D.C.에서 비교적 가까이 있는 5곳만 직접 가 볼 수 있었고, 그밖에 버지니아주와 뉴욕주, 펜실베이니아주 등 인근에 산재한 다른 대통령 유적지들을 위주로 돌아다녔다.

　미국의 민주주의에 대하여 깊이 생각을 해 보게 된 것은 특파원 첫 임지인 뉴욕에서 브로드웨이를 취재하면서 떠오른 영감 때문이었다. 동서로 난 길인 '스트리트(Street)'와 남북으로 난 '애비뉴(Avenue)'가 바둑판처럼 얽혀 거대한 도심을 이루고 있는 맨해튼의 중심에는 '브로드웨이(Broadway)'가 있었다. 브로드웨이는 스트리트와 애비뉴에 구애받지 않고 맨해튼 섬 남단 배터리공원에서부터 북쪽 끝의 할렘 리버 입구까지 용트림하듯 힘차게 뻗쳐 있다. 그래서 현대 아메리카 문명의 근원을 파헤쳐 보자는 심산에서 브로드웨이 1번가부터 시작, '브로드웨이 대탐험'

연재를 시작하게 되었다. 덕분에 그해 겨울 3-4개월 동안 맨해튼의 찬바람을 맞으며 골목골목을 샅샅이 누비는 경험을 하게 되었다.

브로드웨이 1번지는 현재 씨티은행이 위치해 있으며 과거 미국 독립전쟁 당시 조지 워싱턴 대륙군 사령관의 사령부가 있던 자리였다. 은행 벽에 그 같은 사실을 기록한 커다란 동판이 붙어 있지만 그것을 읽고 가는 이는 거의 보지 못했다. 그 일대는 미국 독립전쟁의 터전이자 미국 민주주의의 시발점이었다.

가장 인상적이었던 곳은 미국 민주주의의 발상지라고도 볼 수 있는 프론시스 태번(Fraunces Tavern) 레스토랑이었다. 1783년 미국 독립전쟁 말기 영국군이 최후의 보루 맨해튼에서 철수한 뒤 대륙군이 진주해 브로드웨이 1번지에 사령부를 주둔시켰을 때, 그곳에서 동쪽으로 멀지 않은 펄스트리트 54번지에 위치한 이곳은 당시 사령관인 워싱턴 장군과 그 참모들이 자주 찾던 선술집으로 유명했다. 그해 말 워싱턴 장군이 참모들을 모아 놓고 "나는 마운트 버넌으로 간다."는 유명한 고별사를 했던 장소로 알려져 있다. 3층 건물로서 지금도 1층은 식당, 2층과 3층은 박물관으로 꾸며 잘 보존하고 있다.

[맨해튼 펄스트리트 54번지 모퉁이의 프론시스 태번 건물(위), 2층 박물관에 진열된
'워싱턴의 작별(Washington's Farewell)' 이라는 작자 미상의 그림(아래)]

독립전쟁에서 승리한 대륙군 내에서는 물론이고 미국민들도 워싱턴 사령관이 당연히 아메리카의 '왕'이 되어 나라를 통치해 나갈 것으로 생각하고 있을 때였다. 그 같은 기대에 차 있던 부하들 앞에서 워싱턴은 참모회의를 소집하여 대륙군 사령관으로서 자신의 사명은 독립전쟁의 승리로 끝났기 때문에 사령관직을 사임하고 마운트 버넌의 농장으로 돌아가 농사를 지으며 보통 시민으로 살겠다고 '작별인사'를 했다. 그리고는 대륙회의에 자신의 제복과 무기를 반납하고 홀연히 남쪽으로 말을 몰았다. 그 작별인사의 장면은 2층 박물관에 그림으로 보존되어 있고, 그 자리에 참석했던 조지 클린턴(George Clinton) 장군, 벤자민 톨미지(Benjamin Tallmadge) 대령 등 여러 지휘관들의 만류의 글, 당황하는 모습 등이 전시되어 있다.

워싱턴의 정치사에 두 번, 고향인 마운트 버넌으로 간다는 선언이 나온다. 첫 번째가 이곳에서 대륙군 사령관직을 내려놓고 떠날 때이고, 두 번째는 두 차례의 대통령 임기를 마친 1797년, 모든 국민들이 세 번째 연임을 고대하고 있을 때, 각료들을 모아 놓고서였다.

워싱턴 장군의 이 두 번의 "나는 마운트 버넌으로 간다."는 선언이 미국 민주주의의 초석이 되었음은 두말할 나위가 없다. 대통령이 두 번의 임기 후 물러나는 미국 정치의 불문율의 전통이 바로 여기서 출발했던 것이다. 1719년 프랑스 이주민의 집을 개조한 프론시스 태번은 그 후 뉴욕이 신생 미국의 첫 수도가 되었을 때 재무부와 국방부가 입주한 정부청사로도 사용되었다. 건립 300년이 넘는 건물이지만 아직도 레스토랑과 박물관으로 많은 사람들이 찾고 있다.

미국 '대통령도서관'이 시사하는 대통령문화

미국의 대통령도서관을 주의 깊게 보게 된 것은 두 가지 이유에서였다. 우선 '도서관'이라는 명칭을 붙인 것이 대중 친화적이라는 생각이 들었다. '기념관'이라고 할 때는 업적에 대해 긍정적 의미를 내포하기 때문에 거부감을 갖는 사람이 생길 수 있다. 그러나 '도서관'의 경우 자료를 모아 놓는다는 가치중립적 의미가 강하다. 동네도서관에 가듯 부담 없이 사람들이 출입하고 해당 대통령의 업적에 대한 평가는 관람객 즉, 찾아오는 국민들에게 일임한다는 점에서 적절한 명칭이 아닌가 한다.

또 한 가지는 도서관을 국민의 세금이 아닌 퇴임 대통령의 자력으로 건립한다는 점이다. 주로 대통령의 출생지나 모교에서 부지를 제공하고 후원회원들이 돈을 모아 건립하는 형식이다. 단, 큰 도서관을 운영하기 위해서는 수십 명의 직원이 필요하고 많은 운영비가 들어 도서관의 관리는 연방정부 기관인 NARA에서 맡는다는 점도 인상적이었다.

이번 답사에서는 제31대 허버트 후버 대통령부터 제43대 조지 W. 부시 대통령에 이르기까지 현재 설립되어 있는 대통령도서관 13개 전부를 포함했다. 그리고 NARA에 속한 대통령도서관은 아니지만 국부(國父) 조지 워싱턴 초대 대통령의 '마운트 버넌', 보스턴 퀸시에 위치한 2대·6대 존 애덤스 대통령 부자의 사설 대통령도서관, 3대 토머스 제퍼슨 대통령의 버지니아 샬롯빌의 '몬티셀로'와 UVA, 16대 에이브러햄 링컨 대통령의 일리노이 스프링필드 대통령도서관 등 대통령도서관법 제정 이전에 설립된 대통령 유적지들을 포함시켰다. 또한 미국 대통령문화의 상징적 표현물이라고도 할 수 있는 사우스 다코타주의 '마운트 러시모어' 4대 통령 조각상 등도 다루었다.

사실 대통령도서관 답사기는 특파원 생활이 끝난 후 바로 출간되어야
할 책이었다. 바쁘게 뛰어다녀야 하는 기자생활로 단행본 집필이 하루하
루 미루어지면서 3명의 대통령도서관이 더 추가되었다. 2000년 직장을
대학으로 옮겼고, 2015년 안식년을 맞아 1년 동안 미국 버몬트주의 노르
위치(Norwich)대학 연구교수로 가는 기회를 얻게 되었다. 풀지 못한 숙
제를 하는 심정으로 매달 1~2주씩 미 전역에 흩어져 있는 13개 대통령도
서관을 본격적으로 다시 돌아보았다.

　필자가 안식년을 보냈던 버몬트주의 주도(州都) 몽펠리에(Montpelier)
는 인구 8천 명의 소도시로서 울창한 삼림들과 깊은 강과 호수 등 자연을
만끽하며 풍부한 영감을 얻을 수 있었던 곳이다. 그러나 주도임에도 불구
하고 외떨어져 있었기 때문에 공항이 멀었다. 비행기를 타기 위해서는 1
시간쯤 떨어진 뉴욕주와의 경계에 위치한 벌링턴(Burlington)으로 가야
했다. 그곳 역시 작은 공항이어서 직접 오가는 도시는 별로 없었고 대부
분이 시카고 오헤어 공항이나 뉴저지 뉴와크 공항을 경유해서 목적지로
가야 했다. 그레이하운드 버스를 타는 방법도 있었지만 몽펠리에는 출발
지인 캐나다 몬트리올과 종착지인 보스턴의 중간 지점이어서 새벽 3시에
승하차를 해야 했다.

　2015년 미국의 오지 몽펠리에에서 출발한 '대통령문화 기행'은 3시간
의 시차가 떨어진 서부의 와이오밍주 주도 샤이엔(Cheyenne)에서 본격
적으로 시작하였다. 북서부의 옐로스톤(Yellowstone) 국립공원과 정 대
각선 위치로 남동부에 자리 잡고 있는 이 도시를 대장정의 첫 출발지로
삼은 것은 대통령문화의 상징적인 곳으로 생각되었기 때문이다. 미 중서
부 대평원 북부 황량한 벌판 한 귀퉁이에 위치한 인구 6만의 이 작은 도
시는 미국의 대통령을 단 한 명이라도 배출한 곳도 아니고, 미국의 대통

령을 결정지을 만한 정치적으로 영향력 있는 도시도 아니다. 서부영화의 단골 촬영지였을 정도로 미국 개척기의 모습을 비교적 잘 보여 주고 있는 한적한 시골의 모습 그 자체였다. 그러한 소박한 모습에서 출발한 미국의 민주주의가 오늘날의 모습으로 발전하기까지 그 시간적 공간적 간극을 꽉 메우고 있는 것이 바로 미국의 대통령문화일 것이라는 생각이 강하게 와닿았다.

대통령문화를 위해 몸 바친 애국 위인들과의 만남

또한 이곳은 근처에 바로 동쪽 주계(州界)를 넘어 위치한 마운트 러시모어로 진입하기에 수월한 곳이었다. 마운트 러시모어는 산꼭대기에 조각된 4명의 대통령상 자체도 큰 볼거리지만 그보다 자신의 전 생애를 바쳐 대통령을 기린 진정한 미국의 애국자를 만난다는 설렘이 더 컸다. 20년 전에도 방문한 적이 있지만 그때의 감동을 되새기며 이번 답사를 시작하고 싶었다.

조각가 거츤 보그럼은 당시 미국 최고의 조각가로서의 영화를 저버리고 북위 43도 대평원 산지의 1700m 산꼭대기에서 혹한을 무릅쓰고 17년 동안 4명의 대통령 얼굴을 새겼다. 대공황 등 수많은 난관을 극복하며 조각에 몰두했고 완공을 불과 7개월 앞두고 사망했다. 대를 이어 아들이 완성했지만, 그의 스토리는 미국의 대통령문화를 우뚝 세운 선각자로 칭송되기에 충분했다.

동시에 보그럼의 애국정신에 감화되어 사재를 털어 그의 이야기를 기록으로 남긴 박물관, '러시모어 보그럼 스토리(Rushmore Boglum Story)'

를 현장에 세운 지역 수의사 듀에인 팬크라츠 박사의 업적도 대통령문화를 꽃피운 자양분이 되었다. 20년 만의 재회도 기다려졌다.

[대통령문화를 일군 사람들 거츤 보그럼(좌)과 앤 파멜라 커닝햄(우)]

 대통령문화를 보존한 또 한 사람으로 버지니아의 워싱턴 사저 '마운트 버넌'을 지켜낸 앤 파멜라 커닝햄이 있다. 남북전쟁의 와중에 불구의 여자 몸으로 국부로 추앙받는 조지 워싱턴의 유적지를 지켜내어 오늘날 미국민들의 정신적 고향으로 가꾼 그녀의 각고의 노력은 200년 가까운 시차를 뛰어넘어 경의를 표하지 않을 수 없다. 이들의 위업 역시 미국의 대통령문화를 꽃피운 핵심 요소였다는 생각에서 자신의 목숨을 바쳐가며 대통령을 지켜낸 현장과 이야기들에 대한 감동도 전하고자 했다.

 수년 전 강의 중에 학생들에게 '대통령' 하면 가장 먼저 떠오르는 단어를 한 개씩만 말해 보라고 한 적이 있다. 30여 명 학생들이 연상해 낸 단어들을 정리하면 독재, 부정축재, 탄핵, 구테타, 투옥 등 한결같이 부정적인 단어뿐이었다. 언젠가 미국 신문에서 본 같은 질문에 대한 미국 학생들의 대답은 명예, 존경, 사랑, 헌신, 용기 등 긍정적인 단어들이었다. 여기서 한국의 민주주의와 미국의 민주주의의 차이는 바로 이같은 대통령문화에 대한 인식의 차이에서 오는 것이라는 생각이 들었다. 대통령에 대한 부정적 인식이 팽배한 대통령문화와 긍정적 인식이 팽배한 대통령 문화가 만들어 내는 민주주의의 차이는 어쩌면 당연한 것인지도 모른다.

결론적으로 미국 대통령도서관을 답사하면서 대통령도서관과 대통령을 지켜낸 위인들의 애국적 행동이 긍정적 대통령문화를 만들었고 미국 민주주의 발전의 선순환구조로 작용했음을 알 수 있었다. 이는 70년 민주주의 역사에서 18대 11명의 전직 대통령을 경험한 우리에게 주는 시사점이 크다. 더욱이 전직 대통령들이 하나같이 불명예 퇴진이나 감옥행의 흑역사를 겪고 있는 현시점에서 한국의 대통령문화를 바로 세우기 위해 미국의 대통령문화를 벤치마킹해야 한다는 생각이 절실해졌다. 더 이상 한국의 대통령제도가, 민주주의가 흔들려서는 안 되기 때문이다.

제2장

NARA의 대통령도서관

Presidential Culture and Democracy

프랭클린 루스벨트의 뉴욕 하이드 파크

제32대(1933-1945)

[뉴욕 하이드 파크의 FDR 대통령도서관 전경]

"나는 여러분에게 맹세합니다. 또 나 스스로에게 맹세합니다. 미국 국민을 위한 '새로운 정책(New Deal)'을 펼 것을."

1932년 7월 2일 시카고 민주당 전당대회장. 대통령 후보 지명 수락연설에 나선 프랭클린 루스벨트(Franklin Delano Roosevelt, 주로 FDR이라 불림, 1882-1945) 당시 뉴욕주지사가 처음으로 '뉴딜'을 외쳤을 때, 아무도 그 한 단어가 미국을 절망에서 구출하고 세계 최고의 번영으로 인도할 '키워드'가 되리라고는 생각지 못했다.

대공황 여파로 자신감을 상실한 채 무기력해져 있는 미국민들을 향해 루스벨트는 선거운동 과정에서 강력하게 외쳤다. "어떤 방법이든지 택하여 그것을 해 봅시다. 만일 실패한다면 그것을 솔직히 인정하고 또 다른 것을 해 봅시다. 그러나 무엇보다 중요한 것은 무엇이든 해 보는 것입니다." 이후 '뉴딜'이라는 어휘는 '대공황(Great Repression)'의 반대어로 자리매김했으며 미국민의 자존심과 긍지를 나타내고, 미국의 승리를 대표하는 단어가 되었다. 이는 링컨 대통령이 미국을 남북 분열의 위기에서 구출한 업적에 버금가는 것으로 평가되고 있다.

뉴욕시 중심가 맨해튼에서 북쪽으로 30분쯤 달려 하이드 파크 카운티에 들어서면 'FDR 대통령도서관'이 나온다. 미국 역사상 전무후무한 4선 대통령으로 제2차 세계대전을 연합군의 승리로 이끈 대통령이다. 루스벨트 대통령은 20세기 후반의 국제질서를 미국 주도, 이른바 '팍스 아메리카나(PaxAmericana)'로의 기초를 다진 최고의 대통령으로 기록되고 있다.

이곳은 그의 고향이자 영부인 엘리너 루스벨트(Eleanor Roosevelt)의 고향이기도 하다. 총 700에이커(약 85만 평)에 달하는 이 광활한 지역은 미연방 공원관리청에 의해 'FDR역사지구'로 지정되었으며, 중심부에 대통령도서관이 위치하고, 서쪽 허드슨강 쪽으로 그 생가가, 동쪽의 9번 도로 건너 발 킬 호숫가에는 엘리너 여사의 생가가 위치하고 있다.

단층으로 된 도서관 입구에 들어서면 건물의 왼편이 전시공간이고 오른편은 연구공간으로 구분되어 있다. 전시공간은 입장권만 구입하면 누구나 입장할 수 있으나 연구공간은 직원이나 기타 연구자만 입장할 수 있다.

['변화의 약속' 이라는 FDR 대통령 임기 시작의 방]

첫 전시실은 '대공황' 코너. 1930년대 초 대공황으로 인해 대량실업과 경제난으로 극심한 고통을 겪었던 당시 미국 사회의 모습을 다양한 방법으로 나타내고 있다. 수많은 실업자들이 일자리를 달라는 피켓을 들고 데모하고 있고, 그 옆으로는 대공황과 관련된 각종 사진 자료들이 가득 차 있다. 다음 섹션은 '뉴딜' 코너. 대공황 상황에서 루스벨트는 해결책으로 뉴딜정책을 들고 나와 미국을 수렁에서 구한 대통령이라는 극적인 효과를 보여 주고 있다. 이어서 2기 업적, 3기 업적 등과 함께 대통령 도서관 시스템의 창립과정도 설명되고 1층의 왼편 끝부분에는 태평양전쟁 시 일본의 진주만 기습공격과 이어진 미국의 2차 세계대전 참전과정이 자세히 전시되고 있다. 대통령의 전시상황실(Secret Map Room) 모형과 국민 설득을 위해 긴요하게 사용되었던 대국민 라디오연설인 '노변정담(爐邊情談, Fireside Chat)'을 하는 모습도 볼 수 있다.

이어서 지하층에는 대통령 집무실(Oval Office) 모습이 재현되었고,

대통령의 전용 포드 승용차, 그가 평생을 수집했던 배의 모형들도 함께 수집되어 있다. 사회 각 분야에서 활발한 활동을 벌였던 영부인 엘리너와 관련된 자료들도 함께 전시되었다.

한편 워싱턴 중심의 '더 몰' 공원 남쪽 포토맥 강가에 2000년대 초 여름 개장된 FDR 기념공원은 새로운 명소로 어린 학생부터 노인들까지 하루 종일 수많은 관람객들로 붐빈다. 미 역사상 훌륭한 대통령 빅3에 들면서도 수도 워싱턴에 이렇다 할 기념관 하나 마련돼 있지 않아 워싱토니안(워싱턴사람들)은 물론 관광객들로부터도 많은 아쉬움을 불러일으켜서인지 더욱 찾는 사람이 많았다. 이 공원에는 그의 재임 4기를 시기별로 네 개의 공간에 나누어 각종 상징적 조형물을 세우고 또한 대표적 어록(語錄)을 벽에 새겨 놓아 당시의 시대상과 FDR의 업적 등을 일목요연하게 볼 수 있도록 해 놓았다.

[워싱턴 더 몰 공원의 FDR 기념공원 내 실업자의 '노변정담' 청취 조형물]

미시간주에서 관광 온 테드 모간 씨는 "루스벨트 대통령이 대국민 설득을 위해 자주 사용했던 라디오연설을 들은 기억이 있다."면서 한 실업자가 라디오 앞에서 대통령의 방송을 듣고 있는 조형물 앞을 떠날 줄 몰랐다. '노변정담'이라는 이름으로 최초로 시도됐던 그의 라디오연설은 당시 절망감에 사로잡힌 국민들에게 최고로 인기 있는 일종의 복음이었다고 회상했다.

1차 세계대전 이후 호황기의 절정에 다다랐던 1929년 말부터 미국에 갑자기 몰아닥친 대공황은 3년 동안 5천 개의 은행을 문 닫게 했으며 그에 따른 기업과 공장들의 연쇄도산이 뒤를 이었다. 근로자들은 땀 흘려 저축한 돈조차 찾을 수가 없었다. 전체 노동력의 40~50%에 달하는 3천 4백만 명이 하루아침에 실업자가 되어 생계를 위해 거리를 배회해야 했다. 이같은 암흑기를 지나면서 정부와 대통령에 대한 불신이 눈덩이처럼 커진 미국민들에게 1932년 대선에서 민주당 후보가 된 루스벨트는 공황의 종식을 위한 '뉴딜'을 외치며 균형예산과 실업자 구제, 금주법의 폐지 등을 공약으로 제시해 무기력한 후버 행정부와의 차별성을 부각시켰다.

특히 루스벨트가 실의에 빠진 유권자들에게 쉽게 다가설 수 있었던 것은 선거공약의 내용 및 실현성 여부를 떠나 '의욕'이라는 심리적인 자극을 주었기 때문이었다. 그는 절망감에서 헤어 나오지 못하는 국민들에게 희망의 불꽃을 되살렸으며, 확신을 심어 주었다.

결국 선거 결과는 루스벨트가 유효표의 57%를 득표, 선거인단 472명을 확보함으로써 40% 득표에 선거인단 59명 확보에 그친 후버 현직 대통령을 압도적으로 물리치고 승리했다. 이렇게 해서 4선 대통령 루스벨트의 시대가 개막되었다. 초대 워싱턴 대통령 이래 불문율로 지켜져 온 중임(重任) 전통에도 불구하고 미국민들로부터 네 차례나 선택받을 정도로 존경과 사랑을 받았다. 그리고 그와 같은 지지를 바탕으로 경제위기와 전쟁위기를 성공적으로 극복하고 미 현대사에 있어 가장 훌륭한 대통령의 모델로 추앙받고 있다.

1882년 뉴욕주 하이드 파크에서 출생한 루스벨트는 부유한 가정형편 덕분에 개인교습을 받고 사립학교에 다녔으며 어려서부터 유럽여행을 다니는 등 풍족하고 귀족적인 분위기에서 성장했다. 특히 대통령으로 명성을 날리던 제26대 시오도어 루스벨트(Theodore Roosevelt, 1858-1919)는 친척 형뻘로 그의 성장기에 정신적 지주가 되었다. 영부인 엘리너 루스벨트는 시오도어 루스벨트 대통령의 조카였는데 부친을 일찍 여의어서 1905년 FDR과의 결혼식에 작은아버지인 현직 대통령과 함께 입장해 화제가 되기도 했다.

[도서관 뜰 곳곳에 FDR 부부와 정담을 나눌 수 있는 자리가 마련되어 있다]

하버드 대학과 컬럼비아대 로스쿨을 나와 변호사로 활동하다 1910년 뉴욕주 상원의원에 당선하여 정계 입문한 루스벨트는 각종 선거에서 여러 차례 낙선을 경험하는 등 초기에는 순탄치 않은 길을 걸었다. 제28대 우드로 윌슨(Thomas Woodrow Wilson, 1856-1924) 대통령에 의해 해군성 차관보로 임명돼 1차 세계대전 당시 중요한 해군전략 수립에 관여했으며 탁월한 능력을 인정받았다. 이때의 경험은 후에 대통령으로 2차 세계대전을 맞았을 때 십분 활용됐던 것으로 전해지고 있다.

그러나 그는 연방 상원의원 선거에서 패배했으며 1920년 38세의 젊은 나이로 제임스 콕스 대통령후보의 러닝메이트로 출마해 고배를 마시는 등 중앙정치 무대와는 인연이 없는 듯했다. 엎친 데 덮친 격으로 잠시 금융회사의 임원으로 정치를 떠나 있을 때 그는 엄청난 개인적 불행을 당하게 되었다.

[FDR의 의지력의 상징으로 일컬어지는 그의 휠체어가 워싱턴 FDR 공원에 전시되어 있다]

이듬해 8월 캐나다 해안에서의 휴가 중 찬물에 빠져 감기에 걸린 것이 척수성 소아마비로 악화되어 양다리를 못 쓰게 됨은 물론 팔과 손까지 부분 마비가 오게 되었다. 당시 주변의 모든 사람들은 그의 정치적 생명은 끝난 것으로 생각했다. 그러나 그는 의지를 잃지 않고 조지아주 웜 스프링스로 가서 3년 동안 기적적인 투병을 했다. 그리고 마침내 스스로 휠체어를 타고 움직일 수 있게 되었다.

1924년 그가 휠체어를 타고 민주당 전당대회장에 나타났을 때 모든 사람들은 깜짝 놀랐다. 그가 목발에 의지해 단상에 기대서서 연설할 때는 모두 그의 인간승리에 감동적인 환호를 보냈다. 결국 그는 1928년 뉴욕

주지사로 화려하게 정계에 복귀했다. 그로부터 4년 후, 1932년 11월 8일. '뉴딜' 바람을 몰고 제32대 대통령으로 당선됐다. 그러나 그의 당선 자체가 대공황 사태의 해결을 의미한 것은 아니었다. 선거전문가들은 "유권자들이 루스벨트를 선택한 것이 아니라 후버를 반대했던 것."이라고 선거 결과를 분석했다. 사회의 암울한 분위기는 가시지 않았다. 새 대통령의 취임식이 거행될 이듬해 3월까지 아직 4개월이 남았으며 1929년부터 시작된 대공황은 최악의 상황에 처했을 때였다. 실업률이 최고로 치솟았고 대부분의 기업은 도산됐으며 설상가상 농산물 가격까지 급락했다. 바닥을 모르고 추락하는 경제 상황은 사람들의 마음까지 꽁꽁 얼어붙게 했다.

당시 상황을 더욱 어렵게 만든 것은 현직 허버트 후버 대통령과 루스벨트 당선자 사이의 불화였다. 자신의 신념에 대한 편집증적인 고집을 갖고 있던 후버는 남은 4개월 마지막까지 자신의 힘으로 공황을 극복해 보려 했다. 그래서 루스벨트 당선자에게도 자신의 정책에 대한 지원만을 구하려 했다. 루스벨트는 국면 전환이 불가능한 상태에서 후버에게 협조함으로써 국민들에게 자신이 후버의 실정에 동조한 인상을 줄 것을 두려워해 소극적인 자세로 임했다.

정권 이양기 4개월 동안 현직 대통령과 당선자와의 공식적인 만남은 단 두 차례로 기록돼 있을 정도로 두 사람 사이는 소원했다. 당선 2주 후인 11월 가진 첫 만남에서 후버는 당면 경제현안이 아닌 대외문제에 대한 지원을 구했다. 대공황의 원인을 세계 경제침체 등 대외적 요인 때문으로 생각했기 때문이었다. 그것도 후임자에게 협조를 구하는 태도가 아니었고 자신의 견해를 강요하려 했다.

따라서 공황 극복의 해결책을 국내적 문제에서 찾아야 한다고 생각하고 있던 루스벨트와는 협조가 불가능했다. 두 사람 사이의 관계개선을 위해 당시 헨리 스팀슨 국무장관은 외교문제의 협조를 구실로 하룻길이 넘는 백악관과 뉴욕주 하이드 파크를 몇 차례씩 오가며 중재에 나섰다. 그 결과 이듬해 1월 20일 두 번째 백악관 회동이 성사됐다. 그러나 이 만남은 두 사람의 서로 다른 입장만을 확인하는 자리가 됐다.

후버는 그해 2월 루스벨트에게 장문의 편지를 보내 뉴딜정책의 포기를 다시 한번 권유했다. 지난해 여름까지 상승세에 있던 경기가 겨울부터 더욱 악화된 것은 루스벨트와 민주당의 새로운 정책에 대한 국민들의 불안감 때문이라는 것이었다. 그러나 이 편지는 답장도 없이 묵살됐다.

사태는 더욱 악화돼 후버의 대통령 퇴임 1주일 전에는 은행 인출이 급증, 전국의 은행이 파산 위기에 몰리는 등 최악의 상황으로 치달았다. 취임식을 위해 워싱턴에 도착한 3월 2일까지도 사람을 보내 자신의 지불유예 선언에 동의해 줄 것을 간청했다. 그러나 루스벨트는 완곡히 취임 전의 모든 정치적 행동을 사양했다.

[관광객들이 대공황 시절 실업자들의 급식소 앞줄에 함께 서 대공황 체험을 하고 있다]

이들 두 사람의 인연은 1차 세계대전 무렵으로 거슬러 올라간다. 윌슨 행정부에서 해군성 차관보로 있던 루스벨트는 당시 상무장관을 역임하고 있던 8살 위의 후버를 매우 존경했다. 1920년 대선에서는 그가 민주당 대통령후보로 나서 주기를 원할 정도였다. 그러나 1928년 선거 과정에서 두 사람 사이는 갈라지기 시작했으며 후버가 대통령에 당선된 후 정책 차이 때문에 더욱 벌어졌다.

1933년 3월 4일 취임한 루스벨트는 취임사에서 "우리가 진정으로 두려워해야 할 것은 두려움 그 자체입니다. 후퇴에서 전진으로 돌아서려는 우리의 노력을 마비시키는 공포 그 자체라는 것입니다."라며 온 국민의 '두려움'에서의 탈출을 강조했다. 그리고는 먼저 은행을 살리기 위한 특단의 조치로 다음날인 5일부터 4일간 전국적인 '은행휴업(bank holiday)'을 선포했다. 국민들은 51세의 보다 젊고 힘 있는 새 대통령의 자신에 찬 목소리를 환호했으며, 그가 펼칠 새 정책에 대한 기대를 크게 갖는 모습이 역력했다.

루스벨트는 그동안 은행개혁 입법을 마련, 9일 의회를 소집해 승인을 얻어 냈다. 그리고는 법안의 보완을 위해 은행휴업을 13일까지 연장했다. 12일에는 첫 라디오연설인 '노변정담'에서 이번 조치에 대한 배경 및 경과를 설명하면서 국민들의 협조를 구했다. 국민들은 진술한 대통령의 설명에 귀를 기울였으며 전폭적인 신뢰를 보냈다. 다음날 은행이 업무를 재개하자마자 끝없는 예금행렬로 나타났다. 첫날 예금 수신고는 수년 내 최초로 인출액을 앞섰다. 그런 현상이 연일 계속되면서 은행들은 정상영업으로 돌아서게 됐다.

루스벨트는 3월 9일 시작되어 6월 16일까지 계속된 의회의 특별회기 동안 뉴딜정책의 골격이 된 수많은 법안들을 만들었다. 국민들에 대한 대통령 자신의 직접 설득도 계속됐다. 의회의 심의 속도도 훨씬 빨라졌다. 테네시강 개발사업, 국가부흥청 설립, 농업조정법 제정, 사회보장제도 도입, 노동조합 활성화 등 100일 동안 강력한 입법 추진으로 새 행정부의 의욕적인 정책이 펼쳐졌다. 행정부와 입법부의 박력에 찬 행동주의는 기업가들뿐 아니라 대공황의 가장 밑바닥에서 희생되어온 수백만 실업자들로부터도 큰 환영을 받았으며 모든 국민이 자신감을 회복하는 계기가 되었다.

FDR은 국민들의 전폭적인 지지를 바탕으로 강력한 뉴딜정책을 추진했다. 이에 대한 평가의 성격을 띤 1936년 대통령선거에서 선거인단 수 523대 8의 미 역사상 최대의 표차로 재선 고지에 오를 수 있었다.

[FDR 공원 벽에 새겨진 '우리가 두려워해야 할 유일한 것은 두려움 그 자체'라는 글귀]

그러나 활기찬 뉴딜정책의 추진에도 불구하고 침체된 경제가 대공황으로부터의 탈출은 요원했다. 1936년 다소 회복되는 듯하던 경기는

1937년 중반부터 다시 불경기로 돌아섰으며 이듬해에는 최악의 상태로 떨어져 실업자가 전체 노동력의 5분의 1인 1천만 명에 달했다. 당초부터 실험적 성격이 강했던 뉴딜정책의 한계가 드러나기 시작했다. 사방에서 FDR에 대한 비난의 소리가 쏟아져 나오고 있었다. 그러나 그는 천운을 타고난 듯, 뜻하지 않은 방향에서의 해결책이 마련됐다.

FDR의 대통령 첫 취임 해인 1933년 독일의 권력을 장악한 아돌프 히틀러는 국제연맹을 탈퇴하고 인접국들에게 과거 독일영토의 반환을 요구했다. 동시에 전쟁 준비에 광분하면서 유럽에는 전운이 감돌고 있었다. 마침내 1939년 독일이 폴란드를 침공하면서 2차 세계대전이 시작되었다. 미국은 그로 인해 군수산업에서 괄목할 만한 성장을 이루면서 대공황에서 탈피할 뿐만 아니라 전후 세계 최대의 경제대국으로 우뚝 서는 계기가 되었다. 이같이 2차 세계대전 발발이 미국과 FDR을 구했다는 것은 아이러니가 아닐 수 없다.

전쟁이 악화일로를 치닫고 있던 1940년, 미 대통령선거의 최대쟁점은 참전문제였다. 처음에 FDR은 재선한 대통령으로서 명예로운 퇴진을 생각하고 있었다. 그러나 전쟁에 직면한 위기상황에서 민주당은 전폭적으로 그를 또 다시 대통령 후보로 선출했다. 그는 참전 반대 의사를 명확히 했으나 미국이 전쟁의 위협에서 벗어나기 위해서는 막강한 군대가 필요함을 역설했고 국민들은 그를 미 역사상 최초의 3선 대통령으로 만들었다.

전쟁 초기 FDR은 곤경에 처한 영국을 도우려 했지만 고립주의자들로 가득 찬 의회의 거부로 소규모 제한적인 원조밖에는 할 수 없었다. 그러나 그는 "미국은 민주주의의 거대한 무기고가 되지 않으면 안 된다."라며 의회와 국민을 설득, 마침내 '무기대여법'을 통과시켜 본격적인 지원에 나섰다. 또한 1939년 10월 알버트 아인슈타인의 핵폭탄 개발 필요성에 관한 서신을 접하자 즉시 비밀 핵개발팀을 만들어 연구에 착수하여 마침내 원자탄을 만들어 내게 했다.

그러던 중 1941년 12월 일본의 진주만 공격은 미국의 본격적인 참전계기가 됐다. 참전은 모든 미국 경제를 전시경제로 돌아서게 했고 미 전역의 공장들로부터 막대한 양의 군수물자들이 쏟아져 나왔다. 1천만 명에 달하던 실업자가 방위산업 증강에 따른 구인수요와 군입대로 사라지게 됐다. 또한 FDR의 활발한 전시외교는 그를 자연스레 국제지도자로 부상시켰다.

1944년 11월, 아이젠하워 장군 지휘하에 노르망디 상륙작전을 성공시킨 연합군이 최후의 승리를 위해 독일로 진격하고 있을 때 미국은 다음 대통령선거를 치렀다. FDR은 공화당의 토머스 듀이를 물리치고 4선 대통령에 당선됐다. 당시 전쟁은 거의 마무리되고 있었지만 미국민들은 전쟁의 마무리뿐 아니라 전후 평화 설계에 있어서도 그의 영도력에 큰 기대를 걸었던 것이다. 그래서 1945년 1월 미국 역사상 전무후무한 4연임 대통령이 나오게 되었다. 그러나 격무에 시달리던 그는 취임 3개월도 안 된 4월 12일 조지아주 웜 스프링스 휴양지에서 뇌출혈로 숨졌다. 그의 나이 63세였다.

찰스 파버와 리처드 파버가 공동집필한『대통령직 수행 순위(The American Presidents Ranked by Performance)』(김형곤 역,『대통령의 성적표』, 2000)에 따르면 당시 분석대상으로 한 39명의 역대 미국 대통령(31일간 대통령직을 역임한 윌리엄 헨리 해리슨과 6개월 15일 재임한 제임스 가필드는 제외) 가운데 FDR은 종합평가 3위로 최상위권에 속했다. 즉 링컨(1위), 워싱턴(2위)에 이어 윌슨과 공동 3위를 기록했다. 항목별 순위를 보면 첫 번째 '외교를 비롯한 대외관계와 관련된 업무수행'에서 1위, 두 번째 '국내의 각종 문제 및 사업에 대한 업무수행'도 1위, 세 번째 '행정부와 정부 내 업무수행'은 14위, 네 번째 '지도력 및 의사결정 관련 업무수행'은 7위, 마지막으로 '개인적 성격과 도덕성'은 8위로 나타났다. 행정부의 대내 업무수행과 관련해서만 중위권을 차지했을 뿐 나머지는 모두 상위 순위였다. 특히 대외관계와 각종 국내문제 등에 있어서는 최고위를 기록했다. 국민들이 그를 4선 대통령으로 뽑은 것은 2차 세계대전 이후 국제질서의 재편과정에서 이룬 업적을 인정받은 것으로 볼 수 있다.

[FDR 공원에 있는 그와 반려견 '팔라'의 동상은 시민들의 놀이터가 될 만큼 친숙하다]

그의 뛰어난 지도력 및 용인술은 당시 육군참모총장 더글라스 맥아더 장군과의 일화를 통해 알려져 있다. 첫 대통령 취임 직후 FDR의 군 예산 대폭 삭감 계획에 불만을 품은 맥아더가 조지 던 전쟁장관과 함께 백악관을 방문했다. 대통령과 부딪치는 것을 꺼리고 있던 던 장관을 제치고 맥아더가 국가안보의 중요성을 강조하자 FDR은 빈정거리는 투로 "평화 시에 많은 군대를 유지할 필요가 있느냐?"고 답했다. 두 사람 사이에는 다소 설전이 오갔다. 마침내 맥아더가 자제력을 잃고 "만일 다음 전쟁에서 미국이 패배해 미국 병사들이 적의 군홧발에 짓밟힌다면 그들은 맥아더가 아닌 루스벨트를 원망할 것입니다."라며 대들었다. 그러자 FDR 역시 화를 버럭 내며 "당신이 대통령 앞에서 그렇게 말할 수 있는가?"라며 고함을 질렀다. 그리고 잠시 침묵이 흘렀다. 맥아더 참모총장의 생명은 끝난 것과 다름없었다. 군 통수권자에 대한 모욕은 군법회의감이었다. 마침내 그는 사과를 한 후 참모총장직 사의를 표하고 뒤돌아 나왔다. 맥아더가 막 집무실 문을 나서려는 순간 뒤에서 대통령의 차분한 목소리가 들렸다. "더글러스, 어리석은 짓 말게. 여기 당신의 목과 예산안을 함께 가져가게."

FDR의 정치 생애에서 가장 주목을 받아야 할 사람은 영부인 엘리너 여사다. 그녀는 남편의 투병 중 세심한 간호는 물론 그가 국민들로부터 잊히지 않도록 정치 활동을 대신해 남편의 정치적 재기를 가능케 했다. 또 퍼스트레이디가 된 후에도 신문에 〈마이 데이〉라는 칼럼을 정기적으로 썼으며 적극적인 사회활동으로 현대적 퍼스트레이디상(像)을 정립했다는 평가를 받고 있다.

FDR이 죽은 후 그녀는 남편 생가의 옆 동네인 발킬의 고향집에서 17년을 더 살았으며 트루먼 대통령의 요청으로 6년간 유엔총회 미국대표단장을 역임하는 등 공직생활을 하기도 했다. 1962년 78세로 생을 마감한 그녀는 국민들의 마음에 헌신적이고도 박애적인 영원한 퍼스트레이

디로 각인됐다. 1997년 여름에는 워싱턴에 동상이 선 첫 퍼스트레이디
가 되었다.

[워싱턴 FDR 공원에 마련된 엘리너 여사 동상]

FDR의 업적 가운데 또 하나 주목받는 것은 대통령도서관 시스템의 창
설이다. 역사기록의 중요성과 대통령직 수행 자체가 국민의 위임에 의한
것임을 자각했던 그는 1기 임기가 끝났을 때 자신의 모든 자료들과 하이
트 파크의 생가를 국가에 기증해 대통령도서관으로 만들었다.

FDR학의 권위자로 알려진 이 도서관의 선임 사서 레이몬드 타이크먼
박사는 FDR이 신체적 장애에도 불구하고 어느 대통령보다도 국민과 함
께하려고 노력한 대통령이었다면서 FDR이 미국민들로부터 빅3로 추앙
받고 있는 이유에 대해 "대공황으로 잃은 정부의 신뢰 회복을 위하여 국
민들과의 직접 대화를 택해 라디오연설인 '노변정담'을 통해 정부 정책에

대한 세세한 설명과 이해를 구했으며, 그가 늘 국민 편에서 노력하는 대통령이라고 생각했기 때문이다."라고 설명했다.

또 뉴딜정책이 국민들에게 어필한 이유에 대해서는 "후버 대통령이 정부의 개입을 최소화하는 제퍼슨적인 자유주의 입장에 있었던 데 반해 FDR은 정부가 적극적으로 개입하는 해밀튼적인 보수주의 입장에 있었는데, 대공황으로 의욕을 상실하고 무력감에 빠져있던 국민들에게 정부와 대통령의 적극적인 유도는 기대감을 불러일으키기에 충분했기 때문이다."라고 분석했다. 당시 불문율로 돼 있던 중임 전통을 깨고 3연임에 도전하게 된 이유를 묻자 "본인도 처음에는 주저했다. 그러나 대공황의 그늘이 아직 걷히지 않은 가운데 2차 세계대전이 발발했고 불과 수개월 만에 프랑스가 붕괴되는 상황에서 그의 3연임은 국민적 합의의 결과라 해도 과언이 아니었고, 4연임 역시 전쟁의 성공적 마무리에 대한 국민의 기대 때문이었다."라고 말했다.

또한 그는 FDR에게 4연임까지도 허용했던 미국민들이 1951년 대통령 임기를 중임으로 제한하는 제22차 헌법수정안을 서둘러 마련한 것은 "국민들이 경제위기 및 전쟁위기 상황에 있을 때는 강력한 정부, 강력한 지도력을 원했지만 일단 모든 것이 정상상태로 회복된 후에는 큰 정부의 필요성도, 집중된 권력의 필요성도 인정치 않았기 때문에 견제와 균형의 기본원칙으로 돌아가게 된 것이다."라고 설명했다.

<FDR 취임 100일 주요입법 내용>

1933년 3월 FDR의 대통령 취임 직후 소집된 100일 동안의 의회 특별회기 중 통과
된 뉴딜정책의 핵심이 된 대표적인 입법 내용은 다음과 같다.

▲민간자원보존단(CCC) 창설: 18~25세의 빈민가정 청년 30여만 명을 1차적으로
전국의 각지에 파견, 도로건설·식목·홍수통제 등 자원보존 업무에 투입. 뒤에 300
만 명까지 확대됨.

▲연방긴급구호법(FERA): 주정부와 시정부 등에 빈민 구제사업을 위한 자금으로 5
억 달러를 직접 지원.

▲금주법 폐지: 그동안 술의 제조와 판매를 금지함으로써 밀수와 밀주 제조 및 유통
을 둘러싼 조직범죄를 양산하는 등 사회문제화됨. 맥주 판매 개시.

▲테네시계곡 개발공사(TVA): 독립된 공사인 TVA에게 테네시강 유역 7개 주의 홍수
관리시설 개발권을 부여, 댐과 발전소를 건설하고 삼림 보호, 수운 확보, 토양 개선,
싼 전기공급 등의 사업을 하도록 함.

▲국가산업부흥법(NIRA): 이 법의 시행을 위해 국가부흥청(NRA)을 설립, 정부 감독
하에 산업의 자율적인 규제를 통해 경제를 소생시키려 했음. 규제에 대한 협력의 상
징으로 '푸른 독수리(Blue Eagle)' 마크를 붙이도록 했으며 이 마크가 없을 경우는
불매하도록 함.

▲농업조정법(AAA): 정부가 농산물에 대한 가격 통제를 할 수 있고 과잉생산을 막기
위해 생산량을 조절할 수 있도록 함.

▲연방예금보험공사(FDIC): 은행의 파산 시 일반 저축자를 보호하기 위한 법.

▲주택소유자 자금 대부회사(HOLC): 저당권에 대한 재융자 및 저당물 반환권 상실
예방을 목적으로 함.

2 해리 트루먼의 미주리 인디펜던스

제33대(1945-1953)

[미주리주 인디펜던스의 트루먼 대통령도서관]

"그는 보통사람이 위대해질 수 있다는 가능성을 보였습니다. 그리고 대통령도 일반 시민일 수 있다는 사실을 증명해 주었습니다." 1972년 12월 26일 88세를 일기로 서거한 미국의 33대 대통령 해리 트루먼(Harry S.

Truman, 1884-1972)의 조사(弔詞) 마지막 부분을 퓰리처상 수상 컬럼니스트 메리 맥그로리는 이렇게 끝맺었다.

원자폭탄 투하라는 인류 역사에서 가장 중요한 결정을 내려야 했고, 2차 세계대전 후 극렬한 대립을 보인 민주진영과 공산진영 양극체제의 한 정점에서 냉전시대하의 국제질서를 강력하게 이끌었던 트루먼 대통령은 민주주의 수호와 대통령직의 권위를 지키기 위한 결단력을 보여 준 지도자란 평가를 받고 있다. 그러면서도 인간적인 측면에서 가장 서민적인 '보통사람 대통령'으로 꼽힌다.

1945년 4월 12일 루스벨트 대통령은 네 번째 취임식을 가진지 불과 80여 일 만에 숙환으로 갑자기 사망했다. 당시 부통령인 트루먼이 대통령직을 승계하게 됐을 때, 대부분의 미국인들은 루스벨트의 큰 자리를 트루먼이 어떻게 채울 수 있을까를 우려했다. 왜냐하면 그가 당초 민주당 내 부통령 지명과정에서도 최적의 인물로 선택된 것이 아니라 좌파 헨리 윌리스와 보수파 제임스 번즈의 각축 중에 중도파로 있다가 어부지리로 부통령직에 올랐기 때문이다. 또한 그는 전임 루스벨트 대통령의 화려한 학벌과 정치력에 가려 전혀 주목을 끌지 못하던 2인자 정치인이었다.

두 차례의 상원의원을 지내면서 2차 세계대전 중 수십억 달러의 국방예산 낭비 조사를 위한 소위원회 위원장을 맡았을 때 차분하고 공정한 업무처리로 인정받았던 그는 3차 투표까지 간 부통령 지명전에서 막판에 루스벨트로부터 제의를 받고 정중히 사양했다. 그러나 거듭된 간곡한 부탁에 가까스로 응했던 것이다.

국민들이 우려를 나타낸 또 한 가지 이유는 그가 20세기 미국 대통령 가운데 유일한 '고졸 대통령'이라는 점이었다. 과거 무학 대통령들의 입지전적인 스토리들이 있기는 했지만 그것은 옛날 이야기였고 20세기 들어서는 직전의 루스벨트 대통령이 하버드 출신인 것을 비롯, 스탠퍼드 출신의 후버, 프린스턴의 윌슨, 예일의 태프트 등과 같이 미국 최고의 학력이 대통령의 필수조건처럼 되어 있었다. 그러나 그는 비록 30대에 뒤늦게 캔자스 시티 법률학교를 졸업했지만 어떤 명문대학 출신 못지않은 업무수행능력을 보인 것으로 평가되고 있다. 2차 세계대전 이후 새로운 전후(戰後) 질서 형성과정에서 미국을 부동의 지도국 위치에 올려놓았고 국내의 정치적 안정도 가져왔다.

2차 세계대전이 채 끝나기 전에 대통령직에 오른 그에게는 전쟁의 마무리가 가장 큰 임무였다. 독일은 5월 초 무조건 항복을 했으나 일본이 문제였다. 1945년 2월 맥아더 장군의 마닐라 점령을 계기로 연합군이 승기는 잡았으나 일본군이 완강히 저항하고 있었기 때문에 일본 본토 상륙이 불가피한 시점이었다. 그러나 그 작전에는 100만여 명의 인명 손실이 예상되고 있었다. 따라서 루스벨트 대통령 때 개발을 시작하여 때마침 실험에 성공한 원자폭탄이 자연스레 대안으로 부상했다. 이 역시 엄청난 인명 살상을 감내해야 했기 때문에 반대여론도 만만치 않았다. 결국 트루먼은 그해 8월 6일과 9일 두 차례에 걸쳐 일본에 원폭을 투하하라는 가장 위험하고도 고독한 결정을 내려야 했다.

또한 트루먼은 소련의 공산주의 팽창 야욕에 맞서 외교안보적으로는 '트루먼 독트린'을 발표하여 공산세력의 침투로부터 자유민주주의를 수호했다는 평가를 받았다. 경제적으로는 전후 피폐해진 서부 유럽국가들의 부흥을 위한 대대적 경제원조인 '마셜 플랜'을 강력히 추진했다.

[최초의 원폭투하와 일본의 항복으로 종전을 보도한 신문들]

이 같은 그의 강공은 소련의 베를린봉쇄를 가져오는 등 부작용도 있었지만, 1945년 대서양헌장 채택으로 유엔을 창설했고, 북대서양조약기구(NATO)를 탄생시키는 등 힘 있게 냉전체제의 골격을 완성시켰다. 이를 뒷받침하기 위해 국가안전보장법을 제정해 국방부와 CIA를 창설하기도 했다.

그러나 국내적으로 취임 초기 물가상승과 노동자들의 파업으로 인해 사회불안이 높아져 1946년의 중간선거에서 공화당이 압승하여 여소야대 정국이 초래됐다. 1948년 마셜 플랜이 본격적으로 시작되면서 국내 반대세력이 더 늘어 갔으며, 또한 민주당 내 분열이 심화돼 언론들 대부분은 그해 말 대통령선거에서 공화당의 토마스 듀이 후보가 당선될 것이라고 예측했다. 그러나 트루먼은 유명한 3만 마일 역전유세를 통해 유권자에 직접 호소에 나서 재선에 성공할 수 있었다.

[미국은 한국전쟁에서 공산주의 침략을 강력히 응징했다]

재선 후 트루먼은 농민보조금 제공, 의무적 건강보험 실시 등 새로운 사회개혁정책을 시도했다. 이 정책은 "모든 집단과 모든 개인은 정부로부터 '공정한 대우(Fair Deal)'를 받을 권리가 있다."는 그의 연설에서 '페어딜정책'으로 명명됐다. 그러나 일련의 개혁정책들은 의회 내 보수파들에 의해 대부분 묵살되어 이렇다 할 성과를 거두지 못했다.

특히 트루먼 대통령은 1950년 6월 25일 한국전쟁이 발발하자 신속하게 안보리를 소집하여 북한을 침략자로 규정하고 유엔군을 즉시 파병하는 등 공산 침략을 저지하기 위해 많은 노력을 기울였다. 그 와중에서 당시 연합군 사령관인 더글러스 맥아더 장군이 중국군대의 개입을 저지하고자 만주에 원폭 투하를 요청하면서 공공연히 맞섰을 때, 그는 맥아더 사령관을 전격 해임해 대통령직 권위에 대한 도전에 단호히 대처했다.

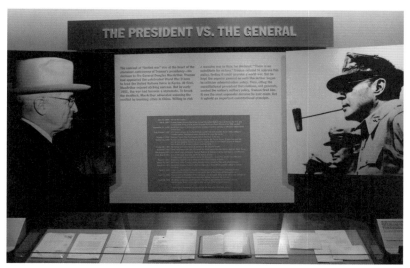

[트루먼은 한국전쟁의 영웅 맥아더 원수를 전격 해임, 대통령직의 권위를 세웠다]

　한국 입장에서 볼 때 목전에 다가온 한반도 통일을 놓치게 한 장본인이라는 곱지 않은 시선도 있었다. 당시 인천상륙작전의 성공으로 한국민들에게 영웅으로 칭송되던 맥아더의 해임은 미국 내에서도 여론의 거센 반발을 불러일으켰으나 결국 의회의 동의를 얻어냈다.

　미국인들에게 남아 있는 트루먼 대통령에 대한 평가는 정치인으로서의 능력이나 업적보다도 그의 인간됨이다. 인구 채 5만 명이 안 되는 미주리주 인디펜던스 소읍에 살던 청년 트루먼과 후에 퍼스트레이디가 된 읍내 소녀 엘리자베스 월리스(베스라는 애칭으로 불렀음)와의 사랑 이야기는 지금도 유명한 '아메리칸 러브스토리'로 남아 있다. 그가 그녀에게 평생을 쓴 1천 6백여 통의 사랑의 편지는 지금도 젊은이들의 '영원한 러브레터'로 읽히고 있다.

　트루먼은 1952년 퇴임 후 20년 동안 고향 인디펜던스에 돌아와 살면서 보여 준 보통사람으로서의 삶 때문에 후세에 더욱 높은 인기도를 유지하고 있다. 특히 대통령을 마치고 노스 델라웨어 스트리트 219번지 고향집으로 돌아와 여생을 보냈다. 1959년 대통령연금에 관한 법률이 입법된 후에야 전직 대통령에 대한 연금이 지급됐기 때문에 그 전까지는 직접 생활비도 벌어야 해서 1마일쯤 떨어진 대통령도서관에 마련된 자신의 사무실로 매일 걸어서 출근하며 강의와 회고록 집필 등으로 바쁜 나날을 보냈다. 그는 도서관 직원 중에 가장 먼저 출근했으며 아침 일찍 도서관에 전화를 걸면 그가 늘 직접 받곤 했다고 주민들은 회상했다. 특히 평범한 시민으로 돌아와 동네사람들과, 또 옛 친구들과 함께 어울리며 여생을 보냈다. 그가 가장 불편해했던 것은 1963년 케네디 대통령 암살 사건 이후 통과된 전직 대통령경호법이었다. 경호팀이 집 부근에 상주하며 일거수일투족을 함께 하게 되면서, 자신의 평범한 일상에 많은 제약을 받는다고 생각했다. 그렇게 그는 완벽하게 보통사람으로 돌아와 생활했던 것이다.

찰스 파버와 리처드 파버의 『대통령직 수행 순위』에 따르면 트루먼 대통령은 3대 토머스 제퍼슨(Thomas Jefferson)과 공동 5위를 기록했다. 항목별 순위를 보면 첫 번째 '외교를 비롯한 대외관계와 관련된 업무수행'은 3위, 두 번째 '국내의 각종 문제 및 사업에 대한 업무수행'은 4위, 세 번째 '행정부와 정부 내 업무수행'은 4위, 네 번째 '지도력

[트루먼이 다니던 길에는 시민들이 그를 기억하도록 그의 실루엣 보드를 세워 놓았다]

및 의사결정 관련 업무수행'은 13위, 마지막으로 '개인적 성격과 도덕성'
은 10위로 나타났다. 트루먼이 이같이 높은 평가를 받은 것은 핵무기를
사용하여 2차 세계대전을 끝낸 결단력과 용기, 맥아더 사령관의 해임과
같은 과감한 지도력, 냉전시대 동서 충돌에 대한 효율적 관리 등에서 높
은 국민적 지지를 얻었으며 누구에게나 친근감을 풍기는 그의 인간미 때
문으로 보인다.

[트루먼 하우스 일대는 역사공원으로 지정되어 있다]

인디펜던스의 그의 사저 일대는 역사공원으로 지정돼 있으며 인근의
언덕 위에 높게 자리 잡은 대통령도서관과 함께 보통사람 대통령의 체취
를 느끼려는 관광객과 학생들의 행렬이 끊이지 않고 있다. 시가지에는
지금도 트루먼 대통령을 기념하는 깃발이 항상 펄럭이며 그의 고향임을
말해 주고 있다. 트루먼 대통령도서관은 2차 세계대전 종전과 전후 세계

질서를 확립하고 냉전체제를 다잡아간 그의 노력이 담긴 각종 자료들과 한국전쟁 개전 초기의 복잡했던 역사적 사실에 관한 기록들이 그대로 보존되어 있다. 또한 타운미팅을 비롯하여 각종 문화행사, 평생교육활동 등이 이곳에서 이뤄지고 있어 시민들의 자긍심을 일깨우는 한편 미국 역사와 대통령 존경에 대한 근원지로서의 역할을 다하고 있다.

[트루먼 대통령도서관의 자료 열람실]

이 도서관의 랜드 스웰 자료담당관은 "트루먼 대통령은 많은 정치적 업적에도 불구하고 오히려 '인격자 대통령'으로 그 인간적인 측면이 더 부각되고 있다."면서 "현대 역사에 있어 가장 중요한 시기에 가장 중요한 결정을 내린 대통령으로서 결단력의 지도자이며 또한 대통령직을 마친 후 평범한 이웃으로 다시 돌아와 생활한 점에 더 큰 점수를 매기고 있다."고 강조했다. 실제로 역대 미국 대통령들이 퇴임 후에도 고향으로 돌아와 여생을 마친 경우는 흔치 않다는 것이다.

도서관의 특별한 행사로는 1995년 '트루먼 취임 50주년 행사'와 트루먼 독트린 50주년 세미나 및 전시회를 처음 개최한 이래 매 10년 단위로 열고 있다. 또 1998년 이스라엘 건국 50주년, 1999년에는 NATO 창설 50주년, 2000년에는 한국전쟁 50주년 행사 등을 가졌으며 트루먼 대통령 재임 중 일어났던 역사적 사건들에 대한 재조명 행사를 꾸준히 개최하고 있다.

랜드 스웰 담당관에게 한국전쟁에 대한 트루먼의 정책에 불만이 있다고 하자 "대통령은 한국을 공산주의 저지의 최후 보루로 인식했기 때문에 남침 즉시 유엔 결의를 기다릴 것 없이 미군의 참전을 명했다. 다만 한국전쟁 때 마셜

[1946년 한국 교육계 대표로 방문한 장이욱 박사가 기증한 고려청자를 로비 입구에 소중히 전시하고 있다]

플랜에 더 열중하고 있었기 때문에 다소 소극적이었던 것은 사실이다."라고 답변했다. 그러나 "그는 개인적으로 아주 한국을 좋아했다. 1946년 한국 교육계 대표 장이욱 박사로부터 선사받은 고려청자가 도서관 입구 정면 현관에 보관돼 있는데 그 위치는 그가 잡은 것이다."라고 설명했다.

트루먼 대통령도서관 정면 입구 현관에는 손때 묻은 피아노 한 대가 전시되어 있다. 어머니로부터 배운 피아노 솜씨가 수준급이었던 트루먼이 백악관 당시 즐겨 쳤던 것으로 닉슨 대통령의 기증으로 진열된 것이다. 트루먼 대통령은 1945년 포츠담회담 때 처칠과 스탈린 앞에서 연주했고, 또한 1960년 케네디 대통령 취임식 때도 연주했던 것으로 유명하다.

3 허버트 후버의 아이오와 웨스트 브랜치

제31대(1929-1933)

[아이오와주 웨스트 브랜치의 후버 대통령도서관]

"영웅에서 희생양으로—." 미국민을 절망과 분노의 나락으로 떨어트렸던 대공황(Great Depression)의 멍에에서 끝내 헤어나지 못한 채 백악관을 떠난 허버트 후버 대통령(Herbert Clark Hoover, 1874-1964)의 재임기간을 그의 전기 작가 조지 나쉬는 이같이 표현했다.

1929년 10월, 그의 대통령 임기 시작 7개월 만에 주가 폭락으로 시작된 대공황은 당시 1차 세계대전 이후 사상 최고의 호황을 구가하던 미국

경제를 완전히 파국으로 몰아갔다. 국민들은 단임으로 물러나는 그에게 '무능한 대통령'이라는 불명예를 씌웠다. 미 역사가들은 후버 대통령을 '가장 많은 박수를 받으며 등장했다 가장 많은 비난을 받으며 퇴장한 대통령'으로 기록하고 있다.

그러나 그는 58세에 대통령을 퇴임한 후 90세까지 살면서 30여 년 동안 활발한 활동을 통해 대통령 당시의 부정적 이미지를 씻을 수 있었다. 1차 세계대전 후 식량원조 책임자로 유럽 구호에 나섰던 전력을 살려 후버는 후임인 트루먼·아이젠하워 양 행정부에서 대외식량원조 책임자로 발탁되었다. 그는 이렇게 2차 세계대전 종전 이후 국제적 기근을 해소하고 유럽 부흥의 기반을 마련하는 데 결정적 공헌을 함으로써 국민들의 평판을 긍정적으로 돌려놓을 수 있었다.

미중서부 대평원의 한복판에 위치한 아이오와주 사람들은 자신들이 미시시피강 서쪽(Mississippi the West)에서 최초의 대통령을 배출한 주민이라는 데 높은 자긍심을 갖고 있다. 특히 후버의 출생지인 주도(州都) 데모인(Des Moines) 인근의 작은 시골인 웨스트 브랜치는 후버 대통령도서관과 생가 등을 포함한 일대를 사적지로 지정해 보호하고 있다. 시 가지 가로등마다 '31대 대통령 허버트 후버 출생지'라고 쓴 배너들이 자랑스럽게 펄럭이고 있다.

1874년 8월 10일 웨스트 브랜치의 가난한 대장장이 아들로 태어난 후버는 6세 때 부친, 8세 때 모친의 병사로 졸지에 고아가 되었다. 다행히 친지들의 도움으로 성장, 명문 스탠포드대를 졸업 후 광산기사가 되어 세계 40여 개국을 돌아다녔다. 그는 당시 광산기사로 명성이 높았으며 1898년에는 청(淸) 황실 광산국 수석기사로 초빙돼 만주 일대와 조선 반도는 물론, 일본 열도 등도 광범위하게 여행할 기회를 가졌다.

1차 세계대전이 발발한 1914년 무렵, 그는 광산기술회사를 소유한 백만장자가 되어 있었다. 조상들의 퀘이커교 전통에 따라 근검절약이 생활화돼 있던 후버는 돈에의 집착보다는 자선사업에 더 큰 관심을 갖고 있었다. 1차 세계대전이 발발했을 때 유럽 내 미국인들의 구호 및 본국 송환으로 시작된 그의 본격적인 구호활동은 독일의 침공으로 고립돼 있던 벨기에 구호활동으로 이어졌다. 그는 어떠한 직책에서도 보수를 받지 않고 헌신적으로 일했다.

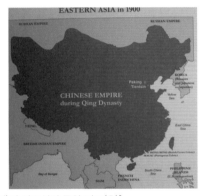

[후버의 광산기사 시절 모습(좌)과 사무실의 동양 지도(우)]

　1917년 미국이 전쟁에 참전하면서부터 제28대 윌슨 대통령에 의해 식량청장으로 임명된 후버는 "식량은 전쟁을 이기게 한다."는 캐치프레이즈를 내걸고 연합군 측 국가들에의 식량지원을 차질 없이 해냈다. 이같은 탁월한 추진력으로 그는 제29대 하딩(Warren G. Harding, 1865-1923) 대통령에 의해 상무장관으로 임명됐으며 제30대 쿨리지(John Calvin Coolidge, 1872-1933) 대통령에 의해서도 그대로 유임, 2대 8년에 걸쳐 상무장관을 역임했다.

[1차 대전 중 내세운 '식량은 전쟁을 이기게 한다' 표어]

후버가 대통령에 취임한 1929년 3월 미국의 도시들은 자동차의 물결
로 덮였으며 백화점에는 물건이 가득 차는 등 국민들은 전후 최고의 소
비생활을 만끽할 정도로 경제호황을 누리고 있었다. 그 때문에 대공황
이 일어나기 불과 두 달 전의 연설에서도 후버는 "이제 가난은 우리 사회
에서 자취를 감춰 가고 있다."고 말할 정도였다. 그러나 대공황은 갑자기
찾아왔고 후버는 사태의 심각성을 미처 깨닫지 못했다. 그는 국민들에게
"우리나라의 기본적인 상품 생산과 분배는 여전히 건강한 기반 위에 있
다."면서 60일의 시간을 요구하며 회복시킬 수 있음을 자신했다. 그러나
때마침 불어닥친 세계경제 전반의 침체는 후버의 회복 약속을 무위로 돌
린 것은 물론, 곧 대량실업이 발생하고 대대적인 빈곤이 미 전역을 뒤덮
었다.

[대공황기의 사회상을 연도별로 그려 놓았다]

후버에 실망한 국민들은 빈민가를 '후버촌', 공원 벤치에서 잠자는 실직자들이 덮은 신문지는 '후버 담요'라고 부르며 후버의 실정을 빈정댔다. 그러나 후버는 끝내 연방 차원에서의 구호계획보다는 시장원리에 의한 회복을 꾀했다. 결국 1932년의 대통령선거에서 공화당 후보로 재지명을 받았으나 강력한 연방정부의 개입을 의미하는 '뉴딜정책'을 구호로 내세운 루스벨트에게 패배하고 말았다. 후버는 퇴임식 이틀 전까지도 경제 회생을 위한 정책에 몰두할 정도로 우직하고 충직한 대통령이었다. 그러나 국민이 자신을 믿고 따라 주리라는 기대가 큰 오산이었음을 깨달은 채 그는 백악관을 떠나야 했다.

찰스 파버와 리처드 파버의 『대통령직 수행 순위』에 따르면 후버는 종합평가 30위로 하위권에 속하고 있다. 항목별 순위를 보면 첫 번째 '외교를 비롯한 대외관계와 관련된 업무수행'은 21위, 두 번째 '국내의 각종 문제 및 사업에 대한 업무수행'은 14위, 세 번째 '행정부와 정부 내 업무수행'은 29위, 네 번째 '지도력 및 의사결정 관련 업무수행'은 37위, 마지막으로 '개인적 성격과 도덕성'은 35위로 나타났다. 그는 각종 국내업무 수행에서만 14위로 중상위권을 기록했을 뿐 나머지 모든 항목은 하위 순위로서, 이는 대공황을 맞아 제대로 대처하지 못한 점이 반영된 것으로 보인다. 2대 8년에 걸쳐 상무장관으로 재임하며 1차 세계대전 후의 미국경제를 호황기로 이끈 미 역사상 최고의 상무장관이었음에도 불구하고 대공황의 큰 그늘은 그의 업적을 모두 지우고 말았다.

웨스트 브랜치의 후버 사적지 중앙에 위치한 후버 대통령도서관은 루스벨트나 트루먼 등 후임 대통령도서관들보다 늦은 1962년에 개관되었다. 1955년 미 의회에서 '대통령도서관법'을 제정하여 대통령도서관의 운영책임을 NARA가 맡도록 한 이래 세 번째 도서관인 것이다. 후버 대통령도서관과 박물관만 NARA에서 관리하고 생가, 부친의 대장간, 학교, 교회, 부부 묘소 등 일대의 관련 시설들은 모두 국립공원관리청에서 관리하고 있다. 모든 시설이 학자들과 관람객뿐 아니라 휴식공원으로도 개방되고 있다.

이 도서관의 티모시 월치 관장은 "대통령의 평가는 그의 전 생애 기간을 대상으로 이뤄져야 한다."면서 현재와 같은 대통령 재임 기간 중심의 평가방식에 이의를 제기했다.

그는 후버 대통령의 평가에 대해 라이딩스-매키버의 평가(김형곤 역, 『위대한 대통령 끔찍한 대통령』)에서는 42명 역대 대통령 중 24위로, 파버의 평가에서는 39명 중 30위로 각각 중하로 저평가되고 있음을 지적하면서 대통령의 평가는 임기 전후의 기간까지 종합적으로 평가돼야 한다고 주장했다. 사실상 루스벨트의 뉴딜정책이 성공할 수 있었던 기반은 그 전임자인 후버 때에 닦여진 것이고, 퇴임 후 수십 년간 국제구호 책임자로의 활동 등을 감안할 때 후버에 대한 상대적으로 낮은 평가는 상당히 불만족스럽다는 것이다.

[후버는 퇴임 후 국제구호기관 책임자로 활약, '국가의 상담자' 혹은 '위대한 인도주의자' 라는 별칭을 얻었다]

후버 대통령은 취임 이전에 상무장관을 2개 행정부 8년 동안 역임했기 때문에 대공황을 헤쳐 나가는 데 가장 적임자였다고 그는 주장했다. 후버는 단기처방보다 장기적 근본적 처방을 원했기 때문에 자신의 신념이었던 자유기업 정신과 역동적인 개인주의 신장의 대원칙하에서 해결해 보려 시도했다는 것이다.

그는 또 후버 대통령의 개인적인 성향에 대해 '미국인들에게 종교 다음으로 영향을 끼친 것은 야구다'라는 말을 남길 정도로 야구를 좋아했으며 여가생활로는 낚시를 좋아해 '그가 남긴 저서 12권 중 낚시 책이 한 권 있을 정도다'라고 말했다.

[낚시광 후버의 낚시 삼매경]

[말년의 후버, 그는 동양적인 분위기를 좋아했다] – 후버 대통령도서관 제공 –

세계 최대의 로라 잉걸스 와일더 컬렉션 소장

또한 후버 대통령도서관은『초원의 집(Little House on the Prairie)』으로 유명한 대평원의 작가 로라 잉걸스 와일더(Laura Ingalls Wilder)와 그의 딸로서 언론인이자 작가인 로즈 와일더 레인(Rose Wilder Lane)의 작품 컬렉션으로 유명하다. 이는 케네디 대통령도서관이 세계 최대 헤밍웨이 컬렉션으로 유명하듯이 대통령도서관의 또 하나의 역할을 제시해 주고 있다.

로라 잉걸스는 위스콘신주 출신으로 1870년대 미 중부 대평원지대의 평범한 농가의 삶을 주제로 한 작품들을 주로 써서 전 세계 독자들에게 크게 어필했다. 와일더 모녀의 후버 대통령과의 인연은 1920년 딸 로즈가 후버의 전기『허버트 후버 만들기(The Making of Herbert Hoover)』를 집필하면서 맺어졌다. 잉걸스 사후 딸 레인이 어머니의 작품들과 육필원고, 그리고 자신의 원고 등을 기증하여 세계 최대의 로라 와일더&로즈 와일더 컬렉션을 이루고 있다.

[로라 잉걸스 와일더(좌)와 딸 로즈 와일더 레인(우)]

[사우스 다코타 데 스멧 일대의 와일더 잉걸스 사적지]

[와일더 사적지 내의 사저 박물관]

4 | 드와이트 아이젠하워의 캔자스 애빌린

제34대(1953-1961)

[아이젠하워 대통령도서관(위), 잔디 광장 맞은편에 박물관(아래)이 있다]

"I like IKE(나는 아이크를 좋아한다)." 1952년 말 미 대통령선거전에 나선 공화당 후보 드와이트 아이젠하워(Dwight David Eisenhower, 1890-1969) 장군의 선거 캐치프레이즈는 오직 이 한마디였다. 2차 세계대전 승리의 영웅으로 이미 탁월한 지도력이 입증된 바 있는 아이젠하워 후보를 온 국민들은 풀 네임보다도 Ike라는 애칭으로 부르기

[I Like IKE 배지]

를 좋아했다. 그리고 그들은 빨강·하양·파랑 바탕에 이 글귀가 쓰인 캠페인 배지를 자랑스럽게 달고 다녔다.

　아이젠하워의 치솟는 국민적 인기는 일리노이 주지사 출신인 민주당 아들라이 스티븐슨 후보의 풍부한 행정력과 지식, 재치, 세련된 언변, 화려한 공약 등을 두 차례나 무용지물로 만들기에 충분했다. 선거 결과는 선거인단 수 442대 89라는 압도적인 승리로 나타났다. 더욱이 공화당에 상하 양원의 압승까지 안겨주어 루스벨트-트루먼으로 이어지는 민주당 집권 20년의 종지부와 함께 새로운 공화당 시대의 개막을 가져왔다.

　20세기 들어 대공황, 2차 세계대전 냉전 한국전쟁의 사슬에 얽매여 한시도 긴장을 풀 수 없던 미국민들은 하루빨리 정상 상태로의 복귀를 열망했고 아이젠하워는 이 같은 기대를 충족시켜 줄 최적의 인물로 추대됐던 것이다. 그는 또 39세의 젊은 캘리포니아 출신 상원의원 리처드 닉슨(Richard Milhous Nixon)을 러닝메이트로 택함으로써 62세로 상대적으로 고령이던 자신의 나이에 대한 국민들의 우려를 불식시켰다. 당시 선거에서 최대의 이슈는 수많은 미군 사상자를 낸 채 교착상태에 빠져 있던 한국전쟁의 종식과 관련된 것이었다. 아이젠하워는 이를 공약으로 내세웠고 선거가 끝난 후 당선자 신분으로 포화가 멎지 않았던 한국전선을 방문, 국민과의 약속을 실천했다.

1950 · 1953
Korea

After North Korea invaded South Korea in 1950, President Truman sent 350,000 troops to support the South. The United Nations agreed to send additional forces to assist. Communist China then intervened to support North Korea. Bitter fighting eventually led to stalemate and frustration.

Eisenhower's administration encouraged the North Koreans and Chinese to believe the UN would use nuclear weapons if necessary. Finally, the two Koreas signed a truce agreement on July 27, 1953. The U.S. suffered 33,686 battle deaths; 103,284 wounded; and 8,154 unaccounted for, including 4,233 missing in action (MIAs).

[아이젠하워 행정부가 공산군에게 유엔군의
핵 사용 가능성을 암시해 휴전을 성사시켰음을 밝히고 있다]

그는 취임연설에서 "국제평화 유지를 위해 모든 국가와 협력하겠다."
고 강조, 평화를 갈망하던 국민들의 염원에 답했다. 실제로 그는 공산군
과의 끈질긴 협상을 벌여 한국전쟁의 휴전을 성사시켰으며 미군의 베트
남전 참전을 반대했다. 또 원자력의 평화적 이용을 역설, 국제원자력위
원회(IAEA)의 결성에 결정적 역할을 했다. 소련과의 대화를 시도했으며
1950년대 말 잠시 미·소 데탕트 분위기를 가져오기도 했다. 더 나아가
군산복합체 대두에 대한 위험성을 경고하기도 했다.

아이젠하워 대통령은 국내적으로는 방만한 정부 예산의 감축을 위해
국방비의 절감, 감세, 정부 사업의 축소, 각종 규제의 완화 등 연방정부
의 활동을 대폭 축소시키는 방향으로 정책을 이끌어 갔다. 그리고 전임
대통령들과 달리 분야별 대통령 보좌관을 선임하여 상당 부분의 권한을

위임하고 자신은 세세한 문제에는 관여치 않는 당파를 초월한 정치를 추구했다.

독일 바이에른 지방 이민자 출신인 아이젠하워 가문은 1740년대 신세계를 찾아 미국 동북부 펜실베이니아주의 필라델피아로 이주했다가 후에 주도인 해리스버그 인근에 정착했다. 드와이트의 조부가 가족을 이끌고 캔자스주 애빌린의 멋진 초원으로 이주하여 옥수수 재배와 목축업에 종사하면서 캔자스주는 그들의 제2의 고향이 되었다. 그러나 그의 부친은 농장 일에는 관심이 없고 유니온 퍼

[아이젠하워센터 중심의 대통령 동상. 5성(星) 별판과 '평화의 챔피온' 명문이 함께 있다 - 아이젠하워센터 제공 -

시픽 철도회사에 다녔다. 부친은 회사가 텍사스 북부의 철도를 개설할 때 인근 텍사스주의 소읍 데니슨으로 이주했으며 그때 드와이트를 낳았다. 그러나 2년 후 다시 애빌린으로 이사하면서 그는 그곳에서 고등학교까지의 어린 시절을 보내게 되었다.

찰스 파버와 리처드 파버의 『대통령직 수행 순위』에 따르면 아이젠하워는 종합평가 24위로 중하위권에 속하는 것으로 나타났다. 항목별 순위를 보면 첫 번째 '외교를 비롯한 대외관계와 관련된 업무수행'은 34위, 두 번째 '국내의 각종 문제 및 사업에 대한 업무수행'은 30위, 세 번째 '행정부와 정부 내 업무수행'은 11위, 네 번째 '지도력 및 의사결정 관련 업무수행'은 17위, 마지막으로 '개인적 성격과 도덕성'은 15위로 나타났다. 행

정부의 업무수행과 관련해서는 11위로 비교적 높은 순위를 차지한 데 비해 대외관계와 국내문제와 관련해서 30위권 이상으로 비교적 낮게 나타난 것은 1950년대 후반 냉전시대 소련과의 경쟁에서 달 착륙 선수를 빼앗겨 미국이 약간 뒤처진 것으로 인식되었기 때문인 것으로 분석된다.

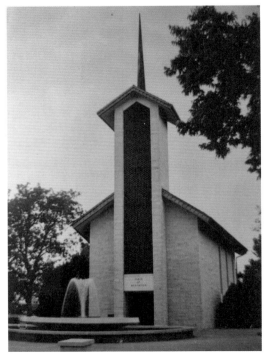

[아이젠하워센터 내 명상센터, 교회 모습을 하고 있다]

그가 성장한 애빌린은 미시시피강 서부 대평원의 중앙에 위치한 인구 3천 명의 소읍, 오늘날 아이젠하워의 도시로 유명하다. 도심 한복판에 위치한 아이젠하워센터에는 중앙에 그의 동상을 중심으로 성장기의 집과 묘소, 박물관, 도서관 등이 자리 잡고 있어 커다란 역사공원을 이루고 있다. 1898년부터 1946년까지 50년 가까이 아이젠하워 가족이 살았던 사저는 역사공원의 한컨에 위치해 황량한 캔자스 평원 시골집의 정형을 보여 준다. 센터 입구에 '명상의 집'이라는 이름이 붙여진 그의 묘소는 교회 건축 양식으로 지어진 것으로 아이젠하워 가문의 깊은 신앙심을 나타내고 있다. 일반시민들이 기도를 하는 등 경건의 장소로 공개되고 있다.

대통령도서관과 박물관은 센터의 중심에 넓은 잔디공원을 사이로 마주보고 있다. 박물관은 2차 세계대전 및 냉전시대를 대표하는 전쟁박물관으로 꾸며져 있고 맞은편의 대통령도서관은 아이젠하워 대통령 재임 8년간은 물론 그가 군사령관으로, 또 각급 군 지휘관으로 남긴 유산까지 모든 자료를 집대성하고 있다.

아이젠하워 대통령의 인간적 면모를 볼 수 있는 개인 서신 등도 상당수 보존되어 있는데 특히 맥아더 장군과 두 사람 사이에 주고받은 편지들이 눈길을 끌고 있다. 편지에서 아이젠하워는 맥아더를 항상 '장군님'이라고 존칭을 사용했고 맥아더는 '사랑하는 아이크'라고 적고 있는 등 두 사람간의 매우 친밀했던 인간적 관계를 보여 주고 있다.

애빌린은 황량한 대평원지역의 시골이지만 대륙횡단 철도가 지나기 때문에 텍사스 등 남부지역에서 동부로의 수송을 위한 교통의 요지이다. 여름이 되면 수백 만 마리의 소와 목동들이 몰려들어 꽤 북적이던 마을이었다. 남부 멕시코만으로부터 소떼를 몰고 온 목동들은 여름 동안 자신들의 애견인 그레이하운드의 경주를 열곤 했다. 그래서 메인 스트리트에는 '그레이하운드 박물관'이 건립되어 그들의 전통을 말해 주고 있다. 오늘날 이 도시는 주도 캔자스시티에서 콜로라도주 덴버를 연결하는 대륙횡단 도로인 70번 도로상에 위치하고 있지만, 성장을 멈춘 듯 정체되어 있다. 그러나 시민들은 미국 역사상 위대한 장군이자 명 대통령으로 추앙받는 아이젠하워를 키워 낸 자부심에 가득 차 있다.

아이젠하워는 부친의 낙농업 사업 부진으로 대학 진학은 염두에 두지도 못했다. 21세 때 뒤늦게 웨스트포인트에 진학하여 군 생활을 시작하게 되었다. 1차 세계대전 때 군 훈련교관을 지냈고 파나마운하 주둔군으로 활약하던 그가 두각을 나타낸 것은 1930년 초 필리핀 주둔군사령관이던 맥아더 장군의 보좌관으로 발탁되면서부터였다.

[도서관에는 그의 장군 계급별로 군 관련 자료를 모아 놓았다]

1941년 일본의 진주만 폭격 이후에는 조지 마셜 참모총장에 의해 태평양전략 담당관에 임명되어 탁월한 기획능력을 발휘했다. 이후 나토 최고사령관으로 발탁된 그는 마침내 1944년 6월 유럽 전선에서 노르망디 상륙작전을 성공시켜 히틀러에게 결정적인 패배를 안겨 줌으로써 국민적 영웅으로 칭송받게 되었다. 독일인의 후손으로 2차 세계대전 중 독일 타도에 앞장서야 했던 아이젠하워의 운명은 생의 아이러니로 종종 회자된다.

1945년 전쟁이 끝난 후 그는 트루먼 대통령의 뜻에 따라 차기 미 육군 참모총장에 임명되었다. 그의 주된 임무는 전쟁 중 최고 1200만 명까지 증원되었던 미 육군을 평시체제 150만 명으로 감축하는 매우 어려운 것이었다. 전역 후 교육계에 몸담고 싶다는 꿈을 가져온 그는 1948년 5월 뉴욕에 위치한 명문 컬럼비아대학의 총장으로 추대되어 일시적으로 교육자의 길을 걸었다.

그러나 그는 바로 17개월 만인 1951년, 트루먼 대통령에 의해 북대서양조약기구(NATO) 사령관으로 재소환되어 다시 군에 복귀했다. 그가 컬럼비아대학 총장 재임 중 집필한 회고록 『유럽의 십자군전쟁(Crusade in Europe)』은 베스트셀러 반열에 오르기도 했다. 이어 나토사령관으로 복무 중 1952년 대통령 선거가 다가왔을 때 트루먼 대통령이 불출마를 선언하자 공화, 민주 양당에서는 그에게 자당의 대통령 후보를 맡아 줄 것을 타진해 왔다. 그는 결국 공화당을 택했고 그 선거에서 압승을 거두었다.

아이젠하워 대통령은 재임 중 전후의 사회복지 문제에 관심을 기울여 이를 담당할 보건부, 교육부, 복지부 등의 부서를 창설했다. 특히 흑백차별 문제에는 단호한 입장을 표명했다. 1957년 아칸소주 리틀록의 한 백인 고등학교에서 흑인들의 입학을 거부하고, 주지사는 민병대까지 동원하여 이를 옹호하는 일이 발생했다. 이에 대해 아이젠하워는 1천 명의 공수부대를 투입, 흑인 학생들을 호위해 등교케 하고 군인들이 한 학기 동안 계속 학교를 순시하도록 하는 등 강경하게 맞서 마침내 인종차별론자들을 굴복시켰다.

그는 대외정책은 존 덜레스 국무장관에게 위임했는데 동남아조약기구(SEATO)를 창설하는 등 공산주의 확산을 막는 데 크게 기여했다. 또 흐

루쇼프 소련 서기장의 방미를 실현시키고 소련에 영공 공개와 공중 군사 설비 조사에 관한 협정을 제안하는 등 냉전 해소를 위해 힘썼다.

아이젠하워는 퇴임 후 남북전쟁의 격전지였던 펜실베이니아주 게티즈버그에 농장을 짓고 그림을 그리며 말년을 보냈다. 오늘날 애빌린 못지않게 게티즈버그의 아이젠하워 하우스에도 많은 관광객이 몰려들고 있다. 이곳에는 링컨, 워싱턴 등의 인물화와 각종 풍경화 등 그가 남긴 수십 점의 작품들이 보존돼 예술가 대통령으로서의 면모를 보여 주고 있다.

아이젠하워 대통령도서관의 마틴 티즐리 관장은 아이젠하워가 정치인으로서 군인으로서 두 가지 생을 모두 성공적으로 마친 훌륭한 대통령이라고 소개했다. 그의 가장 큰 업적에 대해서는 "아이젠하워센터 중앙에 있는 대통령 동상에는 '평화의 챔피언'이라는 글귀가 써 있다. 그만큼 그는 전쟁에 피곤해 있던 미국민들에게 평화를 심어 주려 노력한 대통령으로 남아 있다."고 설명했다.

[박물관에는 무기 및 전쟁 관련 자료가 많고 한국전쟁 자료도 많다]

이 도서관은 NARA 산하 대통령도서관으로는 네 번째로 1962년 개관됐으며 초기에 120만 점이던 소장 자료가 꾸준한 수집 노력으로 현재 260만 점으로 증가됐다. 주로 2차 세계대전과 관련된 것들이 많으며 400여 명의 등록 학자들을 비롯한 수많은 연구자들이 찾고 있다. 특히 NATO 컬렉션은 미국 내 최고를 자랑하고 있다. 한국전쟁 관련 자료도 상당수 보관돼 있다.

티즐리 관장은 대통령도서관이 지역사회에 기여하고 있는 부분에 대해 아이젠하워 대통령의 탄생일(10월 14일)과 2차 세계대전 관련 각종 기념일 등에 다양한 추모행사를 갖고 있으며 애빌린 주민들의 참여도는 매우 높다고 했다.

[그는 오늘날 전 미국을 거미줄처럼 연결시키는 고속도로망을 창시했다]

그리고 아이젠하워 대통령의 집권 시기인 1950년대 중후반은 미국에서 TV시대가 개막될 무렵이어서 역대 어느 대통령보다도 국민들과 TV를 통한 접촉이 많았던 대통령으로 평가했다. 또한 국민생활 편의를 증진시키는 데 많은 노력을 기울였으며 오늘날 전 미국을 거미줄처럼 연결시키고 있는 고속도로망을 창시한 것도 아이젠하워 대통령이라고 말했다.

그는 군 지휘관으로 또한 정치지도자로 군부에서는 물론 미국민들로부터도 사랑받고 존경받은 리더 중의 리더로 기억되고 있다. 특히 그는 골프와 낚시 등 스포츠를 좋아했으며 당시 생중계된 대통령과 프로 골퍼 아놀드 파머와의 골프경기는 국민들의 가장 큰 관심사의 하나였다고 회고했다.

5 존 F. 케네디의 매사추세츠 보스턴
제35대(1961-1963)

[보스턴만을 내려다보는 언덕에 자리잡은 케네디 대통령도서관]

  "국가가 당신을 위해 무엇을 해 줄 수 있는가를 묻지 마십시오. 당신이
국가를 위해 무엇을 할 수 있는가를 물으십시오." 1961년 1월 20일, 44세
의 나이로 시어도어 루스벨트 대통령(43세 취임)에 이어 미 역사상 두 번
째 최연소의 기록을 세우며 제35대 대통령에 취임한 존 F. 케네디(John
Fitzgerald Kennedy, 애칭 JFK, 1917-1963)의 취임사는 냉전체제에 대한
염증 때문에 강한 개인주의적 성향을 보이던 미국민들에게 신선한 충격

으로 다가왔다.

1963년 11월 21일 텍사스주 댈러스에서의 총성으로 인생 최고의 전성기에 역사의 뒤안으로 사라지게 된 케네디는 불과 2년 10개월(1천 37일)의 짧은 집권 기간에도 불구하고 미국민에게 가장 사랑받는 대통령으로 남아 있다. 그래서 그는 죽어서도 포토맥강 건너 알링턴 국립묘지 한복판, 워싱턴 시가지가 모두 내려다보이는 언덕 중앙에 '불멸의 불꽃(Eternal Flame)'으로 살아 미국민들의 마음속에 타오르고 있다.

첫 20세기 출생 대통령인 그는 짧은 재임 기간이었지만 많은 업적을 남겼다. '뉴 프런티어(New Frontier)'라고 불린 그의 정책은 루스벨트 대통령의 '뉴딜'에 버금가는 것으로 평가되고 있다. 그는 또 '평화봉사단'을 창설, 미국의 젊은이들이 세계 구석구석 후진국을 찾아가 교육과 영농을 지도케 하는 인류애적 차원의 정책을 펼쳤다. 그리고 흑인 인권 보호를 위해 흑백차별을 금지하는 민권법안도 만들었다. 소련보다 한발 늦기는 했지만 선구자적인 의지로 유인 우주개발계획을 추진, 미국이 세계 최초의 달 정복 국가가 되도록 했다.

대외적으로도 소련의 베를린봉쇄에 대한 강력한 대처, 쿠바 내 소련의 미사일 배치를 저지키 위한 쿠바 봉쇄 등 '힘'으로 소련을 굴복시킨 그의 강력한 대외정책은 미국민들의 열광적인 지지를 받은 것은 물론 국제적인 관심 또한 크게 불러일으켰다. 비록 쿠바 침공 실패로 국제적 망신을 하기도 했지만 1960년대 들어 대중문화의 급속한 확산과 함께 미국적 이상을 실현할 젊고 용기 있는 지도자의 출현을 기대하고 있던 미국민들에게 케네디는 '미국의 상징'으로까지 받들어졌던 것이다.

그는 탁월한 두뇌의 소유자도 아니고 강력한 의지력을 갖춘 인물도 아니었다. 더욱이 정계 입문에서 대통령이 되기까지 정치적 성장 과정이 백만장자 아버지 조지프 케네디의 금권을 앞세운 적극적 개입에 의한 것이라는 비난을 받기도 했다. 그러나 그가 강력하고 진보적인 정책을 펼 수 있었던 것은 겸손하고 노력하는 자세 때문이었다. 그는 사려 깊은 성품으로 사회의 다양한 문제들에 대해 깊은 관심을 갖고 있었으며 특히 민주주의 원칙의 수호자로 이미지를 심었다.

1917년 보스턴 교외의 브루클린에서 아일랜드 이민의 후손으로 백만장자가 된 조지프 케네디와 로즈 사이의 9남매 중 둘째아들로 태어난 케네디는 병약하고 그다지 학교 성적도 좋지 않았으나 사람을 사귀기 좋아했고 스포츠를 좋아했다. 부친이 루스벨트 행정부 때 영국대사를 지내 런던대학에도 잠깐 재학했다. 그는 하버드에 입학한 후 광범위한 여행을 즐겼으며 상급 학년으로 올라가면서 점차 학업에 흥미를 보였다. 영국의 나치 독일에 대한 대응 실패를 다룬 그의 졸업논문은『왜 영국은 잠을 잤는가(Why England Slept)』라는 제목의 책으로 출판되어 베스트셀러가 되기도 했다.

이어 그는 일본군의 1942년 진주만 폭격 직전 미 해군에 입대해 PT(어뢰정) 지휘관으로 활약, 태평양전쟁 시 일본군의 가미가재식 공격에 용감히 싸운 공로로 은성훈장을 받기도 했다. 1945년 디스크 수술로 전역 후 부친의 권고로 정계에 입문하여 1946년 민주당 소속으로 연방하원에 당선됐다. 1952년 3선 의원인 케네디는 35세의 젊은 나이로 상원의원이 되었다. 이듬해 그는 조지워싱턴대를 나오고 워싱턴타임스헤럴드의 런던 특파원이던 24세의 재클린 부비어(Jacqueline Bouvier)와 결혼했다. 지성과 미모를 갖춘 여기자 재클린과 미남 총각 상원의원과의 결혼은 당시 커다란 화제를 불러일으켰다. 그러나 그들의 결혼생활은 겉보기와는 달리 케네디의 바람기로 원만치 못했다.

[히아니스 별장에서 젊었을 때의 가족사진]

그는 열심히 의원활동을 했으며 1957년 미 의회에서 훌륭한 업적을 남긴 의원들의 이야기를 엮은『용기 있는 사람들(Profiles in courage)』이라는 책을 저술해 그해의 퓰리처상을 받았다. 그는 일약 탁월한 저술가이자 올바른 이상을 가진 정치인으로 호평을 받았다. 그리고 1960년 민주당 대통령 후보가 되어 미 대통령선거 역사상 처음 실시된 TV토론에서 젊고 핸섬한 모습으로 유권자들의 인기를 독차지했다. 창백한 안색에 식은땀까지 흘리는 칙칙하고 병약한 모습의 닉슨 후보를 근소한 차이로 따돌려 당선될 수 있었다.

백악관에 들어간 후 퍼스트레이디 재클린은 훌륭한 참모이자 동반자 역할을 했다. 특히 1963년 8월, 2살배기 아들 패트릭이 죽은 후에 두 사람의 금슬은 상당히 좋아진 것으로 전해졌다. 그러나 이 좋은 금슬도 케네디의 피살로 3개월밖에 지속되지 못했다.

케네디 가문은 대통령과 3형제 상원의원을 내는 등 미 역사상 가장 번성한 집안의 대명사가 됐지만, 둘째아들 존에 이어 8살 아래로 법무장관을 역임했던 로버트 등 두 아들이 암살당하고 나머지 아들과 딸들이 사고로 죽는 등 비운의 가문으로 남아 있다.

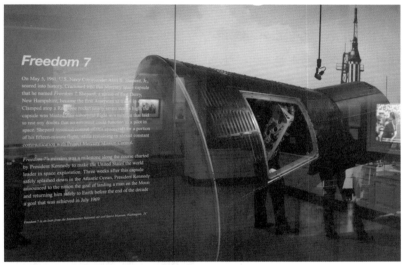
[세계 최초 유인우주선의 달착륙 광경]

찰스 파버와 리처드 파버의 『대통령직 수행 순위』에 따르면 케네디 대통령은 종합평가 8위로 짧은 재임 기간에도 불구하고 상위권을 기록했다. 항목별 순위를 보면 첫 번째 '외교를 비롯한 대외관계와 관련된 업무수행'에서 12위, 두 번째 '국내의 각종 문제 및 사업에 대한 업무수행'은 7위, 세 번째 '행정부와 정부 내 업무수행'은 4위, 네 번째 '지도력 및 의사결정 관련 업무수행'은 11위, 마지막으로 '개인적 성격과 도덕성'은 12위로 나타났다. 행정부 업무수행과 관련해 가장 높은 4위의 순위를 보이는 등 전반적으로 높은 순위를 보인 것은 그에 대한 국민들의 개인적 지지도가 상당히 높았기 때문으로 분석된다.

미국 동북부 매사추세츠주의 보스턴항 남부, 시원하게 보스턴만이 펼쳐져 있는 컬럼비아곶 끝자락에는 케네디 대통령도서관이 우뚝 서 있다. 당시 세계 최고의 건축가였던 아이 엠 페이(I. M. Pei)의 설계로 바닷가 끄트머리에 지어진 도서관은 10층 높이의 하얀 건물로 매사추세츠대학과 인접해 있다. 지하철역이나 버스 정류장 등을 대학과 함께 사용함으로써 늘 젊은이들이 북적거리고 '젊은 대통령' 케네디의 이미지를 더욱 부각시켜 주고 있다.

대통령 관련 전시실은 지하층과 1층 두 개 층에 24개의 전시실로 구성되어 있다. 1층의 출입구로 입장한 후 10여 분간의 소개 영상을 관람한 뒤 지하로 내려가면 1960년 선거 유세 관련 전시실로부터 시작된다. 당시 TV시대의 개막을 맞아 최초로 실시되어 승리의 견인차가 되었던 닉슨 후보와의 TV 토론 내용을 볼 수 있도록 별도의 독립된 방을 꾸몄다. 선거사무실과 취임식 장면을 연출한 방에 이어서 백악관 회랑이 나온다. 그곳에는 백악관 브리핑룸, 우주프로그램실, 평화봉사단실을 지나 백

[그의 갑작스런 서거 소식을 알리는 긴급뉴스 시그널과 유산실의 관련 사진]

악관 집무실이 있다. 이어서 퍼스트레이디 재클린과 가족 관련 전시실이 나온다. 그리고 'JFK와 베트남', '1963년 유럽 순방실'이 이어진다.

마지막으로는 그의 암살을 다룬 '1963. 11. 22실'과 '유산(Legacy)실'로 끝을 맺는다. '1963. 11. 22실'은 검은 암실에 당시 댈러스에서 저격 사건이 벌어지는 순간순간을 사진들로 연결시켜 극적인 긴장감을 높였다. 사건이 발생하자마자 CBS 방송 긴급뉴스에서 앵커 월터 크롱카이트가 비극적인 소식을 처음 전하는 모습부터 그의 장례 절차까지 엄숙하게 전시되어 있다.

유산실에는 그의 죽음을 애도하는 미국인들의 표정과 전 세계의 애도 등을 전시했다. 이 방을 지나면 베를린 장벽 실물 전시를 거쳐 10층 높이의 통유리 전망광장인 '파빌리온'으로 나가게 돼있다. 전면으로 펼쳐진 보스턴만(灣)은 유년기부터 청년기까지 그 바다를 바라보며 꿈을 키워온 케네디 대통령에 대한 마지막 깊은 인상을 남긴다. 파빌리온 뒤편으로는 특별전시실을 마련하여 'JFK와 쿠바 미사일 위기' 관련 내용을 모아 놓았다.

또한 연구동에는 문서 기록물 840만 페이지와 사진 기록물 40만 장, 오디오 기록물 800만 피트(1만 1천 시간) 등이 소장되어 있고 지금도 관련 문서와 자료들이 계속 수집되고 있다. 연구공간도 넓게 마련되어 있어 전 세계의 연구자들이 언제라도 자료를 열람하고 연구할 수 있도록 개방하고 있다. 그리고 도서관 내 두 개의 강당과 많은 연회실들이 보스턴 시민들의 각종 행사장소로 대여되고 있어 JFK와 보스턴시민들과의 끈끈한 유대가 여전히 계속되고 있다.

[보스턴 브루클린에 있는 생가 박물관]

[케이프반도에 위치한 히아니스의 JFK박물관]

이밖에도 보스턴 브루클린에 있는 그의 생가는 JFK국립역사 지구로 지정되어 케네디가의 전통을 보존하고 있다. 또한 보스턴에서 남동쪽 바다로 뻗어 나간 케이프코드 반도 한복판에 위치한 히아니스(Hyannis)

[암살자 오스왈드가 총을 겨눴던 장소인 댈러스의 딜레이 플라자 빌딩에 〈6층 박물관〉이 있다]

항 인근에는 케네디가의 하계별장이 잘 보존돼 'JFK히아니스 뮤지엄'이라는 이름으로 일반에 공개되고 있다. 히아니스항은 케네디가의 별장이 있던 마르타스 바인야드 섬을 연결하는 배편이 있는 곳으로 케네디의 유년 시절의 흔적들이 보존되어 있다.

케네디가 암살당한 텍사스주 댈러스 엘름스트리트에 위치한 딜레이(Dealey) 플라자 빌딩에는 암살자 오스왈드가 저격을 위해 숨어 있던 장소에 '6층 박물관(the Sixth Floor Museum)'이 개설되어 있다. 사건 당시 텍사스 교과서 빌딩이었던 이 건물 6층 암살자의 은신처를 모형을 통해 복원하여 소름끼치는 역사적 순간을 그대로 재현해 놓았다. 그 주변에는 케네디가 텍사스주를 방문한 정치적 배경 등 역사적 기록물들이 전시되어 있다.

세계 최대의 어니스트 헤밍웨이 자료실

케네디 대통령도서관이 일반에 더 널리 알려진 것은 '헤밍웨이 자료실' 때문이다. 도서관 6층 전체를 차지하고 있는 헤밍웨이실은 전 세계 흩어져 있는 헤밍웨이 관련 자료의 90% 이상을 소장하고 있어 전 세계의 헤밍웨이 연구가들이 찾아오는장소이다. 방문객들이 갖게 되는 의문은 헤밍웨이와 관련된 방대한 자료실이 왜 이곳에 있는가일 것이다.

[케네디 대통령박물관 6층의 헤밍웨이 자료실]

[세계 최대의 헤밍웨이 컬렉션을 자랑하고 있는 헤밍웨이 자료 열람실]

헤밍웨이 자료실 학예관 스테이시 챈들러에 따르면, 1960년대 초 쿠바 미사일 사태를 둘러싸고 미·소 간 첨예한 대립이 벌어지고 있는 와중에도 케네디 대통령과 쿠바의 최고지도자 카스트로 의장 사이에 긴밀한 핫라인이 작동하고 있었다고 한다.

헤밍웨이의 마지막 부인인 메리 헤밍웨이가 영부인 재클린 케네디를 통해 쿠바 혁명기에 급히 피해 나오면서 자신들의 거주지 핀카 비지아(Finca Vigia)에 그대로 두고 온 헤밍웨이의 작품집을 비롯한 각종 자료들의 반환을 시도했던 것이다. 전운이 감도는 일촉즉발의 상황에서도 케네디는 카스트로에게 핫 라인을 통해 협력을 요청했고, 카스트로도 이에 동의하여 마침내 메리 헤밍웨이는 은밀하게 쿠바에 남아 있던 헤밍웨이의 유품들을 대부분 가져올 수 있었다.

이러한 인연으로 메리 헤밍웨이는 1986년 사망하면서 모든 자료들을 케네디 대통령도서관에 기증했다. 헤밍웨이 자료실에는『무기여 잘 있거라』,『노인과 바다』등 타이핑 원고 초고는 물론, 각종 잡지 기고 및 서신과 사진 자료들이 보관되어 있다. 헤밍웨이가 자신의 작품 구상을 위해 '낚시', '사냥', '보팅' 등에 관해 공부한 노트 등도 전시되어 있다. 특히 2009년 쿠바 정부가 쿠바에 남아 있던 자료들의 복제본 3천여 점을 기증함으로써 더욱 많은 자료를 소장할 수 있게 되었다.

6 린든 B. 존슨의 텍사스 오스틴
제36대(1963-1969)

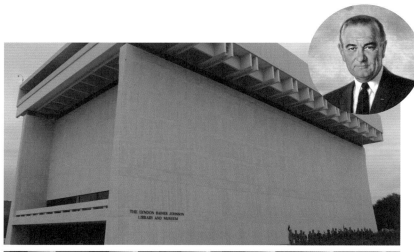

[텍사스대학교 오스틴캠퍼스 내 존슨 대통령도서관(위)과
존슨 행정대학원건물(아래)이 나란히 있다]

1963년 11월 22일 텍사스주 댈러스를 방문 중이던 케네디 대통령이 암살로 서거하자 부통령이던 린든 B. 존슨(Lyndon Baines Johnson, 애칭 LBJ, 1908-1973)은 당일 저녁 워싱턴으로 돌아가는 대통령 전용기 안에서 선서를 하고 바로 36대 미국 대통령 임기를 시작했다.

　그러나 보스턴 출신 케네디의 젊고 도시풍의 세련된 이미지에 매료되어 있던 미국민들은 명문대 출신도 아니고 뉴잉글랜드 출신도 아닌, 사실상 최초의 텍사스주 출신으로 '텍사스 촌놈' 이미지를 가진 그를 별로 탐탁하게 여기지 않았다. 아이젠하워 대통령이 부친의 근무지인 텍사스 데니슨에서 출생했지만 캔자스주 애빌린에서 성장했기 때문에, 본격적인 텍사스 사람으로 여기지 않았던 것이다. 존슨은 텍사스 사람들의 일반적인 기질대로 거칠고 교양 없는 이미지에 말만 잘하는 시골뜨기 인물로 비쳐졌다.

　그러나 그는 대통령으로서의 품격과 실행력을 모두 갖춘 인물이었다. 예산문제와 인사문제 등에서 대통령의 강력한 권한을 행사했고 늘 철저한 준비와 신중한 판단을 통해 입법화 과정도 잘 통제했다. 대표적으로 베트남전 관련 '통킹만 결의안'의 경우 의회의 특별승인 없이도 대통령이 군대를 파견하고 사용할 수 있는 권한을 소유하는 등 대통령의 권한을 대폭 강화시킨 것이었다. 그는 대화와 타협, 근면한 태도로써 초반의 비호감을 떨치고 신뢰받는 국민의 대통령으로 자리매김할 수 있었다.

　존슨은 1908년 텍사스주 중부 한복판에 위치한 스톤웰에서 농부이자 교사였고 주의원을 다섯 차례 역임한 새뮤얼 일리 존슨의 5남매 중 첫째로 태어났다. 그가 다섯 살이 되었을 때 조부의 농장이 있던 인근 존슨시티로 이주하여 그곳에서 고등학교까지 다녔다. 졸업 후 존슨은 샌마르코의 사우스웨스트 텍사스 주립사범대학(Southwest Texas State

Teacher's College)에 다녔다. 그러나 그는 공부보다는 친구들과 함께 당시 포드 T모델 중고차를 타고 각종 아르바이트를 전전하며 히치하이킹으로 캘리포니아와 미 전역을 여행하는 등 활기찬 청년시절을 보냈다. 이후 법률사무소 사무원, 학교 교사 등을 거쳐 1937년 29세의 젊은 나이로 연방 하원의원(임기 2년)에 당선되었다.

이후 6선의 연방 하원의원을 역임했으며 일본의 진주만 폭격으로 미국이 태평양전쟁에 참전하게 되자, 하원의원으로서 자원입대하여 해군 조종사로 2차 세계대전에 참전한 특이한 이력을 갖고 있다. 이후 1948년 연방 상원의원에 진출하였고 1955년 민주당이 다수당이 되었을 때 원내 총무가 되어 정치적 입지를 다졌다. 그는 타협의 달인으로 불릴 만큼 역동적이고 탁월한 정치력을 소유한 정치인이었으나 1960년 민주당 대통령 후보 지명전에 출마해 케네디에게 패배했다. 그러나 케네디는 자신의 젊은 나이를 극복하고 또 텍사스를 비롯한 남부의 지지를 끌어들이기 위해 존슨을 부통령으로 지명했다.

결국 존슨은 케네디의 승리를 위해 큰 도움을 주었고 케네디 는 행정부 내에서 가장 액티브한 역할을 그에게 맡겼다. 내각회의와 국가안전보장회의(NSC)의 상임 멤버가 되었으며 당시 대통령의 최고 역점사업인 인간 달 착륙을 추진하던 국가항공우주국(NASA)과 대통령 직속 평등고용기회위원회의 위원장을 맡게 되었다. 대외 외교에도 적극 나서 2년 10개월의 부통령 임기 중 모두 11차례에 걸쳐 33개 국을 순방했다.

따라서 존슨이 갑작스레 대통령직을 인수받았을 때 그는 이른바 '준비된 대통령'으로 인식되었다. 그는 전임 대통령의 잔여 임기 동안 내각과 백악관 참모들을 그대로 유임시켜 업무의 계속성을 유지했다. 그들로부터 많은 정보를 구했고 도움과 충고를 받아 가며 국정을 운영해 나갔다.

그리고 1964년 선거에서 당선되었을 때 비로소 자신이 선택한 인물들로 내각과 참모를 교체했다. 그는 케네디 암살 이후 국가와 국민들에게 팽배했던 암울함과 두려움을 잠재우고 다시 용기와 확신을 심어 주는 데 뛰어난 역할을 했다.

[임기 중 '위대한 사회' 프로그램을 위해 서명했던 펜을 한데 모아 놓았다]

존슨 대통령은 점점 심화되어 가는 베트남전쟁에서의 승리와 미국의 미래사회의 비전을 위해 많은 노력을 기울였다. 1965년 1월에 발표한 '위대한 사회(Great Society) 프로그램'은 노인의료보험제도, 젊은이에 대한 교육비 보조, 굶주리는 사람에 대한 식량 제공, 무주택자에 대한 주택 제공, 가난한 사람에 대한 보조금 지급, 흑인에 대한 법적 보호, 장애자에 대한 재활 기회 제공, 실업자에 대한 실업수당 제공, 소비자를 위한 공정한 가격표시제도, 그리고 모든 시민을 위한 시민권과 보다 안전한 생활환경 보장 등 사회 전반에 대한 혁신적 개혁 내용이 담긴 것이었다.

이해관계가 서로 다른 사회계층과 시민단체들의 양보와 조정이라는 사회적 대타협이 따라야 했다. 결국 존슨의 '위대한 사회 프로그램'은 대공황의 위기에서 경제성장을 추구했던 루스벨트의 '뉴딜 프로그램'에서 한 단계 도약하여, 삶의 질과 사회질서를 바로잡는 시민 대타협의 사회를 이루자는 원대한 계획이었다.

그러나 베트남전쟁은 존슨 대통령의 발목을 잡는 제일 큰 걸림돌이 되었다. 1964년 8월 북베트남의 통킹만에서 첩보작전 중이던 미 해군 구축함 매독스함이 북베트남의 어뢰정으로부터 선제공격을 받아 두 차례 교전이 일어난 '통킹만 사건'이 발생했다. 그에 따라 미국은 보복을 명분으로 북베트남에 폭격을 감행했다. 선전포고 없이 진행된 이 폭격은 존슨이 동남아시아에 주둔 중인 미군에게 직접 명령한 것이었다. 미 하원은 통킹만 사건이 전면전으로 확대되는 것을 거부했지만, 이미 대통령 독단으로 전면전을 개시한 후였다. 이어 치러진 대통령선거에서, 존슨은 "아시아 '보이(boy)'들은 자기 땅을 지키기 위해 스스로를 도와야 할 것이고 미국 '보이'들이 그곳에 가서 싸우는 일은 없을 것."이라고 파병 불가를 공약할 수밖에 없었다.

그럼에도 존슨은 새로운 선거에서 승리한 후 1965년 3월 미 지상군을 베트남전쟁에 최초로 파병했으며 임기 말까지 베트남전의 수렁에서 헤어 나오지 못하는 비운을 맞게 되었다. 미국은 케네디 대통령 때부터 베트남전에 개입하기 시작했으며, 존슨과 그의 참모들 역시 북베트남이 남베트남을 침공하여 공산화시키면 동남아의 다른 국가들도 공산화될 수밖에 없다는 소위 도미노이론을 신봉하고 있었다. 그러나 전쟁은 소득 없이 점점 확전되어 3500명으로 시작된 미국 해병대의 파병은 그해 12월 20만 명으로 늘어날 정도로 '미국의 전쟁'이 되고 있었다. 그 와중에 존슨 행정부는 북베트남 측에 계속 평화협상을 제안했으나 호치민이 거부함에 따라 전쟁은 확대일로를 걸을 뿐이었다. 더구나 존슨 대통령은 2차 통킹만 사건의 미 자작극 폭로, 미군의 무차별적인 베트남 양민학살 등에 의해 자신의 정직성에 치명타를 입기도 했다.

이러한 실책으로 존슨은 '위대한 사회' 건설을 위한 국민적 대타협을 이끌어 낸 업적에도 불구하고 재선 출마의 후보지명전에서 실패하고 말았다. 1968년 대통령선거를 위한 전당대회에서 민주당은 부통령이었던 허버트 험프리를 후보로 선출하였다. 이에 대해 역사학자 로버트 달렉은 "LBJ의 베트남전쟁 확전은 결국 미군 병사 3만 명과 자신의 대통령직을 대가로 지불했다."고 기록했다.

찰스 파버와 리처드 파버의『대통령직 수행 순위』에 따르면 존슨 대통령은 종합평가 15위로 상위권에 속하는 것으로 나타났다. 항목별 순위를 보면 첫 번째 '외교를 비롯한 대외관계와 관련된 업무수행'에서 34위, 두 번째 '국내의 각종 문제 및 사업에 대한 업무수행'은 4위, 세 번째 '행정부와 정부 내 업무수행'은 6위, 네 번째 '지도력 및 의사결정 관련 업무수행'은 8위, 마지막으로 '개인적 성격과 도덕성'은 33위로 나타났다. 대내외 업무수행과 관련해서는 모두 상위 순위를 차지했는데 특히 '개인적 성격과 도덕성'에서 낮게 나타난 것은 베트남전쟁과 관련된 불신 때문인 것으로 분석된다.

존슨 대통령의 유적지는 크게 두 곳으로 나누어진다. 첫째 LBJ 국립역사공원은 20여km 떨어져 있는 출생지 스톤월과 성장지 존슨시티 두 곳을 포함하고 있다. 스톤월의 피더넬즈강을 사이에 두고 남북으로 펼쳐진 415에이커(약 50여만 평)에 달하는 존슨목장은 그가 사망하기 전까지 여생을 보냈던 곳으로 생가와 가족묘지가 있다. 존슨시티에는 성장기에 살

왔던 집과 모교들, 특히 1937년 연방 하원의원·출마를 선언하면서 현관 앞에서 첫 연설을 했던 집도 방문해 볼 수 있다. 이 공원은 매우 광활하기 때문에 비지터 센터에서 셔틀버스를 타고 돌아봐야 한다.

[관람 온 학생들이 존슨 대통령 당시의 시대상에 관해 설명을 듣고 있다]

두 번째는 NARA에서 운영하는 존슨 대통령도서관과 박물관이다. 이 건물은 주도(州都) 오스틴에 위치한 텍사스대학교(University of Texas at Austin) 교정에 위치하고 있다. 애당초 도서관 부지는 그가 졸업한 샌마르코의 주립사범대학에서 제공할 예정이었다. 이 대학은 부통령 재임 시부터 그의 기념관을 계획하며 퇴임 후 기증을 요청해 왔다. 또 존슨시티에서도 그의 대통령도서관 유치를 위한 부지 제공을 희망해 두 곳이 경합을 벌이는 양상이었다. 그러나 존슨은 보다 많은 학자들이 자신의 자료를 통하여 재임 기간뿐만 아니라 미국의 미래에 대한 연구를 계속해줄 것을 희망했다. 따라서 텍사스인으로서 첫 대통령이라는 상징성과 대

중의 접근성을 고려하여 주도 오스틴에 위치한 텍사스대학교가 최종 결정되었다.

　대학 측은 존슨 대통령의 뜻을 받들어 존슨행정대학원 건물 옆에 부지를 제공했고 10층 규모의 위엄을 갖춘 존슨 대통령도서관이 지어졌다. 존슨은 퇴임 후 부인 버드 여사와 함께 앞서 개관한 다른 대통령도서관을 비롯한 많은 대통령기념관을 견학했으며, 도서관 8층에 마련된 자신의 사무실에서 도서관의 설계에 참여했다.

[1960년대의 생활상도 많이 전시하고 있는데 대표적인 것으로 당시 한 시대를 풍미했던
비틀즈 관련 전시실이 5곳에 마련돼 있다]

　10층으로 설계된 이 도서관은 3층을 입구 로비로 하여 3, 4, 10층 3개 층이 전시공간이며 5층부터 9층까지는 서고와 연구공간으로 오직 직원과 연구자들만이 출입할 수 있다. 3층 로비에는 1969년 대통령 퇴임 이후 그가 애용했던 리무진 승용차가 전시되어 있고 영상실, 기프트숍, 터널형 전시실 등이 있다. 기프트숍에는 그를 회화적으로 표현한 각종 만

평과 만화 그림 등을 판매하고 있으며 터널형 전시실에는 재임 중 643시간에 달하는 그의 전화통화 기록 등을 상세히 읽어 볼 수 있다.

4층 전시실로 올라가는 중앙 벽에는 수백 개의 만년필이 눈길을 끌었다. LBJ가 위대한 사회 정책과 관련하여 각종 협약을 맺는 데 사용한 것들과 관련 정책 문서에 사인을 했던 펜들이다. 또한 '자유의 유산(A Legacy of Liberty)'라는 제목으로 대통령 재임기에 적극적으로 추진했던 시민기본권법 제정에 관한 내용도 상세히 전시되어 있다.

10층에는 백악관에서의 생활 모습과 영부인 버드 여사 등 주로 대통령 패밀리 관련 전시물로 채워져 있다. LBJ 당시의 집무실 모습을 재현한 오벌 오피스를 중심으로 버드 여사가 집중적으로 추진했던 미국청결운동 등을 소개하고 있다. 그녀는 고속도로 주변을 깨끗이 하자는 취지로 1965년 제정된 '고속도로미화법(Highway Beautification Act)'의 입법 과정에서 의회에 나가 연설을 통해 거액의 후원금을 모았으며, 이를 기려 '레이디 버드 법안(Lady Bird Bill)'이라 부르고 있다.

[퍼스트레이디 버드 여사의 활발한 활동을 별도로 상세히 소개하고 있다]

7 리처드 닉슨의 캘리포니아 요바 린다

제37대(1969-1974)

[닉슨 대통령도서관 정면 1층은 박물관 전시 공간(위)이고 연구공간(아래)은 지하층에 있다]

미국 제37대 대통령 리처드 닉슨(Richard Milhous Nixon, 1913-1994)은 재임 중 사임, 도중하차한 유일한 대통령이다. 최초의 캘리포니아주 출신 대통령으로 냉전시대의 한복판에서 '닉슨독트린', '대중국 수교', '전략무기제한협정(SALT-I)' 추진, '베트남 철수' 등 세계사에 길이 남을 굵직굵직한 정책을 추진했다. 탁월한 국제 지도력과 대외정책을 통한 발군의 능력 발휘로 1972년 선거에서 무난히 재선 고지에 올랐다. 그러나 취임 직후 터진 독직 사건과 스피로 애그뉴 부통령과 존 미첼 법무장관 등 측근들의 부패사건, '워터게이트 사건'을 중심으로 한 은폐조작과 직권남용 등 혐의로 탄핵 재판을 받게 되었고, 1974년 8월, 재판대신 사임을 택함으로써 두 번째 임기는 불과 1년 7개월 만에 막을 내렸다.

닉슨은 1913년 캘리포니아주 오렌지카운티의 요바 린다(Yorba Linda)에서 출생했다. 하버드 대학에 입학 허가를 받았으나 가난한 형편 때문에 인근 위티어 대학(Whittier College)에 진학했다. 학부 과정을 마친 뒤 전액 장학생으로 노스 캐롤라이나주에 있는 듀크 대학 로스쿨에서 법률을 전공한 후 1937년 캘리포니아로 돌아와 법률사무소를 열었다. 제2차 세계대전이 발발하자 해군장교로 태평양전쟁에 참전, 전투에서 맹활약함으로써 소령까지 진급했다. 종전 후인 1946년 캘리포니아주 연방 하원의원에 공화당 후보로 당선되었다. 하원 시절에는 국내안보와 관련된 업무를 다루는 비미(非美)활동위원회(Un-American Activities Committee)에서 알자 히스 등의 대소협력을 고발하여 반공주의자로 이름을 떨쳤다. 1950년에는 캘리포니아주 상원의원에 당선되었고, 1952년 아이젠하워 대통령의 러닝메이트로 부통령에 당선되었다. 1956년 아이젠하워가 재선되자 계속 부통령직을 수행, 모두 8년간 부통령직을 수행하였다.

그는 1960년 대통령선거에 공화당 후보로 출마했으나 민주당 후보인 케네디에게 패했고, 이어 1962년 캘리포니아 주지사 선거에서도 실패하여 한때 정계에서 은퇴한 후 변호사 생활을 하였다. 그러나 1968년 대통령선거에서 민주당의 험프리 후보를 누르고 화려하게 재기에 성공했고, 재선까지 거머쥐게 되었다.

　닉슨은 재임 중 1969년 〈닉슨독트린〉을 발표하여 아시아 방위책임을 일차적으로 아시아 국가들이 스스로 지게 하고, 미국은 핵우산을 제공함으로써 대소(對蘇)봉쇄전략을 추구할 것임을 선포했다. '닉슨독트린'은 미군의 베트남 철수를 명시하였을 뿐만 아니라, 한반도 정책에도 반영되어 1971년 6월까지 6만 1천 명의 주한미군 중 2만여 명이 철수하게 되었다.

　그는 특히 냉전시대에 뛰어난 외교적 성과를 거둔 것으로 평가받고 있다. 1972년 미국 대통령으로는 처음 중국을 방문, 소위 핑퐁외교(Ping Pong diplomacy)를 통하여 중국의 문호를 개방시켰다. 또한 소련의 브레즈네프 서기장과 상호방문 정상회담을 개최하여 '전략무기제한협정(SALT-1)'에 합의한 것도 냉전 해소를 위한 큰 걸음으로 평가받고 있다. 1973년 1월에는 북베트남(越盟)과의 합의를 통해 인도차이나반도에서의 미군 철수를 발표했으며, 1974년에는 헨리 키신저 국무장관으로 하여금 이스라엘과 이집트, 시리아 간의 중동평화조약 체결을 중재케 하는 등 획기적인 외교적 업적을 거두었다. 1969년 7월에는 아폴로 11호가 유인 달 착륙에 최초로 성공하여 그동안 소련에 빼앗겼던 우주경쟁의 주도권을 되찾아오기도 했다.

　그러나 1972년 말 대통령선거운동 과정에서 닉슨 재선을 위한 비밀공작팀이 워싱턴의 워터게이트빌딩에 있는 민주당 전국위원회 본부를 도청하려다 발각된 이른바 '워터게이트사건'이 발생했다.

[닉슨은 역대 대통령 가운데 타임지 표지인물 54회로 최다를 기록하고 있다]

　이 사건으로 인하여 닉슨정권의 선거방해, 정치헌금의 부정·수뢰·탈세 등이 드러났다. 처음 닉슨은 도청사건과 백악관과의 관계를 부인했으나 대통령 보좌관이 연루되고 대통령 자신도 무마공작에 나섰던 사실이 폭로되면서 불신의 여론이 거세졌다. 급기야 1974년 8월 하원 사법위원회에서 대통령탄핵결의안이 가결됨에 따라 닉슨은 자진 사임의 길을 택할 수밖에 없었다.
　임기 도중 대통령이 사임한 것은 사망으로 인한 것을 제외하고는 미국 역사상 최초의 일이었다. 닉슨 사임 후에도 그에 대한 형사책임의 문제가 남아 있었으나 후임 대통령 제럴드 포드가 취임 1개월 만에 닉슨 재임 기간 중의 모든 죄에 대하여 특별사면을 발표함으로써 일단락되었다. 이로써 미국정치의 민주주의적 전통은 가까스로 지켜 나갈 수 있었다.

닉슨은 1981년부터 1994년 뇌졸중으로 사망할 때까지 자신의 회고록을 비롯『베트남은 더 이상 없다(No More Vietnam)』,『1999 전쟁없는 승리(Victory wihtout War)』,『평화를 넘어(Beyond Peace)』등 모두 10여 권의 저서를 집필했으며 뉴욕 맨해튼에 사무실을 내고 국제문제에 대한 뛰어난 통찰력으로 정부의 국제정책에 대한 조언 등 활발한 활동을 벌였다.

찰스 파버와 리처드 파버의『대통령직 수행 순위』에 따르면 닉슨 대통령은 종합평가 36위로 최하위권에 속하는 것으로 나타났다. 항목별 순위를 보면 첫 번째 '외교를 비롯한 대외관계와 관련된 업무수행'에서는 12위, 두 번째 '국내의 각종 문제 및 사업에 대한 업무수행'은 33위, 세 번째 '행정부와 정부 내 업무수행'은 38위, 네 번째 '지도력 및 의사결정 관련 업무수행'은 24위, 마지막으로 '개인적 성격과 도덕성'은 38위로 나타났다. 대외관계 업무수행과 관련해서만 12위로 중상위를 차지했을 뿐 워터게이트 사건의 부도덕성과 불명예스러운 탄핵과 사임으로 나머지 항목은 모두 최하위에 머무르게 된 것으로 분석된다.

캘리포니아주 LA 인근 오렌지 카운티의 과거 감귤농장 지역에 위치한 닉슨 대통령도서관은 그의 생가와 묘소까지 모두 한 울타리 안에 품고 있다. 닉슨의 정치적 생애만큼 설립과정에서도 많은 우여곡절을 겪어야 했다. 이 도서관은 닉슨의 위법행위에 관한 재판이 종료되지 않았기 때문에 워터게이트사건 등 대통령 탄핵의 주원인이 되었던 자료들은 모두 연방 문서보관소에 별도로 보관된 채 1990년에 닉슨재단(Nixon Foundation)에 의해 민간 소유의 개인적인 자료들 위주로 처음 문을 열었다.

그 후 2004년 1월 미 하원에서 닉슨 대통령도서관을 연방 차원에서 운영하도록 하는 법안을 통과시킴으로써 제대로 된 대통령도서관의 길이 열리게 되었다. 1974년 9월 8일 닉슨 대통령에 대한 전면적인 사면조치 이후 메릴랜드주 칼리지 파크의 국립문서보관소 별관에 존치키로 했던 '대통령기록물보존법(Presidential Recordings and Materials Preservation Act)'에 대한 수정안이 통과되면서 가능해진 것이다. 이 수정안에 의하여 닉슨재단이 2007년 NARA와 협의하여 그 전시 범위를 관련 문서와 정치적 사안의 녹음테이프까지 모든 자료를 이전해옴으로써 닉슨 시대의 모든 문서와 자료들을 한자리에 소장한 대통령도서관으로서의 면모를 갖추게 되었다.

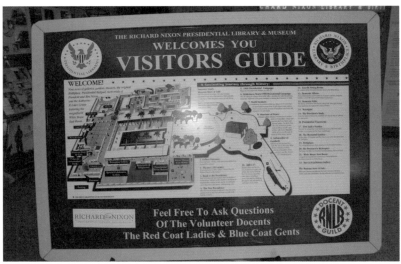

[닉슨 대통령도서관 약도, 왼편에 'ㄷ'자 형태의 본 건물이 있고 오른편에 묘소와 생가가 있다]

[닉슨 사적지 끝부분에 있는 생가, 왼편으로는 부부의 묘소가 있다(위) 정원(아래) 한 가운데 직사각형의 연못이 있고 앞에 보이는 로즈 가든과 사이에 잔디밭이 있어 야외행사장으로 쓰인다]

이후 2016년 세계적 어트랙션 디자인 회사인 싱크웰 그룹의 참여로 1500만 달러를 들여 건물 전체를 리모델링했으며 최첨단 양식의 전시기술이 접목된 연방 NARA 대통령도서관 시스템의 하나로 재개관하게 되었다.

이 도서관은 약 1500여 평 넓이의 대지에 'ㄷ'자 형태로 건설되었으며 건물 우측의 정원에는 100년이 넘은 그의 생가가 있다. 도서관과 생가 사이 나지막한 잔디밭에 닉슨과 영부인 팻 닉슨의 묘가 나란히 자리잡고 있다. 아마도 역대 대통령 중에 탄생과 죽음의 현장이 가장 가까이에 위치하지 않았나 싶다. 자그마한 생가에는 소년시절 닉슨이 즐겨 치던 피아노를 비롯해 소박한 옛 가구들이 그대로 보존되어 있다.

건물 바깥쪽 정원에는 대통령 전용 헬리콥터인 VH-3A가 전시되어 있다. 일명 '바다의 왕(Sea King)'으로 불리는 이 헬기는 케네디, 존슨, 닉슨, 포드 대통령들이 재임 시 타던 것으로 닉슨이 대통령직 하야 선언을 한 다음날 워싱턴 D.C.에서 이곳 요바 린다까지 올 때 마지막으로 타고 왔던 것으로 유명하다.

[도서관 밖 정원에 전시된 대통령 전용 헬기 '바다의 왕']

'ㄷ'자 건물의 양측 회랑 사이의 중정에는 직사각형 모양의 넓은 연못이 있으며 그 옆에는 팻 닉슨 여사가 정성 들여 가꾸던 '로즈 가든'이 위치해 시민들의 야외결혼식 장소로 애용되고 있다. 또한 한쪽 회랑에는 백악관 '이스트 룸'의 품격 있는 분위기를 완벽하게 복원한 연회실이 있어 시민들의 결혼식이나 각종 행사 장소로 쓰이고 있다. 이 방은 팻 여사가 특별히 관심을 기울인 곳으로 옐로우 골드와 딥 블루의 캘리포니아색으로 우아하게 장식되어 있어 LA 사람들에게 최고의 행사 장소로 인기를 끌고 있다.

[인근 주민들의 최고 행사장인 이스트 룸]

이스트 룸 맞은편의 회랑은 전시공간으로 70여 개의 새로운 전시품, 300여 개의 공예품, 그리고 닉슨의 대통령 시절 집무실 오벌 오피스를 재현한 곳 등으로 구분되어 있다. 닉슨의 어린 시절부터 2차 세계대전 때 해군장교의 사진, 지역 극장에서 연극을 하다 만난 팻과 교제하던 시기의 사진 등을 비롯하여 중대 사건 기록물들과 관련 사진 등을 전시하고 있다. 전체적으로 대통령에 당선되었을 당시의 사회적 갈등부터 워터게이트 사건까지 닉슨의 공과(功過)를 있는 그대로 보여 주고 있다. 재임 시 대표적 업적인 1972년 획기적인 중국 방문 등은 비교적 상세하게 나타냈다.

특히 대화형 전시장 '어려운 선택들(Tough Choices)'은 쌍방향 커뮤니케이션 시설로써 관람객들이 대통령의 결정에 조언할 수 있도록 설계되었다. 예를 들어, 욤키푸르 전쟁(Yom Kippur War, 1973년 제4차 중동전쟁) 동안 대통령이 징병제를 종료할지 혹은 이스라엘에 대한 원조를 제공할지 등에 대한 결정에 자신의 의견을 제시할 수 있다. 베트남전쟁을 둘러싼 찬반 논쟁에도 참여할 수 있는 최첨단 기술의 흥미로운 전시관이었다.

도서관에서 추천하는 '꼭 봐야 할(Must See) 5곳' 목록의 첫 번째는 '오벌 오피스'. 360도 파노라마 뷰로 제작하여 당시의 백악관 대통령 집무실 모습을 입체적으로 볼 수 있다. 그가 가장 존경하던 링컨 대통령의 흉상과 조지 워싱턴 초대 대통령의 초상화가 벽에 걸려 있는 등 최대한 당시 집무실의 모습을 살리도록 노력했다. 그가 사용하던 역사적인 책상 앞에 앉아 사진도 찍을 수 있다.

두 번째 방은 '베트남전쟁실'. 닉슨 당시 베트남 파병 지상군 수인 55만 명을 대표하여 실제 크기로 조각된 병사들의 돌진하는 모습이 서 있으며 공산군에 포로로 잡힌 미군들의 사진 등이 진열되어 있다. 그리고 스피커를 통해 전쟁에 반대하는 '침묵하는 다수'들의 주장이 반복적으로 나오고 있다.

세 번째 방은 최고 업적으로 내세우는 '중국과의 화해실'. 1972년 2월 베이징 공항에 착륙한 미 대통령 전용기 에어포스 원의 위용을 배경으로 닉슨 대통령과 당시 중국 총리 저우언라이(周恩來)가 악수하는 장면으로 이 방은 시작된다. 역사적인 화해의 악수를 하면서 "우리 두 손이 마주 잡으면 한 세기가 마감되고 또 다른 세기가 시작될 것."이라고 한 닉슨의 외교적으로 능란한 발언이 흘러나온다. 이어서 닉슨과 팻 여사가 만리장성 앞에서 기념 촬영하는 모습을 비롯하여 중국 방문의 중요 일정들을 펼쳐 보인다.

네 번째 방은 'Pat's nook'라고 이름 붙여진 이른바 '영부인 코너'다. 퍼스트레이디로서 화려하게 국제무대에서 활동했던 팻 여사의 활동상을 주로 의상 중심으로 전시했다. 특히 중국, 아프리카, 베트남, 페루 등 서로 다른 문명권의 국가들을 방문했을 때 입었던 드레스들은 해당국의 문화를 잘 표현한 것으로 뛰어난 패션 감각으로 남편을 내조했던 의상 외교 모습에 감탄하지 않을 수 없었다.

마지막 방은 '워터게이트 룸'이다. 닉슨을 불명예 퇴진으로 몰아간 가장 치욕적인 사건인 워터게이트 사건과 관련된 언론보도 등 기록물과 화보들을 일목요연하게 전시하고 있었다. 이에 대하여 닉슨 재단의 존 바(John Barr) 이사는 2016년 재개관 기자 회견에서 "닉슨 대통령의 유산을 보는 핵심은 그를 있는 그대로의 모습으로 보는 것입니다. 나쁜 점들까지 모두."라고 강조한 바와 같이 닉슨 대통령의 '공(功)'뿐만 아니라 '과(過)'에 해당하는 부분도 충실하게 다루고 있다는 점이 인상적이었다.

8

제럴드 포드의 미시간 앤 아버

제38대(1974-1977)

[미시간대학 앤 아버 캠퍼스에 있는 포드 대통령도서관 (위)
그랜드 래피즈에 있는 대통령박물관 전경] – 포드 대통령도서관 제공 –

제38대 대통령 제럴드 포드(Gerald Rudolph Ford, 1913-2006)는 워터 게이트 사건으로 탄핵 위기에 몰린 닉슨 대통령이 사임을 발표하자 부통령직에서 대통령에 취임했다. 그에 앞서 하원의장을 맡고 있던 포드는 1973년 8월 스피로 애그뉴 부통령이 메릴랜드 주지사와 부통령 재임 중 뇌물 수수혐의로 사임하자 닉슨에 의해 후임 부통령으로 지명된 바 있었다. 따라서 미국 역사상 최초로 선거를 통하지 않고 부통령과 대통령이 된 유일한 기록을 세웠다.

그는 선거를 치르지 않고 대통령이 되었기 때문에 '준비되지 않은' 대통령의 한계가 노출되었지만 대통령으로서의 품위와 정제된 수행의 모습을 보였다. 비록 다음 선거에 실패하여 잔여 임기인 2년 5개월 동안 재임하는 데 그쳤지만 닉슨으로 인해 실추되었던 대통령직의 권위와 신뢰를 회복시켰으며, 대통령직에 대한 국민적 존경심을 되살리는 데 기여한 대통령으로 인식되고 있다.

포드는 1913년 네브래스카주 오마하에서 모직물 상인 출신의 어머니 도로시 가드너와 아버지 레슬리 킹 사이의 외아들로 태어났다. 2살 때 부모의 이혼으로 외갓집이 있는 미시간주 서부의 그랜드 래피즈(Grand Rapids)에서 성장했다. 얼마 후 어머니가 재혼하면서 포드 성을 갖게 됐으며 유복하고 안정된 환경에서 성장했다. 고등학교 시절 풋볼선수로 활약한 그는 미시간 대학에 풋볼 장학생으로 진학하여 활약했다. 미시간주에서 최상위급 선수에 속했던 그는 프로풋볼 구단의 영입제의를 거부하고 예일대학 로스쿨에 진학해서 대학의 풋볼 코치로 일하면서 로스쿨을 3등으로 졸업할 정도로 운동과 공부에서 모두 두각을 나타냈다.

1941년 그는 학위를 취득한 후 그랜드 래피즈에서 변호사 실습을 마치고 이듬해 미 해군에 입대, 남태평양 전선에서 해군 조종사로 참전, 4년간 복무를 하며 10개의 훈장을 받을 정도로 맹활약했다. 전쟁이 끝난 후 1946년 그랜드 래피즈로 돌아와 법률사무소에서 일하던 중 모델이자 댄서로 활동하던 이혼녀 배티 워렌(Betty Bloomer Warren)을 만나 이듬해 결혼했다.

결혼 2주 후 치러진 연방 하원의원(임기 2년) 선거에서 당선되어 워싱턴 정가에 첫발을 내디딘 그는 연속 12선을 기록할 정도로 정치력을 발휘했으며 1973년에는 하원의장에 올랐다. 1974년 애그뉴 부통령 사임 이후 부통령으로 지명되자 상하원을 막론하고 신임과 존경을 받고 있던 그는 FBI의 사전 조사와 의회의 청문회를 잘 넘기고 초당적인 압도적 지지로 인준을 받았다.

[닉슨 대통령의 사임과 포드 대통령의 승계를 보도한 1974년 8월 9일자 신문]

부통령 포드는 워터게이트사건에서 여러 가지 혐의를 받고 있던 닉슨 대통령의 무죄를 주장하며 옹호했다. 그러나 사법부와 입법부와의 거래 등 점점 더 새로운 증거가 드러나면서 닉슨은 탄핵 위협에 처하게 되었고, 마침내 대통령직을 사임함에 따라 포드는 제38대 대통령직을 승계했으며 취임 직후 갤럽 여론조사에서 71%의 지지를 얻을 정도로 인기가 높았다.

그러나 취임 한 달 후 닉슨 전 대통령에 대한 즉각적이고 전면적인 사면을 단행했고, 그것은 국민적 저항에 직면하여 순식간에 지지도가 50% 이상 추락했다.

"나, 제럴드 포드 미국 대통령은 1969년 7월 20일부터 1974년 8월 9일까지 리처드 닉슨 전 대통령이 저지르거나 혹은 그가 관여한 미국에 반하는 모든 위반행위에 대하여 완전하고 자유롭고 절대적인 사면을 인정한다."

이 발표는 각계각층 시민들의 폭풍과 같은 분노를 자아냈다. 백악관으로 비난 전화와 전보가 빗발쳤으며 각 신문과 TV의 논평들도 그의 결정에 분노를 표했다. 닉슨의 참모진들이 대거 감옥형이나 무거운 벌금 등 중형을 선고받고 복역 중인데 사건의 당사자인 닉슨에 대한 모든 수사가 종결된다는 것은 어불성설이라는 것이다.

포드는 후에 '심각한 국가적 분열 상태를 치유하기 위해서'라고 설명했지만 미국의 민주주의를 땅에 떨어트린 추악한 범행이라고 사면을 국민들은 용납하지 않으려 했다. 수십 년 동안 좋은 관계를 맺어 왔던 상하 양원의 의원들도 더 이상 우호적이지 않았다. 그로인해 포드는 1975년 9월 두 차례나 암살의 위험을 겪기도 했다.

이 같은 상황에서도 그는 1976년 공화당 대통령후보 지명전에서 로널드 레이건 전 캘리포니아 주지사와 격돌을 벌여 가까스로 승리했으며, 민주당의 지미 카터 후보와 대결을 벌였으나 30%에 달하는 여론지지 격차를 끝내 극복하지 못하고 대통령선거에서 패배하고 말았다.

그러나 포드 행정부는 베트남전쟁에 더 이상 개입하지 않고 전쟁을 끝냈으며 미국 상선 메이아귀즈(Mayaguez)호가 캄보디아 해군함정에 나포되었을 때, 무력으로 되찾아올 것을 명령했다. 한반도에서 북한의 도끼만행 사건이 발생했을 때 미루나무를 절단하는 강공책을 쓰게 하여 사건을 해결하는 등 국익을 보호하기 위한 결단력과 능력을 보여 주었다. 또한 국제적 긴장상태를 완화시키기 위해 동독과의 외교관계 수립, 키신저 국무장관의 이집트와 이스라엘 화해 주선, 소련 브레즈네프 서기장과 만나 전략핵감축에 합의하는 등 국민들로부터 긍정적인 평가를 받기도 했다.

[앤 아버의 포드 대통령도서관. 1층 로비에 문서와 사진자료 등이 진열되어 있다]

찰스 파버와 리처드 파버의 『대통령직 수행 순위』에 따르면 포드는 종합평가 32위로 하위권에 속한다. 항목별 순위를 보면 첫 번째 '외교를 비롯한 대외관계와 관련된 업무수행'에서 15위, 두 번째 '국내의 각종 문제 및 사업에 대한 업무수행'은 32위, 세 번째 '행정부와 정부 내 업무수행'은 35위, 네 번째 '지도력 및 의사결정 관련 업무수행'은 32위, 마지막으로 '개인적 성격과 도덕성'은 29위로 나타났다. 대외 업무수행과 관련해서만 중상위의 성적을 기록했을 뿐 다른 항목에서는 모두 중하위의 성적을 받았다. 전반적으로 낮은 평가를 받은 데는 닉슨 사면에 대한 국민적 반감이 매우 컸기 때문으로 보인다.

포드 대통령도서관은 13개의 대통령도서관 중에서 유일하게 도서관과 박물관이 다른 도시에 위치하고 있다. 미시간주 동부의 앤 아버에 위치한 모교 미시간 대학에 포드 대통령도서관이, 그가 성장하고 25년간 하원의원 생활을 했던 미시간주 서부 그랜드 래피즈에는 포드 대통령박물관이 위치하고 있다. 이들 도서관과 박물관의 거리는 약 200여km 떨어져 있다.

대통령도서관은 미시간 대학이 부지를 기증했고 후원회인 포드재단이 건축하여 1981년에 개관했다. 이곳에는 2500만 페이지의 문서, 45만 장의 사진, 3천 시간 분량의 오디오테이프, 3500시간 분량의 비디오테이프 등이 전시되어 있다. 그밖에 대통령이 쓰던 메모장, 편지, 회의록, 보고서 등 재임기뿐 아니라 하원의원, 부통령 재임기, 유년시절 그리고 영부인 베티 여사의 활동상과 기록들까지 다양한 문서들이 보관되어 있다.

[미시간 대학 풋볼선수 시절의 기록들도 잘 보존되어 있다]

포드 대통령도서관에서 특히 눈에 띄는 것은 베트남 패망으로 피난민들이 사이공을 철수하던 날인 1975년 4월 28일, 〈포드 대통령의 하루 일과〉를 상세하게 기록한 표를 전시하고 있는 것이다.

▶아침 6시 50분 식사 ▶7시 34분 오벌 오피스 입장. CIA국장 데이비드 페터슨, NSC 부위원장 브렌트 스코로프트 중장 등으로부터 간단한 보고 청취 ▶8시 로버트 하트만 언론

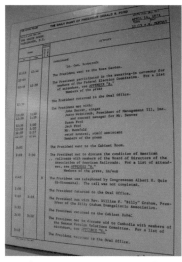

[베트남 패망일 백악관 일과표]

보좌관, 도널드 럼스펠드 국방보좌관 면담 등과 수십 개의 하루 일정이 이어지고 있었다. 그 가운데서도 넬슨 록펠러 부통령, 헨리 키신저 국무장관, 제임스 슐레징거 국방장관 등과 수십 차례 구수회의 혹은 전화통화를 하며 위급상황에 대처하는 모습, 자정이 넘어 12시 05분에 숙소로

퇴근하는 대통령의 바쁜 하루 일정을 보여 주고 있다.

일반 연구자들은 언제든지 필요한 자료를 요청하여 포드 대통령 시대사를 연구할 수 있으며 대학 캠퍼스 내에 위치하고 있어 학생들도 자유롭게 이용할 수 있다. 찾고자 하는 주제를 아키비스트에게 요청하면 성실하게 찾아 주며 복사도 할 수 있다. 필자는 포드 대통령도서관을 방문했을 때 재임 시 가장 큰 북한 도발 사건이었던 1976년 8월 18일의 '판문점 도끼만행 사건' 당시의 백악관 회의자료를 청구했다.

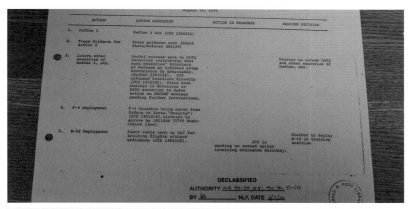

[1976년 8월18일 판문점 도끼만행 사건 이후 백악관의 대책회의 기록 중
'데프콘 3'를 발령하는 문서(위), 박정희 대통령으로부터 받은 감사 서한(아래)]

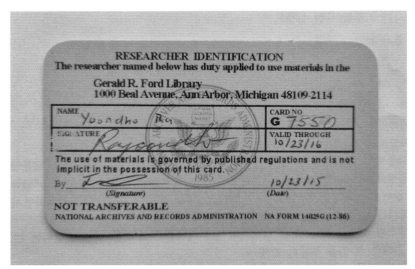

[필자에게 발행해 준 1년 기한 포드 대통령도서관 출입증]

　그날 백악관 일지에 따르면 오후 3시 47분(한국시간 19일 새벽 1시 47
분) 백악관상황실(Situation Room)에서 열린 첫 회의는 헨리 키신저 국
무장관이 의장이 되어 국무부의 찰스 로빈슨, 필립 하비브 부장관, 국방
부의 윌리엄 클레먼츠 차관, 몰톤 아브라모비츠 국제문제담당차관보,
JCS(합동참모부)의 제임스 홀로웨이 해군대장, 윌리엄 스미스 중장, CIA
의 엔노 노치 부국장, 에블린 콜버트 부장, NSC(국가안전보장회의)의 윌
리엄 하이랜드, 윌리엄 글레이스틴, 마이클 혼블로우 담당 등 국방안보
핵심 브레인 12명이 모였다.

　4시 43분까지 56분간 열린 이 회의에서는 DMZ에서 남북한군의 대립
상황을 종합 검토한 후 북한의 도발을 규탄하고 미군 책임자 보니파스
(Arthur G. Bonifas) 대위와 베렛(Mark T. Barrett) 중위 등 미군 장교 2
명이 사망한 데 대한 대응방안에 대하여 논의했다. 그리고 이 사건 이후

벌어지는 어떠한 사태에 대해서도 북한이 책임져야 할 것이라고 성명을 발표했다. 미국은 이에 따른 후속 조치로 주한미군의 전투태세 강화, 오키나와의 미군 전투기를 한국으로 재배치, 미 본토의 전폭기 한국 이동 등 군사 조치를 단행했다. 또한 방어준비태세 데프콘-3(DEFCON 3)을 발령했다.

이들 자료에는 백악관의 지휘에 따라 주한 유엔군 사령관 스틸웰 장군이 사건 3일 후인 8월 21일 미루나무 절단 작전인 '폴 버년(Paul Bunyan) 작전'을 실행하도록 명령하기까지의 각종 회의와 지시내용 등이 상세하게 기록되어 있었다. 이같이 대통령도서관에 보존되어 있는 재임 중 각종 회의와 개별 행위에 대한 상세한 기록들은 후세들에게 역사적인 판단의 근거를 제시해 주고 있으며 동시에 그 시대에 대한 분석과 연구활동에 귀중한 정보를 제공해 주는 역할을 하고 있었다.

포드 대통령박물관은 그랜드 래피즈시의 그랜드강변에 위치하고 있는데, 과거 이 지역에 거주하던 아납아웬(Ah-Nab-Awen) 인디언들을 기념하기 위해 세운 '아납아웬 200주년 기념공원' 내에 7300여 평으로 넓게 자리하고 있다. 시에서 제공한 이 부지에 역시 포드재단에서 미시간 대학, 미시간 주정부, 카운티 및 시 정부로부터 기금을 모아 건축했으며 2003년 대대적으로 개축했다. 단층으로 된 박물관 내부는 포드 대통령 당시의 집무실을 완벽하게 재현한 오벌 오피스 등 10여 개의 전시실로 나뉘어 있다.

박물관에 들어가면 먼저 소극장에서 '치유의 시간(A Time to Heal)-제럴드 포드의 미국'이라는 제목의 12분짜리 소개 영상을 감상하게 돼 있다. 이어 베트남 함락 당시 사이공 주재 미국 대사관 옥상에서 헬기로 마지막 피난민들이 탈출하던 장면을 재현해 놓은 '베트남실', '닉슨 사면실',

'워터게이트실', '에너지 위기실', '미 독립 200주년실', '엘리자베스여왕 방문 기념실', '1976년 캠페인실' 등을 둘러볼 수 있다. 특히 대통령 이전 공간에는 풋볼선수로서의 각종 기록들과 해군 파일럿으로 2차 세계대전 참전 모습, 당대 이슈에 대한 솔직하고 당당한 자기주장으로 포드보다 더 인기를 끌었던 영부인 베티 포드 여사의 의상 등 다양한 볼거리를 제공하고 있다.

[2018년 4월, 포드 대통령박물관이 제작한 베티 포드 여사 출생 100주년 기념 포스터]
– 포드 대통령도서관 제공 –

9

지미 카터의 조지아 애틀랜타

제39대(1977-1981)

[애틀랜타의 카터 대통령도서관이 위치한 카터센터]

 '아웃사이더 대통령'. 이 별명은 지미 카터(James Earl Carter, Jr. 1924-) 후보가 선거 과정 내내 달고 다녀야 했을 만큼 당시의 사정을 잘 말해 주고 있다. 1976년 대통령선거를 위한 공화, 민주 양당의 전당대회에 대해 언론과 일반 국민들의 관심은 "지미가 누구야?"라는 말로 요약될 정도로 카터는 전국적 지명도가 거의 없는 인물이었다.

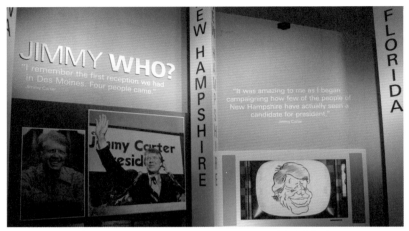

[카터가 민주당 전당대회에서 대통령 후보로 지명되었을 때
도처에서 "지미가 누구냐?"는 말이 나올 정도로 무명인사였다]

    남부 조지아주의 주지사에서 일약 연방 대통령으로, 더욱이 현직 포드 대통령을 꺾고 당선되어 중앙 정계에 등장한 카터는 자신의 청렴성과 서민적 이미지를 부각하기 위하여 공식석상에서 격식 없는 복장과 격의 없는 언사를 사용했으며 워터게이트사건으로 인하여 타락한 정치 현실에 염증을 느꼈던 국민들의 마음을 돌려놓는 데는 성공했다. 그러나 카터는 직전 포드정권부터 암울해진 경제적 위기와 외교 문제의 도전에 압도당하여 제대로 도덕적 정치의 이상을 펴지도 못하고 단임으로 물러나야 했다.

    카터는 1924년 10월 1일 조지아주 남서부의 소도시인 플레인스에서 땅콩농장을 경영하며 주의원으로 활동하던 부친 제임스 얼 카터의 네 자녀 중 장남으로 태어났다. 미국의 대통령 중에 병원에서 태어난 최초의 대통령이라는 기록도 갖고 있다. 그는 고향에서 고등학교를 마친 후 조지아 사우스웨스턴 대학과 조지아공대 등을 거쳐 매릴랜드주 아나폴리스에 있는 미 해군사관학교에 입학, 1946년 소위에 임관하여 7년 동안 엘리트 해군장교로 복무했다. 5년 동안 하이먼 리코버 제독의 발탁으로 핵잠수함 계획에 참여, 오랜 잠수함 근무를 했고 해군 내 차세대 브레인으로 활약하며 소령까지 진급했다. 임관 직후 같은 동네의 친구였던 로잘린 스미스와 플레인스 교회에서 결혼했으며 3남 1녀를 두었다. 특히 10살의 나이에 부모를 따라 백악관에 들어간 막내딸 에이미 카터는 그 일거수일투족이 언론으로부터 집중 조명을 받기도 했다.

[카터는 아버지의 땅콩농장을 굴지의 땅콩회사로 키웠다]

카터는 1953년 아버지가 사망하자 해군장교직을 사임하고 고향인 플레인스로 돌아와 물려받은 땅콩농장을 경영, 1970년대 초 조지아에서 가장 큰 땅콩회사로 키워 냈다. 그는 신앙심이 깊은 침례교회 집사로 사업을 일구면서 조지아주 종자협회 회장, 라이온스클럽 지부장, 학교교육위원회 위원 등으로 지역사회에 참여했으며 1962년 민주당 소속으로 조지아주 상원의원에 선출되고, 1964년에는 재선되었다. 1970년 조지아 주지사에 당선되자 취임연설에서 "인종차별의 시대는 끝났다."라고 '인권(civil rights)'정책을 선언했으며, 조지아주 공무원직을 흑인과 여성에게 개방했다. 또 혼란스러운 기존 주정부 기구들을 통폐합하여 재조직하고 보다 엄격한 예산관리 절차를 도입하는 등 합리적이고 신선한 정책시도는 전국적인 관심을 모으기도 했다.

주지사 임기가 끝나기 직전인 1974년 카터는 민주당의 대통령 후보 지명전 도전을 선언했다. 그에게는 주요 지지세력도 없고, 전국적인 정치기반이 취약했지만, 지칠 줄 모르는 저인망식 선거운동을 통해 광범위하게 유권자의 지지를 확보하였고 마침내 1976년 7월 민주당 대통령 후보로 선출되었다. 그는 당시 미국 국민들이 워터게이트 이후 워싱턴의 주류보다는 '아웃사이더'를 더 원한다고 확신했다. 위스컨신주 연방 상원의원인 월터 먼데일을 러닝메이트로 하여 정부정책에 윤리성, 도덕성, 정의감을 반영시켜 나갈 것을 약속했다. 그의 선거 전략은 주효하여 마침내 공화당의 제럴드 포드와 러닝메이트 밥 돌 상원의원 조합을 물리치고 비록 박빙이지만 최종 승리를 차지했다.

카터는 자신의 서민적 이미지와 도덕성을 앞세우고 민주당이 상하 양원에서 다수의석을 차지하고 있는 유리한 상황을 이용하여 야심차게 사회적 · 정치적 · 경제적 정책안을 밀어붙였다. 그러나 심지어 민주당 내에서도 만만치 않은 반대에 부딪혀 입법화시킬 수 없었다. 이러한 정책 추진에 있어서의 무능으로 인해 카터는 비록 국제인권운동에서는 성공을 거두었지만 전체적으로 인기가 크게 떨어졌다.

한편 외교적 측면에서는 인내심 있는 외교를 바탕으로 일부 성공을 거두었다. 첫째는 파나마와 2개의 조약체결로 1999년까지만 파나마 운하의 통제권을 행사한 후 운하지대를 중립화하는 것이었다. 1978년에는 이집트의 사다트 대통령과 이스라엘의 베긴 총리를 메릴랜드의 대통령 별장인 캠프데이비드에서 회동시켜 협정체결을 중재했다.

[캠프데이비드협정으로 중동평화를 한 단계 업그레이드 시켰다]

이 협정으로 이집트와 이스라엘은 1948년 이스라엘 건국 이래 지속되어 오던 전시상황을 종식시킬 수 있었다. 또한 이스라엘이 점령하고 있던 시나이반도를 이집트에 반환한다는 조건으로 공식적인 외교 및 경제 관계가 수립되었다. 이어 1979년 소련의 브레즈네프 서기장과 쌍무조약인 '전략무기제한협정(SALT-II)'을 체결했다. 전략핵무기 발사수단의 보유 수에 있어 양국 간 균형을 유지하기 위한 것이었다. 그러나 1980년 1월 소련이 아프가니스탄을 침공하자 카터는 상원 심의사항에서 이 협정을 제외시켜 양국관계는 다시 악화되었다.

카터의 외교적 성공에도 불구하고 미국이 직면한 심각한 국제적 위기와 국내 경제정책의 실패 때문에 국민의 불만은 누적되었다. 1979년 11월 이란 테헤란에서는 학생들로 구성된 시위대가 미국으로 망명한 팔레비 국왕의 송환을 요구하며 미국대사관을 급습, 66명의 미국인들을 인질로 붙잡고 대치하는 사건이 발생했다. 이란의 혁명정부는 이러한 행동을 공식적으로 승인하자 미국과의 관계가 극도로 악화되면서 인질로 잡힌 대사관 직원들의 석방문제를 둘러싼 협상마저 교착상태에 빠졌다. 이같은 급박한 상황에서 카터는 이란 혁명정부에 대한 무력공격을 피한 채 외교적인 해결만 추구했다.

이러한 전략은 국민들의 지지를 받았으나 계속되는 카터의 우유부단한 태도와 1980년 4월 비밀리에 추진한 미군의 인질구출작전 실패 등으로 그의 무능에 대한 비난은 극에 달했으며 카터의 정치적 자질 문제로까지 확대되었다. 또한 카터 행정부는 1980년 소련이 아프가니스탄을 침공했을 때 매우 강력하게 대응, 미국산 곡물의 소련 수출을 금지시켰으며, 1980년 모스크바 하계올림픽 대회에 미국 선수단을 불참시켜 반쪽 올림픽으로 치러지게 하는 등 대외정책의 총체적 난맥상을 노출시켰다.

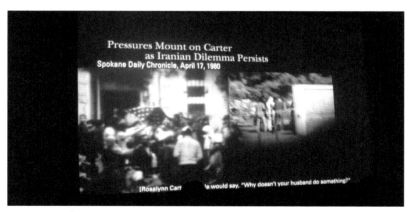

[카터는 이란 인질사태를 끝내 해결하지 못하여 재선에 실패했다]

국내적으로도 카터의 경제정책에 대한 우려가 현실화되고 있었다. 그의 집권 후 통화팽창률은 매년 증가하여 집권 당시인 1976년에는 6%였으나 1980년에는 12%를 넘어서고 있었다. 실업률은 계속해서 7.5%라는 높은 수치를 기록했고, 변동이 심했던 금리는 1980년, 1년 동안 20%로 종전의 두 배나 상승할 정도였다.

카터 대통령은 강한 도덕성과 정직성을 바탕으로 국내정책은 물론 대외정책에 임했으나 처음 등장할 때의 '아웃사이더' 핸디캡을 끝내 극복하지 못했다. 그는 전통과 관습에 둘러싸인 의회의 협조를 제대로 이끌어내지 못했으며, 국민들을 리드하여 그들에게 영감을 불어넣는 데도 실패했다. 너무 세심한 면에까지 신경을 쓰는 통치 스타일이 그의 강점을 오히려 약화시킨 것이다. 그의 전기 작가들은 "자신의 행동에 대한 정치적 결과를 계산하지 않는 대통령.", "너무 정직하여 인기가 없었고, 그리고 어렵고, 정치적으로 손해 보는 일을 자청하여 함으로써 사실상 손해를 입은 대통령."으로 평가하고 있다.

그 결과 1980년 말에 실시된 대통령선거에서 공화당 후보인 캘리포니아 주지사 출신 로널드 레이건 후보에게 선거인단 투표에서 489대 49로 압도적으로 패배, 단임 대통령에 머무르고 말았다.

그러나 그는 퇴임 후 고향 조지아주에 '카터센터(Carter Presidential Center)'를 설립, 40년 넘게 전 세계의 평화와 인권 향상을 위해 정열적으로 일하고 있다. 특히 전 세계의 홈리스를 위한 '사랑의 집짓기(Habitat)' 운동에 직접 나서서 헬멧을 쓰고 망치를 두드리는 그의 모습은 전 세계인들에게 큰 감동을 불러일으켰다. 그는 2002년 인권 증진과 분쟁지역 중재 공로로 노벨 평화상을 받았다.

[카터는 퇴임 후 인권 증진과 평화 중재 공로로 2002년 노벨 평화상을 수상했다]

찰스 파버와 리처드 파버의『대통령직 수행 순위』에 따르면 카터는 종합평가 16위로 상위권에 속하는 것으로 나타났다. 항목별 순위를 보면 첫 번째 '외교를 비롯한 대외관계와 관련된 업무수행'에서 15위, 두 번째 '국내의 각종 문제 및 사업에 대한 업무수행'은 10위, 세 번째 '행정부와 정부 내 업무수행'은 21위, 네 번째 '지도력 및 의사결정 관련 업무수행'은 21위, 마지막으로 '개인적 성격과 도덕성'도 21위로 나타났다. 국내 각종 문제 및 사업에 대한 업무수행 10위를 최고로 대외관계 업무수행 15위와 함께 두 분야에서 중상위권을 차지했고 나머지 분야는 모두 21위로 중하위권에 머물렀다.

We can choose to work together for peace.

[1994년 북한의 핵 위협 때 평양을 방문하여 김일성을 직접 설득하여 위기를 진정시켰다]

카터 대통령은 특히 주한미군 철수 문제와 박정희 정권의 인권탄압 문제 등으로 한국정부와 불편한 관계를 지속했다. 그는 인권 대통령답게 한국의 긴급조치 상황 등 인권문제에 많은 관심을 기울였으며 박정희 대통령과의 정상회담에서 언쟁을 벌였던 것으로 유명하다. 그러나 퇴임 이후 한반도 평화를 위해 많은 노력을 기울였다. 1994년 북한의 핵 위기 때 평양을 직접 방문, 김일성과 담판을 통해 한반도 핵 위기를 해소시키는 데 기여했다. 미국의 시사주간지 뉴스위크는 '미국 전직대통령의 성공한 현대적 모델'로 치켜세울 정도로 퇴임 후에 훨씬 더 존경받는 대통령으로 남았다고 평가했다.

카터 대통령의 유적지는 크게 두 곳으로 나누어져 있다. 고향인 조지아주 플레인스에 위치한 '지미 카터 국립역사지구(Jimmy Carter National Historic Site)'와 주도 애틀랜타에 위치한 '카터센터'이다. 40여만 평에 달하는 카터역사지구에는 그의 부친이 운영하던 땅콩농장을 중심으로 생가, 출생한 와이즈 새니테리움(Wise Sanitarium) 병원과 초등학교부터 고등학교까지 한 마을 전체가 포함되어 있다. 박물관에는 그의 해군사관학교와 초급장교 시절의 기록들과 땅콩 농사, 땅콩농장 운영, 주지사 시절 업적 등에 관한 내용들이 보존되어 있다.

애틀랜타 동부 시가지 전망이 한눈에 들어오는 폰시 하일랜드(Poncey-Highland)에 위치한 '카터센터' 내에는 대통령도서관과 박물관, 그리고 카터 대통령의 세계평화와 인권과 보건 증진 활동을 뒷받침하는 사무국 등이 위치하고 있다. 특히 카터 대통령도서관에는 재임 당시 각종 문서 2700백만 페이지와 50만여 장의 기록사진, 그리고 수백 시간 분의 필름 및 오디오와 비디오테이프 등이 보관되어 있다.

박물관은 단층의 톱니바퀴형 건물로 로비의 기프트샵과 극장을 지나면 '노벨평화상실', '퇴임 후 실', '오벌 오피스', '대통령의 일상생활실', '캠프데이비드실' 등 5개 실로 나뉘어 대통령 재임 전후의 모든 시기를 조명하고 있다. 특히 일상생활실에는 당시 언론의 애정 어린 관심을 받았던 외동딸 에이미의 백악관 생활모습도 엿볼 수 있다.

'카터센터'는 NARA에 의해 운영되는 대통령도서관, 박물관과는 달리 개인적으로 설립한 카터의 '싱크 탱크(think tank)'가 위치한 곳이다. 질병을 퇴치하고 농업생산성을 증대하기 위한 국제원조기구 등이 설치되어 있다. 또한 민간 차원의 외교관으로서 수많은 나라에서 발생하는 다양한 종류의 갈등을 해결해 왔다.

[카터 대통령 임기 중 인권, 인종차별, 빈곤퇴치 등의 인간복지개선을 위해 체결된 문서들]

그는 1982년 대통령 재임 시절을 회고한 『신념을 지키며 (Keeping Faith)』를 출판했고, 1985년에는 『아브라함의 후손: 중동에 대한 통찰 (The Blood of Abraham: Insights Into the Middle East)』등 많은 저서를 냈다. 한편 2021년에는 코로나-19 팬데믹 상황을 맞아 전직 대통령들과 함께 96세의 노익장을 과시하며 백신 홍보 광고에 출연하기도 했다.

10 로널드 레이건의 캘리포니아 시미 밸리

제40대(1981-1989)

[산타 바바라 해변 너머 시미 밸리 산 정상에 위치한 레이건 대통령도서관]

제40대 로널드 레이건(Ronald Wilson Reagan, 1911-2004) 대통령은 전직 대통령들의 불명예스러운 행동이나 정책적 실패로 미국민들의 사기가 땅에 떨어져 있던 시절에 혜성같이 나타나 그들의 자부심을 치켜세우고 미국의 위신을 드높인 비전과 성취의 대통령이었다. 그는 비록 워싱턴, 링컨, FDR과 같은 모든 면에서 최고의 평가를 받는 역대 대통령 반열에 들지 못하지만 세계사적으로 베를린장벽을 허물어 독일을 통일시키고 공산주의를 붕괴시켜 소련 연방을 해체시키고 냉전을 종식시키는 등 큰 업적을 세운 대통령이었다.

그래서 그는 "미국민에게 환희의 트럼펫을 불어 준 대통령으로, 미래에 대한 회의와 혼돈에 빠져 있던 미국민들에 대해 놀랄 만한 확신으로 환희와 낙관주의를 심어 주었다(김형곤, 『로널드 레이건』, 2007)."는 최고의 찬사를 받는 대통령으로 기록되어 있다.

레이건 대통령은 1911년 2월 6일 미 중부 일리노이주 북서부의 소읍 탐피코(Tampico)에서 태어났다. 아일랜드계 가톨릭으로 신발 세일즈맨이었던 부친은 알코올 중독자였기 때문에 직장을 자주 옮겨 여러 곳을 이사 다녔다. 가정교육은 건실한 크리스천으로 낙천적 성격의 소유자인 어머니 넬리 레이건의 몫이었다. 레이건이 학창시절을 보낸 곳은 탐피코에서 멀지 않은 딕슨(Dixon). 그곳에서 중고등학교를 마친 후 1932년 일리노이주 유레카 대학(Eureke College)에 진학했다. 그러나 집안 형편은 늘 어려웠기 때문에 여러 가지 아르바이트를 했으며 특히 인명구조원 자격증을 획득하여 모두 77명을 구조하기도 했다. 늘 낙천적인 가운데 학교 풋볼팀, 연극반 등 즐겁고 바쁜 학창시절을 보냈고, 학생회장을 역임하는 등 리더십을 키웠다.

대학을 졸업한 뒤 인근 아이오와주 주도인 데모인(Des Moines)에서 라디오 스포츠 아나운서가 되었다. 1937년 워너 브라더스의 스크린 테스트에 합격하여 7년간 전속 계약을 체결하면서 그의 오랜 영화배우 생활은 시작되었으며 유머러스하고 쾌활한 성격으로 순식간에 인기배우가 되었다. 1940년 여배우 제인 와이먼과 결혼했으나 8년 만에 이혼했다.

그의 배우 생활은 2차 세계대전 말기인 1942년부터 1945년까지 육군항공대 입대로 중단되었으나 전쟁이 끝난 후 영화계에 복귀하여 영화배우협회 회장에 당선되면서 다시 배우 생활이 계속되었다. 그는 두 차례 배우협회장을 역임하며 미국 영화산업에서 공산주의 세력을 척결하는 데 기여했다. 그러던 중 1952년에 동료 여배우인 낸시 데이비스와 재혼을 하게 된다. 그는 모두 50여 편의 영화에 출연하였는데, 「사랑은 방송중(Love is on the air)」(1937)으로 데뷔하여 <왕들의 열(Kings Row)>(1942), 「성급한 마음(The Hasty Heart)」(1950) 등에 출연했다. 1954년 텔레비전 프로그램 「제너럴 일렉트릭 극장」의 사회자로 TV에 진출했으며 1962년까지 GE사의 동기부여 대변인을 겸했다.

[레이건의 헐리우드 시절의 모습]

그의 정치적 성향은 초기에는 진보적인 민주당을 지지했으나 1950년대 초부터 보수적 공화당을 지지했다. 1962년 공화당에 가입했고 경제적 자유주의자로 증세와 재정지출 확대에 매우 비판적이었다. 1966년 캘리포니아주 주지사로 당선되어 조세감면, 복지제도의 축소, 고등교육 정책 등에 힘을 쏟았다. 재선 주지사로 1975년까지 8년 동안 재임하며 캘리포니아주의 재정을 적자에서 흑자로 바꿔 놓았다. 1968년 공화당 대통령 후보로 나섰으나 닉슨에게 패배했고, 1976년 대통령 후보 지명대회에 재차 도전하였으나 현직 대통령이던 제럴드 포드에게 패했다. 3수 끝에 1980년에 공화당 대통령 후보로 지명되어 경제 불황과 이란 인질사태로 인기가 추락했던 카터를 압도적인 표차로 누르고 제40대 대통령에 당선되었다.

그러나 카터 대통령 집권기의 위기와 혼란으로 인해 1980년도 실업률
은 7.1%, 인플레이션은 12.0%를 기록하는 등 경제 상황은 최악의 상태
였다. 이를 극복하기 위하여 '레이거노믹스(Reaganomics)'라고 불린 공
급 중심의 경제정책을 채택, 세금 인하와 동시에 군비 지출은 크게 늘리
고 그 외의 예산은 대폭 감축할 것을 제안했다.

　1981년 의회는 대통령의 제안을 대부분 통과시켜 방위비 이외의 지출
을 대폭 삭감하고, 기업의 감가상각비 계상 기간의 단축과 함께 개인소
득세의 삭감을 승인했다. 그러나 감세로 인한 예산 적자 폭이 계속 늘어
났으며 국채 규모는 1981-1986년에 비해 배로 불어났다. 또한 1985년부
터 1991년까지 연방예산의 균형을 잡기 위해 정부지출 삭감을 의무화했
다. 계속적인 정부 적자를 줄이기 위하여 세금인상은 최대한 억제하면서
방위비 증액요구는 관철시켰다. 이같이 연방 세제를 정밀 조사하여 간소
화하자는 레이건의 제안은 의회에서 대폭 수정되어 1986년 통과되었다.
이에 따라 그의 임기 중 인플레이션은 약 3.5%로 떨어졌으며, 경제성장
은 1982년 일시적인 후퇴 후에는 줄곧 소폭 상승을 보였다.

　한편 그는 미국 역사상 평화 시 이루어진 최대의 병력 증강 작업에 착
수했다. 1983년 전략방위구상(SDI)의 새로운 전략방위체제 건설을 제안
하며 외교 문제에서 반공적인 자세를 더욱 강력히 했다. 그리고 소련과
의 군축협상도 조심스럽게 수행해 나갔다. 외교정책의 큰 성과는 1983
년 공산정부 축출을 구실로 카리브해의 섬나라 그레나다를 침공한 것과,
1988년 미하일 고르바초프 소련 서기장과 정상회담을 통해 중거리핵전
력(INF) 조약에 서명한 것이다.

　그러나 레이건 행정부 역시 중동정책에서 많은 시행착오를 겪어야 했
다. 1986년 후반 레이건 행정부는 이란의 과격파 이슬람교 근본주의 정

부에 무기를 지원했는데 이는 레바논 베이루트에서 이란 지원을 받는 테러리스트들에 의해 인질로 잡혀 있는 미국인들을 석방하기 위한 것이었다. 그러나 이는 테러리스트와는 협상하지 않겠다고 공개 선언한 미국의 정책에 위배되는 것이었다.

곧이어 백악관 NSC 고위관리들이 대(對)이란 무기판매 이익금 중 일부를 중미 니카라과의 공산 산디니스타 정부와 싸우는 미국 지원 반군 측에 비밀리에 전용했다는 사실이 알려지면서 레이건 행정부는 또 한 차례 홍역을 치렀다. 이른바 '이란-콘트라사건'의 비밀정보가 누설되자 의회와 여론은 레이건 행정부를 맹공하게 되었고, 이는 레이건 대통령의 인기와 그의 지도자로서의 권위를 크게 떨어뜨리는 계기가 되었다.

[베를린장벽 붕괴와 관련 국제 지도자들의 모습을 긴장감 있게 연출했다]

레이건 대통령에 대한 암살 기도도 일어났다. 취임 2개월 남짓한 1981년 3월 30일 워싱턴 힐튼 호텔에서 노동계 지도자들과 오찬을 마치고 나오던 중 정신질환자로 밝혀진 존 힝클리(John Hinckley)에게 저격을 당했다. 다행히 총알이 심장에서 12cm 떨어진 곳을 아슬아슬하게 통과하여 가까스로 목숨은 건질 수 있었다. 당시 암살범 존 힝클리는 유명 영화배우였던 "조디 포스터의 관심을 끌기 위해서였다."고 범행 이유에 대해 횡설수설했다. 정신병을 앓고 있었던 점과 대통령이 무사하다는 점 등이 참작되어 그는 이듬해 무죄 판결을 받고 세인트 엘리자베스 정신병원으로 이송되었다.

많은 문제점의 노출에도 불구하고 레이건 대통령과 영부인 낸시 레이건은 미국 대중에게 상당히 큰 인기가 있었다. 레이건의 매력적인 성격은 대중과의 친화력을 더욱 돋보이게 했고, 평화를 위협하는 세력에 단호히 대처하는 위대한 미국의 건설을 부르짖는 그를 전폭적으로 신뢰했다. 그 결과 1984년 대통령선거에서 진보적인 민주당 후보 월터 먼데일을 상대로 59% 대 41%의 압도적 지지로 승리를 거두고 재선에 성공했다.

[그는 취임 직후 암살의 위협을 받기도 했다]

찰스 파버와 리처드 파버의『대통령직 수행 순위』에 따르면 레이건은 종합평가 34위로 하위권에 속하는 것으로 나타났다. 항목별 순위를 보면 첫 번째 '외교를 비롯한 대외관계와 관련된 업무수행'에서 31위, 두 번째 '국내의 각종 문제 및 사업에 대한 업무수행'은 39위, 세 번째 '행정부와 정부 내 업무수행'은 36위, 네 번째 '지도력 및 의사결정 관련 업무수행'은 27위, 마지막으로 '개인적 성격과 도덕성'은 23위로 나타났다. 대통령 레이건에 대한 평가는 그의 국민적 인기와 냉전을 종식시켰다는 역사적 평가에도 불구하고 매우 낮게 나타났음을 알 수 있다.

그는 대통령 퇴임 후 많은 국내외 행사에 참가하며 미국의 자존심과 애국심을 고취하는 연설을 행했다. 영국의 엘리자베스 2세 여왕으로부터 외국인에게 주는 최고의 훈장인 명예훈장을 수여받았으며 냉전 해소의 동반자였던 고르바초프 전 소련 서기장과의 교분을 계속 유지하는 등 국제적으로도 활발한 활동을 벌였다. 그러나 83세가 되던 1994년 알츠하이머병에 걸려 대외적인 모습은 더 이상

["내 인생의 해넘이로 이르는 여행을 시작하고자 한다."는 레이건의 치매고백 대국민 고별 편지]

나타내지 않았다. 그리고 10년 가까이 투병하다 2004년 6월 영면했다. 1994년 11월 그는 미국민들에게 자신이 알츠하이머병에 걸려 국민들과 만날 수 없음을 고백하는 공개편지를 발표해 전 미국인들에게 깊은 슬픔을 안겨 주었다.

레이건 대통령의 유적지는 크게 두 지역으로 나누어져 있다. 하나는

그의 고향인 일리노이주 일대로, 주 정부는 그의 탐피코 생가와 청소년 기를 보낸 딕슨 등 일대를 '로널드 레이건 트레일(Ronald Reagan Trail)' 로 지정해 역사지구로 보존하고 있다. 또 그의 모교인 유레카 대학에는 '레이건 박물관'을 설립해 가장 자랑스러운 동문의 하나인 레이건을 후배 학생들에게 널리 알리고 있다. 다른 한 곳은 그가 영화배우로 활동하고 정치적 입지를 다진 캘리포니아주 일대이다.

시카고에서 서쪽으로 160km 떨어진 조그만 농촌 마을인 탐피코에는 그가 출생한 집이 잘 보존되어 있다. 1900년대 초반의 서부 모습을 그대로 담고 있는 한적한 다운타운 큰 길가로 2층짜리 집 세 채가 나란히 붙어 있다. 그가 출생한 집은 가운데 위치한 '퍼스트 내셔널 뱅크'의 2층이다. '레이건 출생지'라는 입간판이 서 있고 작은 기념품 가게가 있다.

[일리노이주 탐피코의 생가(좌), 청소년기를 보낸 딕슨의 집(우)
앞에는 마을사람들이 세운 그의 동상이 서 있다]

그의 생가에는 모두 6개의 작은 방들이 있고 형과 뛰어놀던 방들이 당시의 모습 그대로 보존되어 있으며, 어머니의 꾸중을 피해 다락으로 연결된 옆집으로 도망가던 개구멍문까지도 그대로 남아 있다. 집의 바로 아래층은 은행이 세 들어 있고 다락개구멍을 통해 넘나들던 옆집 1층에 탐피코역사보존회에서 작은 레이건 박물관을 운영하고 있다. 이곳은 주로 헐리우드 배우 시절 모습을 담은 포스터 등이 전시되어 있다.

탐피코에서의 어린 시절은 집안 형편이 매우 어려워 9살이 될 때까지 여섯 차례 이사를 다녔고 비교적 안정된 생활을 누린 것은 1920년 인근 딕슨시로 옮긴 후였다. 이곳에서 그는 초·중·고교를 다니며 학교에서의 활발한 활동은 물론 시도서관, 제일교회, YMCA 등을 오가며 육체적 성장은 물론 정신적 호연지기를 키웠다. 집안생활은 여전히 궁핍을 벗어나지 못했지만 인명구조원 등 아르바이트를 하며 동네의 모범청소년으로 성장했다. 헤네핀 스트리트에 위치한 이 집은 레이건 청소년 시절 박물관으로 개장하고 있으며 집 옆의 작은 녹지에는 그의 동상을 세워놓고 있다. 장애인센터에서 운영하는 기프트샵도 있어 그의 사진이나 어록집, 미니어처 등을 팔고 있다.

NARA에서 운영하는 레이건 대통령도서관은 그가 배우와 정치인으로 성장한 캘리포니아주 LA 인근 시미 밸리(Simi Valley)에 있다. LA 시가지에서 태평양 쪽으로 돌출한 산타바바라 해변 북쪽 산악지대에 위치한 시미 밸리는 700m 내외의 산악군으로 이루어져 있으며 태평양이 잘 내려다보이는 곳에 스페인풍으로 도서관과 박물관이 자리잡고 있다. 1991년 대통령도서관이 개관한 이래 2005년 대통령 전용기인 보잉 707 에어포스 원(Air Force One) 퇴역기 전시장을 별도로 준공해 현재 NARA 산하 13개 대통령도서관 중 최대 규모를 자랑하고 있다. 2004년 레이건 서거 후 묘소가 도서관 앞뜰에 안치되어있다.

도서관에는 6천만 페이지 분량의 문서와 160만 장의 사진 기록물, 15만 피트가 넘는 비디오 및 오디오 기록물이 분류 보관되어 있다. 이들

기록물들은 ▶레이건 행정부(1981-1989) 기록물 ▶캘리포니아 주지사 (1967-1975) 문서 ▶대통령선거 캠페인(1976, 1980, 1984) 문서 ▶연방 문서(1980-1989) ▶대통령의 일기(1981-1989) 등 다섯 파트로 구분되어 있으며 주제별, 시간별 색인이 있어 특정 분야에 대한 내용을 쉽게 찾아 볼 수 있도록 보관되어 있다.

박물관에는 ▷지도자의 자질 ▷위대한 소통의 자질 ▷캘리포니아 주지사 ▷위기의 국가 ▷승리와 대통령 취임 ▷위대한 목적 ▷백악관 집무실 ▷백악관 ▷퍼스트레이디 ▷미국의 재건 ▷베를린장벽과 국제적 위협 ▷힘을 통한 평화 ▷자유의 목소리 ▷소련과의 정상회담 ▷위대한 미국의 영웅들 ▷캠프데이비드 ▷델-시엘로 목장(Rancho Del-Cielo) ▷퇴임 후 ▷애도하는 미국 ▷에어포스 원 파빌리온 등 19개 전시장으로 나누어 실물, 모형 혹은 사진 등을 전시하고 있다. 그리고 어느 코너를 가나 레이건 대통령의 육성을 직접 들을 수 있도록 쌍방향 커뮤니케이션 시설이 잘 갖추어져 있다.

[대통령도서관 중 유일하게 대통령 전용기인 에어포스 원을 전시하고 있다]

이곳에서 가장 특색 있는 것은 대통령 전용기를 보관하고 있는 거대한 파빌리온관이다. 이곳에서 만나볼 수 있는 '보잉 707 에어포스 원'은 역대 7명의 대통령들이 사용했던 전용기로 130만 마일에 걸쳐 445회 임무를 수행하고 퇴역한 것이다. 관람객들은 대통령 전용기에 탑승하여 조종실부터 대통령 전용실, 회의실, 참모실, 기자실 등을 둘러볼 수 있다. 대통령 자리에 앉아 사진을 찍을 수도 있다.

이와 함께 대통령 전용 헬기인 '마린 원(Marine One)'도 옆에 전시되어 있으며 누구나 탑승해 내부를 돌아볼 수 있다. 레이건 대통령 전용 승용차이던 캐딜락 리무진과 비밀경호용 시보레 벤 등도 함께 진열되어 있다. 파빌리온 한켠에는 레이건 대통령 부부가 1984년 아일랜드 방문 시 들렸던 발리포린(Ballyporeen)의 선술집 '로널드 레이건 펍'을 그대로 재현, 아일랜드 이민의 후예로서의 취향도 그대로 살려 놓았다.

[기내 대통령 집무실]

조지 부시의 텍사스 칼리지 스테이션

제41대(1989-1993)

[텍사스 칼리지 스테이션 A&M대학 교정의 부시대통령도서관(위)
부시 행정대학원과 그의 동상(아래)]

제41대 조지 H. W. 부시 대통령(George Herbert Walker Bush, 1924-2018)은 최초로 부자(父子) 대통령이 되었던 제2대 존 애덤스, 제6대 존 퀸시 애덤스에 이어 두 번째로 부자 대통령 기록을 세웠다. 제43대 대통령에 당선된 조지 W. 부시(George Walker Bush)와의 구분을 위하여 흔히 아버지는 '조지 부시', 아들 부시는 '조지 W. 부시' 혹은 '부시 2(Bush Junior)'라고 부른다.

1989년 1월에 취임한 부시는 그의 임기 중에 일어난 그해 11월의 베를린장벽 붕괴와 1991년 소련 연방의 붕괴 등 역사적 사건들을 맞아 탁월한 위기극복 능력으로 냉전 해체 이후의 국제질서를 미국 주도로 안착시킨 대통령으로 남아 있다. 물론 냉전 해체의 주역은 전임 레이건 대통령이지만 그 성과는 부시 대통령의 임기 중에 거두게 된다. 50년 가까이 첨예한 경쟁을 벌여 오던 미·소 대립을 종식시키고 냉전시대의 종말이라는 세계사적 대전환을 이룩한 대통령으로 기록되고 있다.

그러나 레이건 대통령이 소련과의 군비경쟁에서 승리하기 위하여 엄청난 돈을 퍼부었기 때문에 '빈 곳간'을 물려받아야 했던 부시는 취임 직후부터 '예산 부족'에 당면해야 했다. 따라서 부시 행정부는 인플레이션과 이자율을 낮추는 데 전력을 기울였다. 그러나 실업률은 상승했고 대공황 이래 역대 어느 대통령 통치하에서보다 많은 기업들이 도산했으며 일자리도 창출되지 않았다. 저소득자에 대해 연방정부에서 발행하는 식량배급표는 전체인구의 10%에 육박했으며 빈부격차는 더욱 확대되었다. 연간 예산 부족이 무려 3500억 달러를 넘어설 정도였다.

결국 부시는 1990년 세금 인상이 포함된 다음해 예산안을 세우기 위하여 "더 이상 새로운 세금은 없다."는 국민과의 약속을 깨고 중산층과 부유층을 대상으로 하는 일련의 세금인상을 추진했다. 특히 가솔린과 담배, 술, 사치품에 대한 연방 세금을 매우 높게 책정했으며 소득세 비율도 최고에 달했다. 65세 이상의 노인을 대상으로 하는 노인의료보험료도 인상했는데 결국 엄청난 국민적 저항을 불러왔다.

대통령으로서의 대표적 치적으로 1991년 걸프전을 꼽을 수 있는데, 이것은 이라크의 쿠웨이트 침공으로 시작된 '불가피한' 전쟁이었다. 미국은 이라크의 군사력에 의한 중동지역의 세력균형 변경 시도를 저지하고 중동에서의 '사활적 국가이익'을 방어하기 위해 개입했다. 이라크에 '미국적 민주주의 정권을 수립'한다는, 이상주의적인 일종의 혁명적 목표를 갖고 전쟁에 뛰어들었던 것이다.

부시 행정부는 군사력을 직접적으로 사용하기 전에 치밀하고 광범위한 외교전을 수행했다. 당시 미국의 외교적 역량은 당장 이라크의 위협에 직면한 역내 동맹국과 우방국은 물론이고 역외 동맹 및 우방, 심지어 적대국인 시리아까지 전쟁에 동의하고 참전하도록 만들 정도였다. 그야말로 다자적 접근의 모델이었다. 전쟁의 정당성을 확고히 하기 위해 국제연합의 결의 아래에서 군사력을 사용했던 것이다.

조지 부시는 1924년 6월 12일 뉴잉글랜드의 매사추세츠주 밀턴에서 아버지 프레스콧 부시와 어머니 도로시 워커 부시 사이 5남매의 둘째로 태어났다. 그의 아버지는 성공한 투자 금융가로 많은 부를 축적한 자선사업가였으며 코네티컷주를 대표하여 10여 년 동안 상원의원을 지내기도 하였다. 어려서부터 자선활동이 체질화된 것은 아버지의 영향이었다. 그의 풀네임 조지 허버트 워커 부시(George Herbert Walker Bush)는 외할아버지의 이름에서 그대로 따왔다. 출생 후 바로 이사하여 미국에서 손꼽히는 부자 동네이자 뉴욕의 위성도시인 코네티컷주 그리니치에서 성장했으며 명문 기숙학교인 필립스 앤도버(Phillips Andover) 고등학교를 나왔다. 18세가 되던 해 예일대에 합격하였으나 1941년 일본의 진주만 공습으로 태평양전쟁이 발발하자 대학 입학을 연기하고 자원입대, 해군 전투기 조종사가 되었다. 그는 모두 58회 출격하여 전투경험을 쌓았으며 1945년 댄스파티에서 만나 교제해 오던 고교후배인 바버라 피어스와 결혼했다.

[2차 대전 중 해군 전투기 조종사로 용맹을 떨쳤다. 해군 파일럿 시절의 애기]

그는 전후 예일대학에 복학하여 야구팀 주장을 맡는 등 적극적인 활동을 했으며 1948년 우등으로 졸업했다. 졸업 후 멀리 텍사스 동해안으로 가서 오일회사를 설립하여 성공적으로 사업을 일구었다. 1959년 공화당에 입당했고, 1966년에는 자신의 사업체를 1백만 달러에 매각한 뒤 본격적으로 정치에 뛰어들어 텍사스 7선거구에서 하원의원에 당선됐다. 그러나 1970년 상원의원 선거에 출마, 민주당 로이드 벤슨 상원의원에게 석패하며 정계에서 잊히는 듯했다. 그는 하원의원 시절 닉슨 대통령의 데탕트 정책을 적극 지지한 덕택에 UN 주재 미국 대사와 초대 중국 주재 연락사무소장을 지냈으며 이어 포드 대통령 시절에는 CIA 국장을 지냈다. 이 같은 다양한 경험들을 통해 국제정세에 대한 현실적 판단력을 쌓게 된 것이 후일 대통령 재직 시 냉전 종식, 걸프전, 독일 통일, 소련 해체 등의 격변기를 미국의 승리로 헤쳐 나가게 한 원동력이 되었다.

[유엔 대사 시절의 부시 그와 함께 이야기를 나눌 수 있는 의자가 마련되어 있다]

1980년에는 공화당 대통령 후보 경선에 출마했지만 레이건에게 패배하였다. 부시는 경선 기간 중 온건 보수주의자로 강경파였던 레이건의 공급 위주 정책을 사이비 경제학(Voodoo Economics)이라고 비판하기도 했다. 그러나 레이건은 당내 화합을 염두에 두고 그를 부통령 후보로 지명, 러닝메이트로 대선을 치러 줄 것을 제안했다. 그는 부통령직을 수행하면서 2인자가 차기 1인자가 되는 과정의 좋은 선례를 보여 주었다.

20세기 미국 대통령 중 전임자가 사망하지 않고 부통령을 거쳐 바로 다음 대선에서 승리한 유일한 인물이라 할 수 있다. 그러나 재선에 실패해, 제2차 세계대전 이후 39대 지미 카터, 45대 도널드 트럼프와 같은 길을 걸었다. 한편 이후 빌 클린턴, 조지 W. 부시, 버락 오바마 대통령 등은 모두 재선에 성공했다.

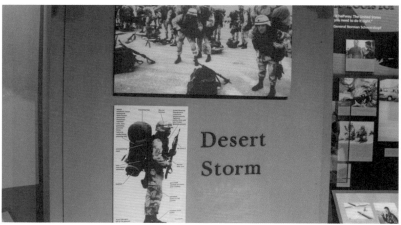

[이라크의 쿠웨이트 기습 점거로 비롯된 '사막의 폭풍' 작전(위) 함께 참전을 위한 동맹의 결성(아래)]

찰스 파버와 리처드 파버의『대통령직 수행 순위』에 따르면 부시 대통령은 종합평가 28위로 중하위권에 속하는 것으로 나타났다. 항목별 순위를 보면 첫 번째 '외교를 비롯한 대외관계와 관련된 업무수행'에서 21위, 두 번째 '국내의 각종 문제 및 사업에 대한 업무수행'은 37위, 세 번째 '행정부와 정부 내 업무수행'은 25위, 네 번째 '지도력 및 의사결정 관련 업무수행'은 22위, 마지막으로 '개인적 성격과 도덕성'은 27위로 나타났다. 이 평가에

[이 전쟁에서 돌아오지 못한 병사들을 기다리는 옐로우 리본]

서 보는 바와 같이 부시 대통령은 냉전을 종식시키고 미국의 대외적 위신 회복이라는 역사적 평가에도 불구하고 경제문제를 비롯한 국내정책의 실패로 재선에 실패하게 되었다.

부시 대통령도서관은 텍사스주의 주도인 오스틴과 동부 해안도시 휴스턴 중간쯤의 소도시 칼리지 스테이션(College Station)에 위치한 텍사스 A&M 대학교 교정에 자리잡고 있다. 텍사스주의 주립대학으로 TAMU라고도 부르는 이 대학은 미국 내 6번째로 큰 대학으로, 미국에서 가장 넓은 캠퍼스를 가지고 있다. 여의도 면적의 3배에 달하는 2천 에이커(약 250만 평)의 연구 단지가 있으며 학교 안에 공항과 철로 및 석유채굴시설이 있을 정도로 광대한 규모를 자랑하고 있다.

이 대학은 부시 대통령과 직접적인 연관은 없지만 부시가 일찍이 텍사스에서 사업을 일구고 정치적 기반을 닦아온 곳이어서 부시 대통령도서

관이 설립되었다. 퇴임 후 대통령도서관을 추진해 온 '조지&바바라 부시 재단'은 그가 평생 꿈꾸어오던 공공행정 교육기관인 '부시 공공행정대학원(Bush School of Government & Public Service)'을 이 대학에 설립하기로 했고, 대학 측은 90에이커(약11만 평)에 달하는 부지를 제공하며 부시 대통령도서관을 유치했다.

학교 중앙을 종단하는 철길로 캠퍼스가 동서로 나뉘는데 서부 캠퍼스에 위치한 부시 대통령도서관은 부시로와 바바라로로 명명된 두 길 사이에 긴 호수인 '대통령 호수(Presidential Pond)'를 끼고 부시 공공행정대학원, 애넌버그 프레지덴셜 컨퍼런스 센터와 나란히 자리잡고 있다. 이 호수는 생명존중 사상에 입각하여 '낚시는 하되 잡은 고기는 방생(Catch and release pond)' 해야 한다. 호수 중간 언덕에는 아름다운 '바바라 부시 로즈가든'이 펼쳐져 있고 그 뒤쪽으로 부시 대통령 내외의 묘소가 있다. 이곳은 A&M 대학 캠퍼스 내에서도 가장 아름다운 경관을 자랑하고 있으며, 대학 내 어디에서도 접근성이 가장 뛰어난 중심부에 위치하고 있다.

대통령도서관에는 부시와 관련된 여러 역사적 유물과 공식문서, 기록 등을 보관하고 있으며 연구기능과 함께 '박물관'적인 성격을 띤 시설로서, 텍사스 A&M 대학교의 자랑은 물론이고 칼리지 스테이션의 관광명소 중 하나로 알려져 있다. 이곳에는 부시 대통령 재임 중 가장 큰 사건이 베를린장벽 해체와 소련 연방 해체인 만큼 그와 관련된 자료들을 포함하여 모두 4400만 페이지의 기록물과 200만 장의 사진 기록물, 비디오테이프 자료 1만 개와 오디오 자료 800시간 분을 소장하고 있다.

[도서관 뒤편에 위치한 대통령 호수 그 옆으로 '바바라 부시 로즈 가든'이 펼쳐진다]

　부시 대통령도서관은 로터리 형태의 둥근 현관을 지나 안으로 들어서면 '대통령직의 심벌(Symbol of the Presidency)실'을 필두로 30개의 주제별로 나누어 부시 대통령의 전 생애를 실물과 사진, 판넬 등으로 소개하고 있다. '대통령직의 심벌실'에는 부시의 흉상과 사인, 대통령 내외의 초상화, 대통령 인장(seal), 대통령 리무진 등이 진열되어 있다.

　부시 대통령의 가계와 영부인의 피어스(Pearce) 가계에 대한 소개에 이어, 2차 세계대전 당시 해군 조종사 부시의 활약상, 청년 부시가 텍사스로 와서 사업기반을 일군 자파타(Zapata Offshore Company) 석유채굴회사 당시의 기록들, 하원의원 시절, 유엔대사 시절, 중국연락사무소장 시절, CIA 국장 시절, 부통령 시절에 이르기까지의 기록들이 상세하게 전시되어 있다.

[켐프데이비드 별장 내부 접견실(위)과 베를린장벽실(아래)]

　대통령 재임 시는 10개 실로 나누어 오벌 오피스, 프레스 룸, 상황실, 영부인실, 정상들의 선물 등 주제별로 구성했다. 특히 국내정책실에서는 각 정책별 키오스크가 설치되어 있어 해당 정책에 대하여 부시 대통령에게 직접 질문할 수 있으며, 프레스룸에서는 관람객이 대통령 원고를 프롬프트를 통해 직접 기자들에게 발표할 수 있게 하는 등 쌍방향 소통을 위해 많은 노력을 기울였다.

특히 냉전 종식의 주역이었음을 강조하기 위하여 6개 실에 걸쳐 재임 중 국제관계를 설명해 놓고 있다. '캠프데이비드(Camp David)실', '베를린장벽실', '백악관 위기상황실(Situation Room)', '우리를 필요로 하는 임무수행실'(쿠웨이트, 이라크 등), '에코 테러리즘실'(이라크 점령하 쿠웨이트에서의 환경파괴), '자유에의 기여(Freedom Tribute)실' 등이다.

마지막 5개 실에는 재선에 실패한 후 평범한 시민으로서의 삶을 보여주고 있다. 부시 대통령이 평소에 보트타기를 즐겼던 피델리티(Fidelity)호와의 많은 추억들, 두 권의 저서와 세 번의 공중 점프를 즐겼던 일화, 어린이 동화구연 봉사 관련 이야기, 마지막에는 그의 노년을 함께 했던 애견 설리(Sully)의 모습까지 전시했다. 2018년 12월, 94세의 나이로 별세하면서, 1924년생 동갑으로 아직 생존 중인 카터 대통령에 이어 역대 미국 대통령 중 두 번째 장수한 대통령이 되었다.

특히 눈길을 끄는 것은 '41켤레의 양말(41 Socks)' 전시다. 그는 노년에 휠체어와 스쿠터 등을 많이 이용했기 때문에 발목이 다 보였는데 자신의 발목을 봐야 하는 상대방을 위해 항상 다양하고 화려한 디자인의 양말을 신었다는 것이다. 죽은 후 장례식 때도 젊은 시절 전투기 조종사 시절의 양말을 신어 화제가 되었다. 그가 신었던 다양한 디자인의 양말들이 전시되어 배려심 깊은 인간미를 돋보이고 있다. 기프트샵에서는 실제로 부시 대통령의 다양한 디자인의 양말들을 켤레당 12달러씩에 팔고 있었다.

[부시의 양말]

12 | 빌 클린턴의 아칸소 리틀 락

제42대(1993-2001)

[클린턴 대통령도서관은 '21세기로의 가교 건설'이라는 재임 시 캐치프레이즈에 맞춰
아칸소강 둑으로 연결 짓는 다리 형상으로 지어졌다]

제42대 윌리엄 제퍼슨 클린턴(William Jefferson Clinton, 1946-)은 1946년생으로 최초의 전후 베이비붐 세대 대통령이며 47세에 취임했다. 케네디 대통령에 이어 40대의 젊은 대통령으로 이목을 끌었다. 특히 남부 시골 아칸소주(Arkansas)의 주지사로 중앙 정계에는 무명에 가까웠으나 그는 버스를 타고 미국 전역을 도는 신선한 방식의 선거유세를 전

개했고, 레이거노믹스로 인해 악화된 경제문제 해결을 내세우며 유권자들의 마음을 사로잡았다. 당시 선거전에서 경제문제가 최고의 이슈로 대두됨에 따라 패기의 젊은 클린턴은 베를린장벽의 붕괴와 소련과의 냉전체제 경쟁에서 승리를 가져온 노련한 정치인인 부시 대통령을 재선의 문턱에서 굴복시키고 승리를 거머쥘 수 있었던 것이다.

그는 성추문으로 의회의 탄핵을 받는 등 도덕적, 금전적인 면에서 많은 비난을 받았지만 재임 기간 내내 경제를 호황으로 이끌어 감으로써 프랭클린 루스벨트 대통령 다음으로 재선에 성공한 민주당 출신 대통령이 되었다.

클린턴은 1946년 8월 19일 아칸소주 '호프(Hope)'라는 소읍에서 태어났다. 아칸소주는 루이지애나주 북쪽, 미시시피강의 서쪽에 위치하고 있으며 인근 텍사스주, 오클라호마주 등과 함께 대평원 남부에 위치한 조용하고 외진 곳이다. 그의 어릴 적 이름은 윌리엄 제퍼슨 블라이드 3세였는데, 외판원이었던 아버지 윌리엄 제퍼슨 블라이드 주니어가 그가 태어나기 석 달 전에 자동차 사고로 세상을 떠났기 때문에 그는 유복자로 태어났다. 생계가 막막해진 어머니 버지니아 카시디가 빌이 다섯 살 되던 해 인근 핫스프링스에서 자동차 대리점을 하는 로저 클린턴과 재혼하면서 클린턴 성(姓)을 갖게 됐다. 계부인 로저 클린턴은 아내와 이복아들에게 구타를 일삼는 알콜중독자로 클린턴은 열악한 가정환경에서 자랐다.

16세였던 1963년 미국재향군인회가 설립한 훈련기구 '보이스 네이션'의 아칸소주 학생대표로 선발되어 백악관을 방문해 존 F. 케네디 대통령과 악수하기도 했으며 이후 우수한 학업 성적으로 워싱턴 D.C.의 조지타운 대학교에 입학했다. 남부 사투리를 쓰는 시골뜨기였지만 그는 특유의 친화력으로 2년 연속 학년 회장을 지낼 정도로 명문가 자제들 중에서도 두드러졌다. 3학년 때에는 상원 외교위원회에서 파트타임으로 일할 기회를 갖게 돼 정계 진출을 꿈꾸게 되었다.

조지타운대에서 국제정치학을 전공한 뒤 전 미국에서 32명만을 선발하는 로즈(Rhodes) 장학생에 선발되어 1968년부터 1970년까지 영국 옥스퍼드대 유니버시티 칼리지로 유학을 갔다. 그곳에서 PPE(철학, 정치, 경제) 학사 학위를 받았고, 유학에서 돌아온 후 예일대학 로스쿨에 장학생으로 입학해 1973년 졸업했다.

옥스포드대에 있을 당시는 베트남전쟁이 한창이었고 많은 젊은이들이 징집 영장을 받거나 혹은 자원해서 베트남으로 떠날 때였다. 클린턴 역시 장교가 되기 위한 미 육군 모병시험에 응시했으나 떨어졌고 징병 추첨에도 응했으나 영국 유학 기간 동안 징집이 유보돼 베트남 참전을 피할 수 있었다. 이는 후에 대통령선거 때 기회주의적 병역 기피라는 논란을 낳기도 했다. 그는 로스쿨 졸업 후 아칸소주 라파예트빌 대학 로스쿨 법학 교수가 되었으며, 예일대 재학 중 만난 시카고의 부유하고 완고한 가문의 딸인 힐러리 로댐과 1975년 결혼했다.

정치에 뜻이 있던 그는 1974년 28세의 나이로 연방 하원의원 선거에 도전해 낙선했으나 1976년 아칸소주 검찰총장으로 선출되어 2년 동안 재임하며 소비자의 옹호자로, 그리고 강력한 환경보호 지지자로 좋은 평판을 구축했다. 그의 적극적이고 친화력이 강한 활동 덕분에 1978년에는 미상공회의소가 선정하는 미국의 두드러진 젊은이 10선에 선정되기도 했다. 32세의 젊은 나이로 아칸소주 주지사로 선출되어 당시 미국 최연소 주지사가 되는 기록을 세웠다.

클린턴의 주지사 첫 임기 중에는 그리 좋은 평가를 받지 못해, 1980년 다음 선거에서 공화당 후보에게 패해 낙선했다. 그러나 그는 1982년 다시 주지사 선거에 도전해 당선됐고 임기동안 교육개혁과 경제 활성화에 집중했다. 주지사 임기가 2년에서 4년으로 바뀐 1984년과 1988년에도 재선되어 1992년 대통령 당선 이전까지 아칸소주 주지사를 5회에 걸쳐 수행했다.

주지사로서 클린턴이 역점을 둔 것은 교육 분야와 새로운 일자리의 창출이었다. 소외계층에 대한 배려 역시 두드러져 그의 재임 기간 여성과 흑인들이 높은 직급으로 승진하는 현상도 나타났다. 그래서 1986년 뉴스위크지가 실시한 주지사에 대한 평판조사에서 클린턴은 '미국에서 가장 유능한 주지사 베스트 5'에 들 정도로 전국적 지명도를 높였다.

1992년 대통령선거는 공화당의 조지 부시 대통령이 재선에 도전하는 선거였다. 그는 이라크를 상대로 한 걸프전에서 승리하고 구소련 붕괴 이후 안정적으로 국제관계를 조율하는 등 대외 치적을 내세우며 출마했다. 그러나 군수산업 불황 등 경기 부진으로 인해 실업률이 7%를 넘는 상황이었지만 부시는 특별한 경제 비전을 제시하지 못했다. 클린턴은 바로 이 점을 파고들어 '바보야, 문제는 경제야!(It's the economy, stupid!)' 라는 슬로건을 이슈로 내세웠다. 그리고 버스를 타고 미국 전역을 도는 신선한 방식의 선거유세를 전개해 유권자들의 마음을 사로잡았다. 선거전에서 세가 밀린 공화당은 클린턴의 주지사 시절 제니퍼 플라워스와의 성추문, 월남전 반대 활동 및 병역 기피 문제, 마리화나 흡연 의혹 등을 집중 제기했다.

[유권자들은 노쇠한 부시 후보보다는 젊고 참신한 클린턴 후보의 약속에 더 열광했다]

　그러나 클린턴은 선거 토론에서 청중과 카메라에 친숙한 모습을 보여주고, TV에서 색소폰을 불면서 젊고 대중적인 이미지를 확산시켰다. 네거티브 전략을 주로 구사한 노쇠한 부시 대통령과의 차별화를 부각시켰다. 또한 클린턴의 인기는 뉴욕 전당대회 이후 부통령 후보로 테네시의 젊은 상원의원 엘 고어(Albert Gore)를 지명하면서 더욱 높아졌다. 선거운동 과정에서 같은 예일대 로스쿨 동창생인 아내 힐러리의 뛰어난 정책 능력을 두고 '하나를 사면 하나가 공짜(Buy one, get one free)'라는 슬로건을 내세우기도 했다.

　선거 결과 일반 투표에서 클린턴은 43%를 득표했고, 조지 부시는 37%를 얻었으며 무소속 후보로 나와 초반 파란을 일으켰던 백만장자 로스 페로는 19%의 득표율을 보였다. 결국 클린턴 대통령 선거인단이 결선 투표에서 370 대 168로 부시를 따돌렸던 것이다.

재임 시작 후 부통령 고어가 주창한 정보고속도로(초고속 정보통신망) 조기 건설에 매진함으로써 세계적으로 확산되어 가던 IT기술의 '미국식 표준화'를 주도했다. 또한 미국 주도의 정보통신 시스템 구축은 물론 우주 및 국방 분야의 발전에 공헌하여 침체된 미국경제를 8년 재임기간 중 줄곧 성장시키는 기록을 세웠다.

[클린턴 임기 중 8년 동안 줄곧 성장 기조를 보여 온 경제성장 그래프]

찰스 파버와 리처드 파버의 『대통령직 수행 순위』에 따르면 클린턴 대통령은 종합평가 18위로 중상위권에 속하는 것으로 나타났다. 항목별 순위를 보면 첫 번째 '외교를 비롯한 대외관계와 관련된 업무수행'에서 6위, 두 번째 '국내의 각종 문제 및 사업에 대한 업무수행'은 7위, 세 번째 '행정부와 정부 내 업무수행'은 17위, 네 번째 '지도력 및 의사결정 관련 업무수행'은 17위, 마지막으로 '개인적 성격과 도덕성'은 36위로 나타났다. 이 평가에서 보는 바와 같이 클린턴 대통령에 대한 평가는 과거 레이거노믹스로 인해 계속되어온 경제적 침체를 8년 임기 동안 꾸준히 회복시켜왔다는 점에서 중간 이상의 좋은 평가를 받았다. 그러나 결정적으로 '개인적 성격과 도덕성'에서 대통령 취임 전후 줄곧 그를 따라다닌 섹스스캔들 때문에 하위를 기록함으로써 전체적으로 18위에 그쳤다.

1993년 2월 취임한 빌 클린턴은 연방정부의 만성적인 재정적자 문제와 맞닥뜨렸다. 그의 취임 전 해 미국 정부의 재정 적자는 사상 최고 수준인 2900억 달러에 이르렀다. 1993년 8월 클린턴 행정부는 의회에 3280억 달러의 세입 증가, 3290억 달러의 지출 삭감, 460억 달러의 이자 부담 경감 등으로 재정 적자를 감축하겠다는 구상을 담은 예산안을 제출했다. '미국을 위한 변화의 비전'이라는 이름이 붙은 이 예산안은 공화당의 반발이 있었으나 근소한 차이로 의회를 통과했다. 이를 기반으로 클린턴 행정부는 50년 만에 균형재정을 달성하고, 두 번째 임기인 1998-2001년에는 연방재정수지 흑자를 기록했다. 연방 예산은 클린턴의 임기가 끝나는 2000년 말 건국 이래 최대 규모인 2370억 달러의 흑자가 됐다. 미국 의회예산국(CBO)에 따르면 1970년대 이후 미 연방정부 재정이 흑자를 낸 유일한 시기로 기록됐다.

미국은 클린턴이 재임하는 1990년대 동안 연속적인 경제 호황을 누렸다. 실업률도 클린턴 대통령 재임 첫해인 1993년 말 6.5%였지만 이후 꾸준히 낮아져 2000년에는 3.9%까지 감소했다. 물가상승률은 1961년 케네디 정권 이후 최하인 연평균 2.5%, 주택 보유율은 사상 최고인 67.7%를 기록했다. 이 때문에 클린턴은 퇴임 이후에도 '성공한 경제 대통령'으로서 후한 평가를 받고 있다.

[정책 동반자로서 퍼스트레이디의 역할은 의료보장 노력뿐 아니라 아동보호, 각종 사회적 차별금지 등에서 두드러졌다]

　클린턴은 대선에서 미국의 민간 건강보험제도의 폐해를 날카롭게 비판했으며, 전 국민 의료보장을 공약으로 내걸었다. 취임 이후 힐러리를 비공식 위원장으로 정부 관료, 보건정책 전문가, 의회 전문위원 등으로 구성된 '국가 의료제도 개혁을 위한 테스크 포스'가 개혁안의 초안을 만들었다. 지역별로 건강 보험 구매자 조직인 '건강연합'을 만들어 집단적으로 민간 보험을 구매하되 보험료나 급여 범위를 정부가 규제하고 보험료로 재원을 조달하는 방식의 건보 체제 도입을 추진했다. 그러나 내용 자체가 법조문만 1300쪽에 이를 정도로 복잡했고, 초안을 만들기까지 시간도 오래 걸려 초기 국민적 지지의 동력을 잃어버린 채 공화당 보수파의 조직적인 반발에 부딪혔다. 여기에 '선출되지 않은' 대통령 부인이 국가 중요정책에 개입하고 있다는 비판도 법정 다툼으로 이어졌다. 결국 법안은 의회에 상정되었으나 1994년 여름 부결됐고, 같은 해 11월 총선에서 민주당은 참패하고 공화당이 상하원을 석권하는 계기가 됐다.

그는 또 대선 당시 동성연애자에 대한 군대 내 차별을 없애겠다고 공약했다. 그러나 취임 이후 동성애자의 군 복무에 반대하는 여론이 고조되자 취임 6개월 뒤인 1993년 7월 펜타곤과의 논의 끝에 '묻지도 말고, 말하지도 말라(Don't ask, don't tell)'는 새로운 정책을 내놓았다. 동성애자가 자신의 성적 취향을 공개적으로 밝히거나 지휘관, 동료들이 특정인의 성적 취향을 묻는 것을 금지하고, 이를 어길 경우 강제 전역시키는 정책이었다. 이 정책은 동성애자가 성적 취향을 공개적으로 인정하지 않는 선에서 군 복무를 하도록 했으나 동성애자와 반대론자 모두의 반발을 샀고 일부에서는 위헌이라는 비판도 제기됐다.

한편 대외정책에 있어 클린턴 행정부는 소말리아 사태의 경우 1993년 군 병력을 투입하고 소말리아 군벌조직의 근거지에 폭격을 가하는 등 소말리아 내전에 적극 개입했으나 42명의 미군이 사망하는 희생만 남긴 채 1994년 철수했다. 특히 소말리아 개입은 '블랙호크 다운'이라는 영화로 만들어져서 1993년 모가디슈 전투에서 미군 18명이 사망하고 73명이 부상당하는 피해 사실이 강조되었다. 특히 소말리아 반군 조직들이 미군의 시신을 끌고 다니는 모습이 방송으로도 자주 등장해 클린턴 행정부는 적지 않은 비난을 받았다.

또한 미국, 캐나다, 멕시코 인접 3국의 무역장벽을 낮춘 NAFTA(북미자유무역협정)는 전임 부시 행정부에서 대선 직전 협상을 시작해 선거 패배 직후인 1992년 12월 협정에 서명했다. 당시 대다수 민주당 의원들이 협정에 반대했으나, 클린턴은 취임 이후 이 협정의 추가 협상과 의회 비준을 추진해 공화당 의원 다수의 찬성 아래 통과되어 1994년에 발효되었다. NAFTA 통과는 클린턴 행정부의 주요 성과로 꼽히지만 시간이 지날수록 자유무역에 따른 교역 활성화보다 일자리 박탈이라는 부정적 요인이 더욱 부각되었다.

than the President of the United States to prevent
the breakdown of the peace process.

[팔레스타인 국가 창설을 위한 중재에 특별한 노력을 기울였다.
베긴 이스라엘 총리(좌)와 아라파트 PLO 의장(우)]

　그는 또 1993년 취임 이후 8차례나 이스라엘-팔레스타인 간 정상회담을 주선하는 등 재임 기간 중동 평화협상에 매달렸다. 특히 1993년 팔레스타인해방기구(PLO)를 합법적인 팔레스타인 정부로 인정한다는 내용의 오슬로 평화협정을 중재한 것이 최대 성과로 꼽힌다. 이후 클린턴은 팔레스타인 자치를 후원하면서 이스라엘군의 요르단강 서안 철수를 공식화하는 등 평화협정 구체화에 공을 들였다. 1998년 10월에는 팔레스타인의 아라파트 수반과 이스라엘의 베긴 총리 사이에서 팔레스타인이 국가를 창설하고 국경을 확정짓는 와이리버 협정의 최종 문안 작성 단계까지 진척시켰다. 그러나 동예루살렘의 주권을 두고 갈등이 해소되지 않아 협상은 난항을 거듭했고 2000년 9월 아리엘 샤론 리쿠드당 당수의 이슬람 성지 방문에 따른 유혈 충돌로 파국을 맞았다.

클린턴 시대에는 한반도 문제도 큰 이슈로 대두되었다. 1994년 북한이 핵 개발을 시작한 1차 북핵 위기 당시 클린턴 행정부는 영변 핵시설 폭격도 검토한 것으로 알려졌다. 그러나 카터 전 대통령이 평양에서 김일성 주석을 만나 영변 핵시설 동결에의 동의를 끌어냈고, 이를 기반으로 미국과 북한은 제네바 핵합의에 서명했다. 그러나 1998년 북한이 대포동 미사일 시험발사를 도발하자 미국은 윌리엄 페리 전 국방장관을 대북 조정관으로 임명, 1999년 5월 대통령 특사 자격으로 북한을 방문하는 등 남북한과 폭넓은 접촉을 거쳐 같은 해 10월 클린턴 정부의 대북 정책을 담은 '페리 프로세스'를 내놓았다. 대북 포용을 기조로 한 페리 보고서는 북한과 미국 등 동맹국들이 상호 위협을 줄이면서 호혜 관계를 구축하기 위한 3단계 접근 방식을 제시하는 등 상당한 진전을 보았으나 이는 북한에 강경한 입장을 취한 부시2 행정부의 등장으로 중단됐다.

클린턴은 연이은 경제호황과 중동과 북한에서의 외교적 성과 등으로 민주당 대통령으로서는 FDR 이후 52년 만에 처음으로 재선에 성공했다. 1996년 대선에서 그는 경제 호황과 재정적자 감축을 가장 큰 업적으로 내세워, 공화당의 밥 돌 후보를 누르고 재선에 성공했다. 그러나 그는 2기 들어 내내 화이트워터게이트, 지퍼게이트로 불린 르윈스키 스캔들 등 금전관계, 혼외정사 등의 논란이 끊이지 않았고 1999년 2월에는 탄핵 위기까지 맞았다.

화이트워터게이트는 클린턴 대통령이 아칸소 주지사 시절 친구인 제임스 맥두걸 부부와 함께 설립한 '화이트워터 부동산개발회사'의 지역 토지개발을 둘러싼 사기 의혹을 일컫는 것이다. 클린턴 대통령은 주지사로 있던 1986년 맥두걸에게 30만 달러를 대출해 주도록 금융기관에 압력을 넣은 혐의와 위증 혐의 등으로 여러 차례 특검 조사를 받았다.

이 사건은 특히 클린턴이 대통령에 당선되고 5개월 후인 1993년 6월 이 회사의 투자개발 자문과 납세 신고 등의 일을 처리했던 힐러리의 동료 변호사 빈센트 포스터가 의문의 자살을 하면서 논란이 더욱 확대되었다. 포스터의 자살 사건은 '업무 중압감에 따른 권총 자살'로 결론이 났으나 퍼스트레이디가 관련 서류를 파기했다거나 누군가가 살해했다는 등의 음모론이 일면서 클린턴 부부가 청문회까지 나와야 했다.

이 사건의 수사를 위해 1994년 1월 특별검사 로버트 피스크가 임명됐으나 일단 무죄로 결말이 났고, 이어 그해 8월 케네스 스타가 뒤이어 특별검사를 맡으면서 성추문 조사까지 확대됐다. 그러나 맥두걸이 1998년 교도소에서 지병으로 사망하면서 사건은 유야무야됐고 클린턴 부부는 2000년 9월 무혐의 처분을 받았다. 힐러리가 민주당 후보로 출마했던 2016년 대통령 선거에서는 공화당의 도널드 트럼프 후보가 다시 이 음모론을 거론하며 힐러리를 공격하고 나서기도 했다.

케네스 스타 검사는 화이트워터 사건에서는 범죄를 입증할 만한 결정적 증거를 찾지 못했으나, 수사 범위가 확대되자 1998년 1월 클린턴이 백악관 인턴 직원 모니카 르윈스키와 불륜을 저질렀음을 밝혀냈다. 클린턴은 르윈스키와 성관계를 갖지 않았다고 부인했으나 르윈스키가 클린턴과 10여 차례 성관계를 가졌다고 증언하고 클린턴의 정액이 묻어 있다는 푸른색 드레스를 증거물로 제출하면서 위증 혐의에 몰리기까지 했다. 이와 함께 위증교사, 증언 간섭 등 사법 방해 혐의도 받았다.

결국 클린턴은 1998년 8월 연방 대배심에 출두했는데 이는 자신의 형사적 혐의에 대해 현직 대통령이 증언한 미국 헌정사상 최초의 일이었다. 클린턴은 증언 뒤 대국민 연설에서 르윈스키와 '부적절한 관계'를 맺었다고 처음으로 성 접촉을 시인하면서 의회의 탄핵을 가져올 수도 있는 위증을 한 것은 아니라고 밝혔다. 이로써 이어 9월 4일에는 처음으로 '죄송하다'는 표현을 사용하며 가족과 국민에게 사과했다.

미국 하원은 445쪽에 달하는 스타 검사의 보고서와 그것을 뒷받침하는 증거들을 바탕으로 1998년 12월 19일 위증과 사법방해 혐의로 대통령에 대한 탄핵안을 통과시켰다. 공화당 측은 "클린턴은 신성한 연방 대배심 증언에서 위증을 함으로써 미국의 법질서를 파괴했다."고 주장했다. 그러나 탄핵안은 1999년 2월 12일 상원에서 부결되었고 이듬해 대통령 임기 만료로 이 문제는 더 이상 확대되지 않았다.

클린턴은 퇴임 1년 후인 2002년에 클린턴 재단을 설립했다. 전 세계 에이즈 퇴치와 에이즈 치료 개선을 위해 설립한 '클린턴 에이즈 계획'에서 출발해 2016년 기준 2000여 명의 직원들이 일하는 국제적 규모의 재단으로 성장했다. 2013년에는 재단의 이름에 아내와 딸의 이름을 넣어 '빌, 힐러리 앤 첼시 클린턴 재단(Bill, Hillary and Chealsea Clinton Foundation)'으로 바꼈다. 딸 첼시 클린턴이 부회장으로 재단의 운영을 맡고 있다.

이어 전 세계에서 20억 달러의 후원금을 받았으며 매년 국내외에 기부금을 여성인권 신장, 기후변화, 경제개발, 의약품 지원 프로그램 지원 등에 사용해 왔다. 그러나 사우디아라비아, 아랍에미리트연합(UAE), 카타르, 쿠웨이트 등 중동의 성차별, 인권침해 국가들로부터 고액의 기부금을 받은 사실이 알려져 논란을 빚기도 했으며, 클린턴은 이들 국가로부터 받은 자금이 인도적 활동에 사용되어왔다고 해명하면서, 향후 외국

정부 차원의 기부금은 받지 않겠다고 밝혔다.

　그러나 2016년 대선에서 힐러리 여사가 출마하자 클린턴 재단을 두고 국무부와의 유착 논란이 일었다. 힐러리 클린턴 후보가 국무장관으로 일할 당시 클린턴 재단의 고액 기부자들이 특혜를 받았을지 모른다는 내용의 이메일이 공개됐던 것이다. 힐러리는 '법적으로 부적절한 일은 없었다'라고 대응했으나, 도널드 트럼프 후보는 특별검사를 임명해야 한다고 공세를 폈다. 빌 클린턴은 힐러리가 당선되면 대기업이나 외국인들로부터 클린턴 재단 후원금을 받지 않고, 재단 업무에서도 손을 떼겠다고 밝혔다. 결국 그녀는 낙선에도 불구하고 재단의 일을 직접 맡아 하고 있지 않다.

[아칸소주의 클린턴 대통령 역사지구에는 생가와 사저, 교회, 학교 등이 보존되어 있다]

　클린턴 대통령도서관은 클린턴이 다섯 차례의 주지사를 역임했던 정

치적 고향인 아칸소주의 주도 리틀 록(Little Rock) 중심을 가로지르는 아
칸소강 언덕에 자리 잡고 있다. 강둑에서 강물쪽으로 쭉 뻗어 나간 모습
으로 강둑에 얹혀 있는 것이 마치 그가 처음 대통령 출마 시 내세웠던 구
호인 '21세기로의 브릿지'를 형상화한 거대한 다리 형태를 하고 있다.

대통령도서관뿐만 아니라 아칸소주 일대 여러 도시에 클린턴 대통령
의 유적지들이 산재되어 있다. 출생지인 호프에는 '생가 박물관'이 있어
그의 어린 시절 성장환경을 볼 수 있다. 유소년기를 보냈던 핫스프링스
의 집과 그가 재학했던 핫스프링스 고등학교, 파크 플레이스 침례교회
등에서 그의 자취를 되돌아볼 수 있다. 이어서 그가 대학교수가 되어 힐
러리 여사와 신혼생활을 보내며 하원의원에 도전했던 라파예트빌의 사
저도 '클린턴 하우스 뮤지엄'으로 꾸며져 있다. 클린턴재단이 있는 클린
턴대통령센터는 도서관 뒤편으로 자리잡고 있다. 아칸소주립대학의 소
속기관으로 되어 있는 클린턴 행정대학원도 센터 건물 옆에 있다.

라이브러리동에는 7800만 페이지 분량의 공식문서, 2천만 건의 e메일,
260만 장의 사진, 1만 2400개의 비디오테이프, 5900개의 오디오 자료들
이 보관되어 있으며 NARA에서 파견된 스태프들이 자료의 분류 보관을
통하여 연구자들에게 원하는 자료를 공급해 주고 있다. 또 넓은 열람실
은 연중 언제든지 와서 연구할 수 있도록 개방되어 있다.

대통령박물관 건물은 긴 브릿지 모양으로 되어 있으며 둑에 걸친 1층
에는 대통령 리무진이 진열되어 있고 각종 행사 시에 대여해 주는 가든
뷰 룸 등이 있다. 2층 오른편은 소극장과 내각회의실이 있고 왼편은 13
개의 작은 방(alcove)으로 나뉜 주제별 전시실이 마련되어 있다. 첫 번째
'캠페인실'로 클린턴이 아칸소 주지사 신분으로 부시 현직 대통령과 치열
하게 선거전을 치르던 당시의 기록들이 생생하게 보존되어 있다. 이어서

'취임실', '부통령실', '백악관실', '캐비닛룸실', '통계실', '정책실', '타임라인실', '백악관생활실', '오벌 오피스실', '퇴임후실' 등으로 나뉘어 대통령 임기 중 전반적 내용과 퇴임 후의 활동까지 상세하게 보여 주고 있다.

소극장에서는 12분짜리 클린턴 대통령의 영상을 상영하는데 본인이 직접 출연하여 매 사안들을 직접 설명해 주는 방식이다. 이곳에서 다른 대통령도서관들에서 볼 수 없는 특이점은 '부통령실'을 별도로 마련하고 있다는 점이다. 그의 8년 임기 중 줄곧 부통령으로 함께했던 앨 고어는 인근 테네시주 출신으로 정치인이자 환경운동가로 유명하다. 특히 그는 IT 및 환경 분야에 높은 식견을 갖고 있어 클린턴 행정부가 세계표준의 정보고속도로 건설을 정책적으로 추진하는 데 많은 기여를 했던 것으로 유명하다.

[다른 대통령도서관과는 달리 부통령실을 별도로 만들어 앨 고어 부통령의 업적을
상세하게 전시하고 있다]

고어 부통령은 1997년 기후변화에 관한 '교토의정서'의 창설을 주도하고 온실가스 배출 최소화 및 국립공원 확대조치를 이끌어 내는 등 전(全)지구적 환경보호에 정치적 수완을 발휘했다. 그 같은 공로로 고어는 2007년 기후변화에 관한 정부 간 협의체(IPCC)와 함께 노벨 평화상을 수상했다. 동시에 그는 『지구의 균형』, 『위기의 지구』 등 환경문제 저서들을 발간해 베스트셀러 반열에 올려 놓기도 했다.

[클린턴 대통령이 외국 원수들로부터 받은 선물들 맨 앞에 김대중 대통령으로부터 받은 '경천애인(敬天愛人)' 액자가 있다]

13 조지 W. 부시의 텍사스 댈러스

제43대(2001-2009)

[텍사스주 댈러스에 위치한 조지 W. 부시 대통령도서관]

제43대 조지 워커 부시(George Walker Bush, 1946-) 대통령은 1946년 생으로 클린턴에 이어 두 번째 전후 세대 대통령이다. 아버지 조지 부시 와 함께 부자(父子)가 모두 대통령직에 올랐다.

그는 21세기를 여는 미래의 대통령 이미지를 내세우며 의욕적인 각오 로 2001년 임기를 시작했다. 그러나 바로 그해 9월 미국 역사상 최악으 로 기록된 미 본토를 대상으로 한 공격인 '9.11테러'를 맞았다. 그는 사건 직후 전 세계를 대상으로 '테러와의 전쟁(War on Terror)'을 선포하여 국가의 안보를 가장 중요시하는 정책으로 국가적 위기를 극복했다. 이듬해 1월 미 의회에서 발표한 연두교서(State of Union address)에서 자신의 임기 동안 테러리즘을 지원하고 대량살상무기(WMD)를 추구하는 국가들에 대항하여 싸울 것임을 천명했다. 이를 위해 부시 행정부는 '국토안보부'를 설치하여 미 본토의 안위

[9.11테러의 출발점이 된 납치 민항기의 맨해튼 WTC 쌍둥이 빌딩 충돌 광경]

를 제일 정책으로 추진했으며, 이란, 이라크, 북한 등을 '악의 축(Axis of Evil)' 국가들로 지목하여 대처했다.

[9.11테러 그 직후 선포된 '테러와의 전쟁']

또한 9.11테러를 감행한 알카에다 테러집단을 궤멸시키고 그 수장 오사마 빈 라덴을 사살하는 등 강력하게 대응하였다. 그에 따라 아프가니스탄과 이라크에서 전쟁을 일으켰으며 주변국들과의 갈등 상황을 조장함으로써 반전·평화주의자들로부터 많은 비난을 받기도 했다. 그럼에도 불구하고 2004년 대선에서 민주당의 존 케리 후보를 꺾고 재선에 성공했다.

조지 W. 부시(이하 부시2)는 1946년 뉴잉글랜드 코네티컷주 뉴헤이븐에서 아버지 조지 부시와 어머니 바버라 부시 사이의 장남으로 태어났다. 그의 집안은 대대로 이어오는 부유한 명문가였으며 조부 프레스컷 부시는 유명한 기업가 출신으로 후에 연방 상원의원을 지냈다. 부시2의 출생 당시 예일대학에 재학 중이던 부친 조지 부시는 졸업하자마자 석유사업을 위해 가족들을 데리고 텍사스 서부의 미들랜드로 이주했다. 그리하여 그는 미들랜드에서 어린 시절을 보내게 되었으며 아버지 부시의 사업이 번창하여 유복한 가정에서 성장할 수 있었다.

그는 미들랜드에서 초등학교를 마친 후 휴스턴의 명문 사립 중학교를 거쳐 고등학교는 집안 대대로 다니던 매사추세츠주의 유서 깊은 사립학교인 필립스 아카데미 앤도버(Phillips Academy Andover)를 졸업했다. 이어서 1964년 예일 대학에 진학, 역사학을 전공했다. 1968년 졸업 후 텍사스 주방위군에 장교로 입대하여 중위로 전역했으며, 이어 하버드 경영대학원에 진학하여 MBA를 취득했다.

그는 부유한 집안에서 성장하며 자유분방한 생활을 즐겨 술에 빠져 한때 알코올 중독 증세까지도 보였으며 음주운전으로 운전면허를 일시 정지당하기도 했다. 술은 결혼 후 줄이기 시작했으며 1986년 40세 생일 이후로는 완전히 끊은 것으로 알려졌다. 그는 1977년 미들랜드 출신의 도서관 사서였던 로라 웰치와 결혼했으며 결혼 후 부인을 따라 성공회에서

감리교로 개종하면서 성실한 기독교 신자가 되었다. 이들 부부는 1981년 쌍둥이 딸 제나와 바버라를 낳았다.

그 후 미들랜드에 정착하여 석유 사업에 관계하면서 조부와 부친의 뒤를 이어 정계 진출을 시도했다. 1978년 텍사스주 서부지역을 중심으로 하는 연방하원 선거에 공화당 소속으로 출마했으나, 민주당 후보에게 패했다. 첫 도전에 실패한 후, 그는 석유회사를 설립하고 다른 석유회사를 합병하는 등 적극적인 사업 활동을 했으나, 석유 가격 하락으로 큰돈을 벌지 못했다. 그러나 1986년 자신이 회장으로 있던 '스펙트럼 7(Spectrum 7)' 석유회사를 상당한 이익을 남기고 매각하여 많은 재산을 모았다. 그 후 워싱턴으로 옮겨 1988년, 대통령 선거에 출마한 부친의 선거운동 본부에서 일하며 정치를 익혔다.

부친이 대통령에 당선된 후 그는 텍사스주로 돌아가 동업자들과 함께 프로야구 메이저 리그(MLB) 구단인 '텍사스 레인저스(Texas Rangers)'를 매입해 구단주로 활약했다. 대통령의 아들로 팬들과 함께 자주 경기를 관전하며 텍사스 주민들에게 이름을 알리면서 인지도를 쌓아갔다. 1988년 부친의 재선 준비를 위해 그는 가족들과 함께 워싱턴 D.C.로 옮겨 대선 자문역과 언론 자문역을 맡았으나 1992년 대통령 선거에서 부친이 재선에 실패하고 말았다.

다시 텍사스로 돌아온 그는 1994년 텍사스주 주지사 선거 출마를 선언했다. 당시 그의 동생 젭 부시(Jeb Bush) 역시 플로리다주 주지사에 출마해 대통령 아들 두 명이 동시에 주지사 선거에 출마한 것으로 눈길을 끌었다. 그는 과감한 감세정책과 은닉무기 소지허가 등을 내세워 현직인 민주당 출신 앤 리차드 주지사를 물리치고 당선했다. 주지사 취임 후 20조 달러에 달하는 세금을 삭감했다. 또 알코올 및 마약의 위험을 알리는 교육에 적극 힘써 주내 폭력범죄율을 대폭 낮췄으며 친환경정책을 강화했다. 이러한 업적으로 무난히 1998년 주지사 선거에서 69%의 지지를 얻어 재선에 성공했다. 주지사 연속 2회 연임은 텍사스주에서 최초의 일이었다.

텍사스주 주지사로서의 성공적 업적은 미 전역으로 퍼져 그는 유력한 공화당 정치인으로 자리매김했다. 이러한 여세를 몰아 2000년 6월 대통령 출마를 선언, 전당대회에서 유력한 후보였던 존 메케인 상원의원을 따돌리고 공화당의 대통령 후보로 지명되었다. 그는 딕 체니 전 국방장관을 러닝메이트로 하여 민주당의 현직 부통령 출신 앨 고어 후보를 물리치고 제43대 대통령에 선출되었다.

개표결과 총 득표율에서는 앨 고어가 이겼으나 승자독식의 미국선거제도 덕분에 주선거인단 수에서 271 대 266으로 승리함으로써 그는 적은 표를 받고도 당선된 행운아가 되었다.

그러나 취임한 지 8개월 만에 9.11테러에 직면했다. 일군의 아랍 테러리스트들에 납치된 민간 여객기들이 맨해튼 남쪽에 뉴욕의 상징처럼 우뚝 솟아 있던 세계무역센터(WTC)와 워싱턴 D.C.의 미 국방부 건물인 펜타곤에 충돌하는 사건이 일어났다. 두 대의 여객기가 112층 쌍둥이 빌딩의 복부를 각각 관통하자 두 빌딩은 힘없이 무너지고 말았다. 펜타곤 건물은 여객기의 충돌로 한 부분이 파괴되었으며, 순식간에 3000여 명의 사망자와 6000여 명의 부상자가 발생했다.

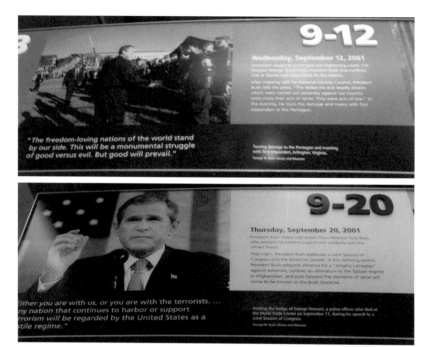

[9.11테러 다음 날인 12일부터 20일까지 비상시국에서의 대통령 움직임을 매일 기록했다]

　부시2는 즉시 '테러와의 전쟁'을 선포하고 이번 테러와 연관된 테러집단의 궤멸을 선포했다. 또한 미국 국토안보의 중요성을 강조하며 '국토안보부'를 설립했다. 테러집단에 대한 공격은 오사마 빈 라덴(Osama bin Laden)과 알 카에다(Al Qaeda) 조직이 거점으로 하고 있는 아프가니스탄을 지목하여, 당시 집권단체인 탈레반(Taliban)에게 빈 라덴을 넘겨주고 알 카에다의 거점들을 폐쇄하라는 명령을 내렸다.

　그러나 탈레반이 거부하자 아프가니스탄을 공습, 전쟁에 돌입했다. 미국 주도의 일부 서방국가와 아프가니스탄의 반군세력인 북부동맹이 이 전쟁에 합세한 끝에 탈레반은 붕괴되었고, 하미드 카르자이를 수반으로 하는 과도내각이 이끄는 새로운 정부가 구성되었다. 2003년에는 이라크가 대량 살상무기를 은닉했다는 이유로 4년간 이라크 전쟁을 일으켜 국제적 비난을 받기도 했다. 아프가니스탄과 이라크 전쟁 도중에 끊임없이 인질 사태가 발생하고 많은 미군 사상자들이 발생하자 미국 내 평화주의자들의 전쟁 반대 시위가 계속되었다.

이때 부시2가 9.11테러 이후 정부의 구체적 대응을 밝히기 위해 발표한 2002년 1월 연두교서는 세계적인 명연설로 회자되고 있다. 이 연설은 매년 초에 행하는 형식적인 국정연설이 아니라 뉴욕과 워싱턴 D.C.에서 벌어진 가공할 테러에 상심한 국민들에게 위로를 전하고 알카에다 조직에게 경고를 보내는 한편 이슬람 교인이나 아랍인들에 대해 무분별한 증오를 삼갈 것을 당부하는 국민화합을 위한 것이었다. 그는 어렸을 때부터 독서광으로 매일 성경을 읽었으며 임기 마지막 3년 동안 백악관에서 모두 186권의 책을 읽은 것으로 알려져 있다. 따라서 그는 문장력이 좋기로 유명했고 그의 연두교서는 많은 갈채를 받곤 했다.

[대외적으로 '테러와의 전쟁'을 선포하고, 대내적으로는 '국토안보부'를 발족,
미 본토 사수를 천명했다]

경제정책 측면에서 2001년 3월부터 미국경제가 침체되기 시작하여 9.11테러 후에 실업률이 늘면서 더욱 악화되었다. 항공사들을 포함한 많은 회사들이 경기 침체 속에 큰 피해를 입었다. 테러 후에 항공사들은 강화된 보안 시스템에 많은 투자를 해야 했다. 비행기 탑승객 수가 줄어들면서 항공사들의 소득은 급격하게 저감했고 몇몇 미국 항공사들은 파산했다. 국가의 경제적 어려움은 2002년과 2003년에도 계속되었다. 경기 부양책으로 감세와 실업자 보조 정책을 실시했으나 의회는 부정적이었다.

2004년 11월에 실시된 대통령선거에서 부시2는 딕 체니를 다시 러닝메이트로 하여 출마했으며 민주당의 존 케리 후보를 근소한 차로 누르고 성공해 재선 대통령이 되었다. 선거에서 주로 부시 행정부가 9.11테러 후에 펼친 '테러와의 전쟁', '이라크 전쟁' 등 대외정책에 대한 평가가 주요 이슈가 되었다. 국내정책은 경제침체와 실업 문제 그리고 의료보험, 낙태 문제, 동성결혼 문제 등이 주요 쟁점이 되었다.

2기 임기 중에는 미국 2위의 서브프라임모기지(subprime mortgage) 회사인 뉴센추리파이낸셜이 파산을 신청하면서 이른바 서브프라임모기지 사태가 시작되어 세계적인 금융위기 사태를 초래했다. 대형 금융회사들이 연달아 파산하면서 미국경제를 붕괴 직전으로 몰아가고 전 세계경제를 침체시켰다. 1929년 세계 대공황 이래 최악의 경제 위기가 찾아왔다. 리먼브라더스, 메릴린치, 베어스턴스 등 미국 최대 규모의 투자 은행들이 줄줄이 파산하거나 다른 회사에 인수됐으며, 세계 최대 보험 회사인 AIG와 세계 최대 은행인 시티은행도 파산 위기에 몰렸다.

[9.11테러를 잊지 않기 위해 부서진 건물 잔해를 옮겨 놓았다]

미국 정부는 경제 전체가 파국으로 치달을 것을 우려해 천문학적 액수의 구제금융을 제공했지만 오히려 소비 위축과 실업 증가, 성장 둔화로 이어졌고, 이러한 추세는 국경을 넘어 전 세계로 확산되었다. 많은 사람들은 이 위기의 근본 원인이 신자유주의 시대 이래의 금융 자유화에 있다며, 이에 대한 반성과 금융에 대한 규제 강화를 주장했다. 그러나 아직까지 정확한 원인에 대해서는 많은 논쟁이 남아 있는 상태이다. 그는 2009년 1월 후임인 민주당의 버락 오바마 대통령에게 자리를 넘기고 물러났다.

2000년 출간한 찰스 파버와 리처드 파버의『대통령직 수행 순위』는 부시2의 직전 대통령인 클린턴까지를 분석대상으로 했기 때문에 부시2 대통령에 대한 재임 중 업적에 대한 평가는 아직 내려지지 않고 있다. 그러나 미국 여론조사기관 갤럽에 따르면 부시2는 9.11테러 직후 '테러와의 전쟁'을 선포하고 알 카에다 테러집단에 은신처를 제공하고 있는 아프가니스탄을 거세게 몰아붙일 때 90%의 지지율까지 올랐다. 이는 역대 어느 대통령의 지지율보다 높은 수치로 국가적 위기 앞에서 결연하게 맞서는 대통령의 모습에 미국민들이 많은 지지를 보냈다고 할 수 있다.

　그러나 그가 대통령에서 물러나기 불과 2-3개월 전인 2008년 10월과 11월에 실시한 갤럽의 대통령 지지도 조사에서는 불과 25%로 나타나 역대 대통령 가운데 탄핵에 앞서 사임했던 닉슨의 지지도 24%와 거의 비슷하게 나타났다. 이는 서브프라임모기지 사태로 인한 경제 악화의 책임을 부시2의 정책 실패로 간주하는 경향이 높음을 보여 주고 있다.

[서브프라임모기지 사태로 인한 경제 악화로 부시2의 지지도는 바닥을 기록했다]

부시2 대통령도서관은 텍사스 최대 도시인 댈러스의 한복판 유니버시티 파크 '남감리교 대학(SMU, Southern Methodist University)' 교정에 위치하고 있다. 그의 퇴임이 임박하자 텍사스주 내 여러 곳에서 대통령도서관 건립을 위한 부지 제공 의사를 밝혀왔다. 부시 부부는 교통도 좋고 공원이 잘 가꾸어진 영부인 로라 부시의 모교인 SMU 캠퍼스를 선택했다. 이곳에 조지 W. 부시가 재임했던 8년간의 미국 내 정치와 국제정치 상황을 '자유, 책임, 기회, 열정' 등 4개의 주제로 구성하여 대통령도서관을 건립했다.

[한국의 이명박 대통령과 함께]

2013년 4월 25일 개관한 이 대통령도서관은 당시 생존해 있는 전·현직 미국 대통령 5명 모두의 내외가 함께 참석하여 역대 대통령들이 정파를 초월하여 미국의 명예를 드높이고, 국민들에 대한 아낌없는 사랑을 표출하는 역사적인 순간을 만들어냈다. 제39대 카터 대통령(민주당) 내외, 제41대 조지 부시 대통령(공화당) 내외, 제42대 빌 클린턴 대통령(민주당) 내외, 제43대 조지 W. 부시 대통령(공화당) 내외와 현직 대통령인 제44대 버락 오바마 대통령(민주당) 내외도 참석했다. 5명의 전·현직 대통령이 한자리에 참석하여 격의 없이 축하인사를 나누며 파안대소하는 사진은 세계적 통신사들을 통해 전 세계 언론에 타전되었으며 미국의 민주주의의 종주국다운 모습을 과시했다.

이 도서관은 모두 7천만 페이지 분량의 기록물과 80조에 달하는 전자문서, 400만 장의 사진과 2천만 개의 이메일 문서, 14만 피트의 비디오/오디오 기록물 등 광범위한 자료를 보유하고 있다. 또한 이들의 분류와 보존, 원활한 활용을 위하여 40여 명의 NARA 직원과 수백 명의 자원봉사자들이 일하고 있다. 박물관에는 모두 4만 3천여 건의 유물들이 상설전시 혹은 특별전시 등 갖가지 형태로 전시되고 있다. 9개의 주제별 공간으로 나누어진 전시실은 각종 판넬 자료와 실물 자료, 그리고 사진 자료들로 채워져 있다.

도서관 전시실은 첫 번째 방은 '동영상실'로 부시 대통령 임기 전반을 조망할 수 있는 필름을 상영하고 있다. 두 번째 방은 '대통령직 수행의 새로운 부름(A New Call to Service)'이라는 제목으로 대통령선거에 임하는 과정, 선거에서의 승리 등을 담고 있다. 세 번째 방은 '정책적 선택(Leading on the Issues)'으로 대통령 취임 이후 빠르게 진행시켰던 각종 정책들에 대해 설명했다. 네 번째 방은 '열정적 행동(Acting with Compassion)'으로 정책의 구체적 실행 사례 등을 설명했다. 그리고 다섯 번째 방인 '결단의 순간들(Decision Points Theater)'은 각종 긴급한 상황 발생 시 백악관에서 대통령의 결단이 이루어지는 과정을 설명하고 있다.

여섯 번째는 '테러와의 전쟁' 관련 섹션으로 9.11 이후의 혼란스러웠던 상황을 극복해 가는 과정을 '9.11의 대처(Responding to September 11)'에서 체계적으로 보여 주고 있다. 일곱 번째 방은 '자유의 수호(Defending Freedom)'로 아프가니스탄전쟁, 이라크전쟁 등 테러집단과의 전쟁 혹은 대량 살상무기(WMD)를 은닉한 것으로 알려진 독재자에 대한 응징 등을 전시했다. 다음 섹션에는 '기회의 창출(Creating Opportunity)', '남은 과제들(A Charge to Keep)' 등이 이어지며 마지막 섹션에는 집무실인 'Oval Office'의 재현과 백악관에서의 가족생활 등을 보여 주고 있다.

[43대 대통령도서관의 구내 레스토랑 '카페 43'의 내부
시민들의 정겨운 사랑방 역할을 하고 있다]

마지막 전시장을 지나면 아름다운 텍사스식 정원인 '텍사스 로즈 가든'으로 통하게 되어 있으며, 43대 대통령도서관을 의미하는 '카페 43'이 손님을 기다리고 있다. 그리고 9.11사태의 심각성을 일깨우기 위해 당시

폭파상황의 동영상과 부서진 건물의 잔해 등을 군데군데 설치해 놓아 이색적인 공간을 연출해 놓았다.

부시2는 대통령직의 수행도 서브프라임모기지 사태와 같은 경제적 문제로 말년에 어려움을 겪기는 했지만 임기 초 9.11테러와 같은 큰 재앙을 비교적 잘 극복한 것으로 평가받고 있다. 그는 퇴임 후 전임 대통령으로서도 성공적이라는 평가를 받고 있다. '부시재단/연구소(George W. Bush Foundation & Institution)'를 설립하여 교육개혁과 인간의 자유, 전 세계적 위생 및 건강 등의 증진을 통한 인류 생활환경의 개선을 내건 기본적 연구와 기금 모금 등 활발한 활동을 벌이고 있다.

특히 인간적 측면에서 그의 특별한 노력이 엿보이는 것은 화가로서의 매진이다. 그는 퇴임 후 정치적 활동을 자제하면서 주로 초상화 중심의 유화를 그리는 데 노력했다. 2014년 자신의 대통령도서관에서 세계 명사들을 그린 초상화전 'The Art of Leader'를 열어 주목받았다. 자신의 부친 조지 부시 대통령, 독일의 메르켈 총리, 인도의 싱 총리, 영국의 토니 블레어 총리 등 주로 세계 유명 정상들을 그렸으며 한국의 이명박 대통령의 초상화도 포함됐다.

2017년에는 『용기의 초상(Portraits of Courage)』이라는 자신의 화집을 출간해 또 한번 화제를 모으기도 했다. '미국의 용사들에게 최고사령관이 바치는 헌사'라는 부제가 붙은 이 책은 판매수익금 전액을 참전용사 가족들을 위해 기증함으로써 자신이 재임 중 벌어진 전쟁에 대한 참회의 뜻을 표하기도 했다. 그는 한 인터뷰에서 자신은 여생을 소파에 누워 포테이토칩이나 먹으며 보내기는 싫다고 생각하던 차에 영국 처칠 수상이 그림에 대하여 쓴 책 『여가로서의 그림그리기(Painting as a Pastime)』를 보고 2012년부터 그림을 시작했다고 밝힌 바 있다. 최근에는 성공한 이민자들을 주제로 그린 화집 『많은 것 중 하나(Out of Many, One)』를 펴내 주목을 받았다.

[부시2의 정상들을 그린 유화로 만든 그림엽서, 맨밑줄 왼편 두 번째에 이명박 전 대통령이 있다]

제3장

NARA 이전의 대통령도서관

*Presidential Culture
and Democracy*

1 조지 워싱턴의 버지니아 '마운트 버넌'

제1대(1789-1797)

"여러분은 오늘 저녁 장군님의 추수감사절 만찬에 초대되셨습니다. 맛있는 칠면조 요리를 즐기시면서 장군님과 함께 멋진 촛불 잔치로 결실의 기쁨을 감사하십시오." 안내원의 따뜻한 환영을 받으며 들어선 다이닝룸의 대형 식탁 위에는 잘 쪄 낸 통통한 칠면조를 중심으로 갖가지 음식들이 차려져 있다. 초록색으로 채색된 벽 주위 창가에는 촛불들이 환하게 켜져 있다. 18세기 말 워싱턴 대통령이 이

[길버트 스튜어트의 초상화]

곳에서 살던 시절의 추수감사절 파티를 그대로 재현해 놓은 것이다.

대륙군 총사령관으로 독립을 쟁취하여 미 독립전쟁의 영웅이 된 워싱턴의 고향 마운트 버넌에서는 지금도 200년 전 전쟁영웅을 맞이하던 추수감사절의 식탁을 재현하여 그를 기린다. 방문객들은 누구든 워싱턴 장군 환영파티에 동참할 수 있다. 그리고 그 파티는 크리스마스 때까지 밤마다 촛불 향연의 축제로 펼쳐져 참석자들을 즐겁게 해 주고 있다.

워싱턴 D.C.에서 버지니아주 알렉산드리아를 통과해 약 20분쯤 포토맥강을 따라 남쪽으로 내려가면 워싱턴의 사저였던 마운트 버넌 유적지가 나온다. 18세기 버지니아 농촌의 생활 모습을 그대로 재현한 이곳은 미국민들에게 국부로 존경되는 조지 워싱턴(George Washington, 1732-1799)의 대통령도서관이자 박물관, 사저, 묘지, 농장 등을 그대로 보존하고 있는 워싱턴 역사지구라 부를 만한 곳이다. 이곳은 워싱턴이 죽은 지 50여 년 후부터 보존 작업이 시작되었으며 당시 사저와 농장을 복원한 것은 물론 입구에 포드오리엔테이션센터와 박물관, 교육센터 등을 지어 근래의 대통령도서관 역할도 하고 있다.

마운트 버넌은 NARA의 대통령도서관 시스템이 도입되기 전에 건립이 되었기 때문에 연방정부가 운영 주체가 아니다. 이 유적지를 구입하여 보존하고 가꾸어 온 MVLA(마운트버넌부녀회)에 소유권과 운영권이 인정되고 있다. 800에이커(약 1백만 평)의 광대한 부지 가운데 600에이커(약 75만 평)의 숲 지대는 산책로로 잘 정비되어 개방되고 있고 현재 마운트 버넌은 200에이커(약 25만 평)의 땅에 각종 부속건물과 워싱턴의 사저인 맨션과 개척시대의 농장, 노예 주거지 및 노예기념관, 위스키 양조장, 제분소 등 각종 옛날 공장 등이 그대로 재현되어 있다.

['맨션'을 중심으로한 마운트 버넌의 전경]

마운트 버넌은 전체 크게 3개 구역으로 구분된다. 전체 지형은 북에서 남으로 포토맥강을 따라 긴 직사각형 형태를 띠고 있다. 첫 번째는 입구가 있는 북쪽의 오리엔테이션 구역으로 포드교육센터, 도널드 레이놀즈 박물관, 울타리 밖으로 호텔인 '마운트 버넌 인'과 푸드코트, 기프트샵 등 주로 편의시설들이 위치해 있다.

중앙에는 볼링그린을 중심으로 넓은 잔디밭과 잘 가꾸어진 정원과 과수원과 묘목원이 있고 정중앙에 이 유적지의 하이라이트라고 할 수 있는 3층 규모의 '맨션'이 위치해 있다. 볼링그린의 북쪽으로는 어퍼 가든이 잘 가꾸어져 있으며 관람로를 따라 노예 숙소, 온실, 대장간, 방적공장, 솔트 하우스 등 작은 부속건물들이 늘어서 있다. 남쪽으로는 말 방목장을 사이에 두고 로어 가든, 그리고 과수원과 묘목원이 있다. 여기에도 맨션의 주방 건물, 훈제실, 세탁장, 마차 보관소, 퇴비처리장, 마구간 등이 있다.

한편 남단은 울창한 숲 사이에 워싱턴이 이 지역을 개척하던 당시의 농장 모습이 그대로 보존되어 있고 18세기 요리 및 공예 시범을 보이는 창고건물과 노예 오두막집, 워싱턴이 지었다는 16각 외양간 등이 있다. 이곳에는 포토맥강을 따라가며 마운트 버넌을 감상할 수 있는 관광 유람선이 매일 운항되고 있다. 또한 이 지역의 숲은 '18세기 산책로'를 개설해 200여 년 동안 손대지 않은 자연 그대로의 울창한 숲을 트레킹할 수 있도록 해 놓았다.

[18세기풍 버지니아 농장의 모습으로 복원했다]

매표소를 지나 포드교육센터로 들어가면 전체 안내지도와 축소 모형 앞에 11개 국어로 된 안내 책자가 놓여 있는데 한국어 안내서도 있다. 포드자동차에서 지원하는 이 센터 내에는 '스미스극장'과 '이글스극장' 등 두 개의 영화관에서 "우리는 자유를 위하여 싸운다."는 워싱턴과 마운트 버넌에 대한 18분짜리 동영상을 상영한다. 또한 '도널드 레이놀즈' 박물관과 교육센터는 모두 23개의 전시실과 강당으로 구성되어 있다. 워싱턴과 마운트 버넌이 소장하고 있는 유품과 기념품들을 최첨단 전시기법을 동원하여 보여주고 있다. 포드교육센터의 담당자는 "센터의 목표는 모든 관람객들에게 워싱턴 장군이 전쟁에서 승리하여, 평화를 쟁취하고, 국민의 가슴에 길이 남는 대통령으로서의 업적을 있는 그대로 보여 주기 위한 것."이라고 설명한다.

[오늘날 입장객이 가장 먼저 들르게 되는 포드 오리엔테이션센터 입구]

워싱턴은 1732년 워싱턴 D.C. 남쪽 포프스 크리크(Popes Creek)의 담배농장주 아들로 태어났다. 아버지가 부유한 농장주로 첫 부인과 사별하고 두 번째 부인 사이에 4남1녀를 두었는데 워싱턴이 장남이었다. 그러나 전처와의 사이에 아들이 있어서 장자 상속의 원칙에 따라 모든 재산은 이복형 로렌스가 받았다. 워싱턴은 원래 영국 유학을 가려 했으나 부친의 사망으로 포기할 수밖에 없었다. 다행히 14살 위의 이복형은 워싱턴의 멘토였으며 형이 버지니아 명문가 집안과 결혼한 후 사돈인 페어펙스 대령의 조언에 따라 워싱턴은 측량사의 길을 택하게 되었다.

그는 수학을 좋아해서 독학으로 측량술을 공부하여 측량기사 자격증을 획득하였고, 18살에 전문 측량기사로서의 업무를 시작했다. 버지니아 민병대 지휘관이었던 페어펙스 대령의 주선으로 19세 때 버지니아 민병대에 입대하여 영국군의 프랑스-인디언동맹 전투에 참가하면서 군과 인연을 맺었다. 이때 영국군의 군사전술과 군대 조직 및 군수품 등에 대한 중요성 등을 파악함으로써 대륙군 총사령관으로서의 자질을 키웠다. 이후 워싱턴은 정규 영국군이 되기 위하여 여러 차례 시도했으나 전쟁 중 많은 공을 세웠음에도 불구하고 식민지 청년에게는 넘을 수 없는 벽이었다.

결국 워싱턴은 대농장주를 목표로 하여 월급을 모아 땅을 사기 시작하였다. 그 후 1759년 재력가인 과부 마사 커티스와 결혼하였고, 1761년에는 형 로렌스의 죽음으로 아버지 소유이던 마운트 버넌 땅 모두를 상속받게 되면서 마운트 버넌에 함께 살게 되었다. 그리고 계속 땅을 구입하여 1760년대 중반에는 마운트 버넌뿐만 아니라 버지니아주 전역에 걸쳐 약 1만 5천 에이커(약 180만 평)에 달하는 대농장주로 성장하였다.

이후 버지니아주 하원의원에 당선되어 정치인으로 활동하게 되었다. 당시 동부 식민지 연합은 점차 중세(重稅)를 가하며 식민지인들을 압박해 오는 영국 정부에 대항하였다. 그러던 중 1773년 보스턴 차사건 이후 독립 항쟁의 분위기가 고조되는 상황에서 워싱턴은 이듬해 개최된 제2차 대륙회의의 버지니아주 대표로 선출되었다. 동시에 영국으로부터 독립을 쟁취하기 위하여 창설된 대륙군의 총사령관이 되었다. 병사와 무기조차 없는 이름뿐인 총사령관이었지만 워싱턴은 각 주마다 병사들을 모집하여 훈련시키고 군수물자를 조달했다.

초기에 대륙군은 영국 식민지 내 자치를 원했지만 영국 조지3세가 대륙회의의 요구를 묵살하자 독립에 대한 투쟁심이 더욱 거세졌다. 1776년 독립선언서 발표 후 워싱턴은 병사들을 결집시켜 전쟁을 선포했지만, 초반에는 영국군에 연전연패를 면치 못했다. 그러나 갖가지 고난과 어려운 상황을 극복하여 승리의기선을 잡았으며 마침내 1781년 10월 요크타운 전투에서 영국군의 항복을 받고서 실질적인 독립을 쟁취하게 되었다.

위싱턴의 정치 여정에 두 차례의 역사적인 귀향이 있었다. 첫 번째는 1783년 12월. 8년 동안의 대영 독립전쟁을 승리로 이끈 대륙군 총사령관이었던 그는 자신을 독립 아메리카의 왕으로 추대하려는 대륙회의와 대륙군 부하들의 간청을 끝내 사양했다. 그리고 홀연히 대륙회의에 군통수권을 반납하고 고향인 마운트 버넌으로 돌아왔다. 원칙에 투철했던 그에게는 총사령관 임명 당시 "전쟁이 끝나면 고향 버지니아로 돌아가리라." 던 자신과의 약속을 지키는 일이 무엇보다 중요했다.

　그러나 그의 애국심과 애민정신을 추앙했던 미국민들은 그로부터 6년 후인 1789년 만장일치로 그를 대통령에 추대했다. 이렇게 미국의 초대 대통령 취임은 1776년 독립선언 이후 13년이나 늦어지게 되었다.

　두 번째 귀향은 1797년 3월. 1789년 그가 수락했던 4년 임기 대통령직을 연임한 후 3연임을 거부하고 다시 돌아온 것이다. 그는 8년 동안 혼신의 열정으로 불안했던 신생 미합중국을 확실한 독립국가로 기틀을 잡아놓았다. 헌법을 제정하고 새 수도를 건설했다. 그 무렵에도 그는 많은 국민들로부터 제국의 왕처럼 계속 재임하라는 압박을 받았다. 그러나 그는 단호히 거부하고 당시 수도이던 뉴욕시에서 다시 마운트 버넌으로 돌아왔다. 이처럼 마운트 버넌은 위싱턴에게 늘 회귀본능을 자극해 왔으며 한편으로는 미국의 민주주의 체제를 공고하게 다지는 신비스런 힘의 원천이었다. 국민들에게 쓴 고별 선언서에는 그의 민주주의 원칙이 고스란히 담겨 있었다. 그는 3번의 연임을 고사하면서 파벌주의를 경계하고 삼권분립을 통한 권력 남용 방지, 국민의 권리와 자유 보장, 무역과 경제의 중요성, 국익에 충실한 자주적 외교 등을 당부했다.

　그의 확고한 시민민주주의 정신은 미국정치의 기본정신이 되었고, 그가 남긴 4년 임기 두 번까지의 전통은 바로 절제와 조화의 지도력이 되어 후세 대통령들에게 훌륭한 중임(重任) 전통으로 자리매김해 왔다. 2차 세계대전 중 FDR이 전쟁이라는 비상상황하에서 4연임을 한 것을 제외하고는 모든 대통령들에게 불문율의 전통으로 남게 되었다. 워싱턴을 영원한 대통령으로 추대하길 원한 국민들에 의해 연방 수도는 그의 이름을 따서 사저 인근 포토맥강 가에 '워싱턴 D.C. (District of Columbia)'로 새로이 건설되었다.

워싱턴은 1799년 12월 14일 맨션 2층의 본인 방에서 서거하였고 유언에 따라 마운트 버넌 내 묘소에 안장되었다. 인근에는 노예들의 묘지도 50-70기가 존재하고 있다.

[워싱턴 대통령 내외의 묘]

볼링그린 앞에 지어진 맨션은 3개 층에 모두 20여 개의 크고 작은 방들이 있는데 워싱턴 가족의 생활공간으로 당시 사용하던 집기와 가구들이 그대로 복원되어 있다. 1757년 입주 후 1775년, 1792년 두 차례 대대적인 증축이 있었으며 2015년에도 부분적 정비가 이루어지고 있었다.

1층 북쪽으로 가장 넓고 높은 방은 'New Room'이라 불렀으며 파티 전용공간으로 사용했다. 2층 남쪽 끝으로 워싱턴 부부의 침실 공간이 있고 3층 한켠에 작은 침실이 있는데 그곳은 워싱턴이 서거한 후 부인 마사가 홀로 올라와 지내던 방이다. 3층 지붕 위 중앙에는 쿠폴라(cupola)로 불리는 돌출된 부분이 있는데 유리 창문들이 많이 있어 건물 내 환기와 채광 등을 통하여 추위와 더위를 막을 수 있는 구조였다. 맨션의 뒤편으로는 포토맥강이 내려다보이는 정원이 펼쳐졌으며 그곳에 암체어를 놓고 휴식을 취하곤 했다고 한다.

중앙현관에 2층으로 올라가는 로비 벽면에는 풍경화를 좋아하던 워싱턴의 취향에 따라 미국 각지의 풍경을 그린 유화들이 여러 점 걸려 있다. 로비 계단 옆 벽에 프랑스에서 선사받은 바스티유 감옥 함락도와 감옥 열쇠가 유리함에 담겨 걸려 있다. 프랑스 대혁명을 주도한 파리 국민군사령관 라파예트 장군이 미국 독립선언으로부터 영감을 받았음에 감사하며 워싱턴 대통령에게 기증한 것이다. 영

[맨션 2층으로 올라가는 로비 옆 계단에 걸린 바스티유 감옥 열쇠]

국으로부터의 독립과 시민민주주의에 의한 국민 주권국가 탄생은 미국을 넘어 유럽으로까지 불길이 번졌다. 1789년 말 루이 16세의 전제정치 억압으로 신음하던 프랑스로 가장 먼저 점화되어 자유 · 평등 · 박애를 앞

세운 프랑스대혁명을 일으키는 원동력이 되었던 것이다.

라파예트 장군은 혁명 이듬해인 1790년 이 열쇠와 '바스티유감옥 함락도'를 워싱턴 대통령에게 선사하면서 편지를 동봉했다. "친애하는 장군님, 제가 함락을 명했던 바스티유 감옥의 파괴된 그림과 그 옥문을 열어 자유를 선포했던 열쇠를 기증합니다. 이것들은 제가 장군님께 빚진 덕분에 얻은 것입니다."

당시 전달을 맡았던 『상식』의 저자 토머스 페인(Thomas Paine)은 "미국의 원리와 원칙들이 유럽에 이식되어 거둔 첫 열매가 프랑스대혁명입니다. 그것들이 바로 바스티유 감옥을 열리게 했습니다. 그러므로 이 자물쇠는 있어야 할 제자리로 온 것입니다."라고 기록했다. 이 열쇠는 역시 프랑스로부터 기증받은 뉴욕의 '자유의 여신상(Statue of Liberty)'과 함께 미국민의 자존감을 한껏 높여 주었다. 이처럼 워싱턴은 국내뿐만 아니라 국제적으로도 존경을 받아 신생 미합중국의 위상을 크게 드높였다.

찰스 파버와 리처드 파버의 『대통령직 수행 순위』에 따르면 워싱턴 대통령은 종합평가 2위로 최상위권에 속하고 있다. 항목별 순위를 보면 첫 번째 '외교를 비롯한 대외관계와 관련된 업무수행'에서 3위, 두 번째 '국내의 각종 문제 및 사업에 대한 업무수행'은 16위, 세 번째 '행정부와 정부 내 업무수행'은 1위, 네 번째 '지도력 및 의사결정 관련 업무수행'도 1위, 마지막으로 '개인적 성격과 도덕성'은 2위로 나타났다. 독립 초기 혼란기에 국내 각종 문제 및 사업에 대한 업무수행이 16위로 다소 낮게 나왔지만 2개 영역이 1위, 2위와 3위 영역이 각각 한 분야씩으로 종합순위에서 링컨에 이어 2위를 차지했다.

마운트 버넌은 MVLA의 다양한 수익사업 노력으로 매년 1백만 명 이상의 관람객들이 찾고 있다. 앤 파멜라 커닝햄이라는 평범한 한 여성의 애국심이 단초가 되어 보존에 성공한 마운트 버넌은 초대 대통령의 애민정신과 애국정신에 대한 교육을 미국민들에게 반복 실시하고 있다. 또한 18세기 농장의 모습을 그대로 보존하고 운영함으로써 당시의 시대상을 잘 이해할 수 있도록 하고 있다.

교육센터에서는 어린이들을 위한 여러 가지 프로그램과 투어를 운영하고 있다. '수수께끼를 풀어 보세요!', '동물과 만나세요' 등의 프로그램은 마운트 버넌 안팎을 오가며 풀게 되어 있는데 푸짐한 상품을 주기도 한다. 또한 '워싱턴 주변 사람들과의 만남' 프로그램은 매일 오후 유적지 내와 온실에서 주로 열리는데 워싱턴의 부인 마사, 대농장의 농부, 노예 등 당시 각 분야에 종사하던 사람들을 만날 수 있다. 묘지참배 행사 역시 매일 오전 오후 두 차례씩 열리며 초대 대통령에 대해 추모 화환을 봉헌하고 간단한 의식을 치른다.

특히 미 역사상 가장 큰 문제였던 노예제도에 대한 이해와 워싱턴의 노예관 등도 이곳에서 확인할 수 있었다. 워싱턴은 11세 때 10명의 노예를 상속받았고 갑부 마사 커티스와 결혼하면서 수백 명의 노예 소유권을 넘겨받았으며 사망할 당시 317명의 노예를 소유하고 있었다. 그 때문에 흑인에 대한 차별이 일어날 때마다 워싱턴 대학에 세워진 그의 동상 철거가 이슈로 등장하곤 하지만 실제로 워싱턴은 노예제도에 비판적이었던 것으로 알려졌다. 그러한 오해는 노예제에 대한 문제가 이제 막 독립한 미국을 분열시킬 수 있는 민감한 사안으로 워싱턴 스스로 공식석상에서 언급을 자제했었기 때문이라는 것이다. 실제로 그는 유언장에 자신의 흑인 비서를 즉각 자유인으로 풀어 주고 나머지 노예들도 부인 마사가 죽은 후 모두 해방시키는 것은 물론 그들의 살 집과 학교와 일자리까지 챙겨 주도록 당부했었던 휴머니스트였다.

2 존 퀸시 애덤스 부자의 매사추세츠 퀸시

제2대(1797-1801), 제6대(1825-1829)

[애덤스 도서관 내부 전경]

　1825년 3월 4일, 워싱턴 국회의사당 앞의 대통령 취임식장. 미국 제6대 대통령 존 퀸시 애덤스(John Quincy Adams, 1767-1848)의 취임선서가 끝나자 군중들은 환호했다. 이어 새 대통령은 뒷줄로 가서 줄곧 뒤에서 지켜보던 백발노인의 손을 번쩍 치켜들어 군중들의 환호에 답했다. 89세의 이 노인은 새 대통령의 부친, 제2대 대통령 존 애덤스(John Adams, 1735-1826)였다. 미 역사상 최초의 부자(父子) 대통령이 탄생한 순간이었다.

건국 초 두 명의 대통령을 배출한 애덤스 가문은 1633년 잉글랜드에서 보스턴 해안에 도착한 이민 후손으로 이들 외에도 보스턴 일대에서 과격파 청년단체를 이끌며 독립운동을 벌이던 새뮤얼 애덤스(Samuel Adams, 유명한 맥주 이름으로 남아 있음), 외교관으로 명성을 떨친 찰스 프란시스 애덤스 등 많은 국가적 인재를 배출했다. 애덤스 가문은 오늘날 케네디 가문과 쌍벽을 이루는 명문가로 명성을 떨치고 있다.

존 애덤스
제2대(1797-1801)

특히 이들 애덤스 부자는 모두 하버드대 출신의 변호사로 독립 초기 유럽 각국의 외교관을 역임하면서 신생 미합중국이 국제적으로 지지를 획득하는 데 탁월한 역량을 발휘했다. 따라서 건국 초 버지니아왕조라 불

존 퀸시 애덤스
제6대(1825-1829)

릴 만큼 버지니아주 출신 대통령들의 위세가 드센 가운데 매사추세츠주 출신으로 부자가 2대와 6대 대통령으로의 입신에 성공할 수 있었다.

존 애덤스는 1735년 보스턴 인근의 브레인트리(Braintree, 오늘날의 퀸시)에서 가난한 농부의 아들로 태어났다. 그러나 부모의 높은 교육열로 하버드대에 진학할 수 있었으며 23세에 변호사 자격을 획득한 후 고향에서 사무실을 개업했다. 당시는 점차 영국의 식민지에 대한 횡포가 높아질 때였고 마침내 1765년 영국의회가 인지조례를 통과시키자 그는 육촌형인 새뮤얼 애덤스와 함께 조직적인 반대운동을 전개했다.

아메리카 식민지에서 사용되는 서류나 증권 등 모든 거래 관련 문서에 인지를 의무적으로 붙여 세금을 내도록 한 이 법은 식민지 대표가 본국 의회에 참석하지 않는 상황이기 때문에 "대표 없는 과세는 없다."는 식민지의 강력한 반발에 부딪혀 이듬해 폐기되고 말았다. 애덤스는 이어 보스턴 학살사건, 보스턴 차사건 등에서 명성을 얻었으며 매사추세츠 주의원으로, 대륙회의에 매사추세츠 대표로 참가하게 되면서 독립운동의 전면에 나서게 되었다.

존 애덤스는 벤자민 프랭클린, 토머스 제퍼슨, 알렉산더 해밀턴 등 독립운동 1세대들과 함께 미 독립선언서 기초위원으로 활약했고, 초대 부통령으로 당선되어 조지 워싱턴 초대 대통령 아래서 8년 동안 부통령을 역임하며 신생국가의 기반을 탄탄하게 다지는 데 기여했다. 이어 1797년 워싱턴이 두 번의 임기를 마치고 사임하자 연방당 후보로 출마하여 2대 대통령에 선출되었다. 그는 초창기 미국의 활발한 해상활동을 지원하기 위해 해군부를 창설하여 해로 안전 확보에 노력했다. 재임 4년 동안 신생 미국이 영국과 프랑스 등 열강의 각축에서 전쟁에 휘말려드는 것을 막기 위해 애썼다.

4년 후 친구이자 정적(政敵)인 토머스 제퍼슨에게 패해 재선에 실패한 뒤 66세의 나이로 고향 퀸시로 돌아온 그는 자택에서 저술에 몰두했다. 또한 아들의 대통령 취임식에도 참석하는 등 91세까지 건강하게 장수한 전직 대통령 그룹에 속하고 있다. 특히 그는 평생 독립운동으로 협력관계를 유지하면서도 애중 관계로 가깝게 지낸 친구 제퍼슨과 독립선언 50주년 기념일인 1826년 7월 4일에 함께 눈을 감음으로써 두 독립영웅의 같은 날 죽음이라는 우연의 일치를 화제로 남겼다.

찰스 파버와 리처드 파버의 『대통령직 수행 순위』에 따르면 존 애덤스 대통령은 종합평가 12위로 상위권에 속하는 것으로 나타났다. 항목별 순위를 보면 첫 번째 '외교를 비롯한 대외관계와 관련된 업무수행'에서 12위, 두 번째 '국내의 각종 문제 및 사업에 대한 업무수행'은 9위, 세 번째 '행정부와 정부 내 업무수행'은 22위, 네 번째 '지도력 및 의사결정 관련 업무수행'은 4위, 마지막으로 '개인적 성격과 도덕성'은 15위로 나타났다. 그는 솔선수범을 통해 상대방을 설득시켜 나갔으며 국내의 각종 업무수행이 9위, 대외관계 업무수행이 12위로 상위권, 정부 내 업무수행은 22위로 중하위권에 머물렀다.

1767년 아버지 존 애덤스의 5남매 중 맏아들로 태어난 존 퀸시 애덤스역시 변호사 출신 외교관으로 국제사회에서 미국의 위상을 높이기 위해 애썼다. 아버지와 같은 하버드대 출신으로 같은 나이인 23세에 변호사자격을 획득했다. 어렸을 때부터 대륙회의 대외협상 대표인 아버지를 따라 영국, 프랑스, 러시아 등을 장기간 광범위하게 여행할 기회를 가졌다. 이는 그가 국제적 감각을 키우고 많은 건국 초기의 지도자들을 만나 식견을 높이는 데 큰 도움을 주었다.

27세 때 워싱턴 대통령에 의해 네덜란드 대사로 임명돼 외교관 생활을 시작한 그는 프러시아와 영국 대사를 역임했다. 후에 남북전쟁 무렵 그의 아들 찰스 애덤스가 링컨 행정부에서 영국 대사를 역임함으로써 부친 존 애덤스와 자신에 이어 3대가 같은 지역에 대사로 부임하는 기록도 세웠다.

퀸시 애덤스는 매사추세츠 주의원을 거쳐 연방 상원의원을 역임했으며 5대 제임스 먼로(James Monroe) 대통령하에서 8년간 국무장관을 지냈다. 1823년 미국에 대한 유럽 열강의 간섭 배제를 천명한 '먼로선언(Monroe Doctrine)'을 기초하는 데 기여하는 등 미국 역사상 가장 훌륭한 국무장관의 하나로 꼽았다. 이듬해인 1824년 대통령선거에 출마해 재무장관 윌리엄 크로포드, 하원의원 헨리 클레이, 1812년 미영전쟁의 영웅인 앤드류 잭슨 장군 등 4명과 각축을 벌였다. 당시 헌법에는 연방 하원에서 각주 대표들이 한 표씩 행사하여 상위 3명의 후보가 결선투표를 하도록 되어 있었다. 1차 투표에서 클레이 후보가 4위로 탈락하고 결선투표에서 퀸시 애덤스가 최종 제6대 대통령에 선출되었다.

그러나 그는 대통령 선출과정에서 낙선한 앤드루 잭슨(Andrew Jackson, 1767-1845)이 애덤스가 탈락한 클레이와 부정거래가 있었다고 문제를 제기, 대통령으로서의 활동에 많은 제약을 받았다. 그럼에도 불구하고 그는 국민 복지를 위해 국립대학 및 천문대 신설을 주도했고, 도로·수로건설 등 국민들의 생활개선을 위한 많은 사업을 시도했다.

애덤스는 4년 후 대통령선거에서 잭슨에 패배, 단임에 그치고 말았지만 1년 후 다시 자신의 고향에서 연방 하원의원에 당선되어 재기했다. 대통령 역임에도 불구하고 다시 하원의원으로 봉사하며 노예제도 폐지와 남북갈등 해소에 진력했다. 열정적 활동으로 그는 존경받는 하원의원으로 8선(임기 2년)을 수행 중 80세의 고령으로 국회의사당에서 쓰러져 숨을 거뒀다. 평소 그는 열렬한 독서광이자 역사 공부에 매진해 온 학자이며 시집을 출간한 유일한 대통령이기도 했다. 특히 13세부터 쓰기 시작한 일기는 미국 독립 전후의 뒷얘기들을 수록한 귀중한 역사자료로 평가받고 있다.

찰스 파버와 리처드 파버의『대통령직 수행 순위』에 따르면 존 퀸시 애덤스 대통령은 종합평가 18위로 상위권에 속했지만 아버지 존 애덤스의 12위보다는 다소 낮게 나타났다. 항목별 순위를 보면 첫 번째 '외교를 비롯한 대외관계와 관련된 업무수행'에서 15위, 두 번째 '국내의 각종 문제 및 사업에 대한 업무수행'은 12위, 세 번째 '행정부와 정부 내 업무수행'은 17위, 네 번째 '지도력 및 의사결정 관련 업무수행'은 22위, 마지막으로 '개인적 성격과 도덕성'은 21위로 나타났다. 국내 각종 문제 및 사업에 대한 업무수행 12위를 최고로 대외관계 업무수행 15위 등 두 분야에서 중상위권을 차지했고 나머지 분야는 다소 낮았지만 전반적으로 중상위권에 머물렀다.

이 같은 부자 대통령의 탄생 뒤에는 남편과 아들을 모두 대통령으로 만든 존 애덤스 대통령의 퍼스트레이디 애비게일 애덤스(Abigail Adams) 여사의 선각자적인 노력이 회자되고 있다. 목사의 딸로 독실한 개신교 신앙인으로 성장한 그녀는 여성들에게 배움의 기회를 주지 않던 당시의 학교제도에 반발하여 독학으로 신학문을 깨쳤으며 후에 부통령 부인으로서 또한 퍼스트레이디로서 여성권익

[남편과 아들을 대통령으로 만든 퍼스트레이디 애비게일 애덤스]

의 제도적 신장에 크게 기여했다. 특히 그녀가 친구와 가족들에게 보낸 서간집은 단순한 편지글이 아니라 초기 미국의 역사와 시대상을 상세하게 기록한 소중한 역사자료로써 평가받고 있다.

매사추세츠주의 주도 보스턴 남쪽 10km에 위치한 인구 9만의 작은 도시인 퀸시는 '대통령의 도시'로 알려져 있다. 도시 곳곳에 흩어져 있는 애덤스 일가의 유적들은 '애덤스 국립사적지'로 지정되어 국립공원청에 의

해 관리되고 있다. 애덤스 사적지는 시
내 중심가를 지나는 행콕 스트리트와
프랭클린 스트리트를 사이에 두고 아
버지 존 애덤스와, 아들 존 퀸시 애덤스
의 생가가 있고, 그리고 북쪽으로 10여
km 떨어진 곳에 '평화마당(Peacefield)'
이라고도 불리는 가족 도서관, '올드하
우스(Old House)' 등 크게 세 구역으로
구성돼 있다.

['대통령의 도시'임을 알리는 휘장]

　'올드하우스'는 존 애덤스 내외가 유
럽 외교관 생활을 할 때 퇴임 후 농장
을 가꾸며 살기 위하여 퀸시 교외에
40에이커(약 5만 평)의 농토를 구입해
놓은 곳이다. 그러나 막상 존 애덤스
는 귀국하면서 바로 부통령직을 수행

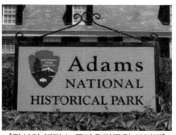

[퀸시의 애덤스 국가유적공원 표지판]

하기 위하여 8년을, 이후에는 대통령직을 수행하기 위하여 4년, 총 12년
을 비웠다가 퇴임 후 말년에 거주했으며 이곳에서 숨을 거두었다. 이곳
은 아들 퀸시 애덤스가 좋아했기 때문에 대통령 재임 시는 여름 백악관
으로 이곳에서 지냈으며 퇴임 후 하원의원을 할 때도 살았다. 존 애덤스
내외는 이곳을 원래 피스필드(Peacefield)라고 불렀으나 찾아오는 손자
들이 할아버지 집이라고 '올드하우스'로 부르면서 이름이 바뀌게 되었다.

[생가(위), 최초의 사설 대통령도서관 스톤하우스 외관과 켈리 코블 담당관(아래)]

올드하우스가 도서관으로 바뀐 것은 퀸시 애덤스의 사후 1848년 아들 찰스 프랜시스 애덤스가 이 농장을 주택으로 개조했고 또 석조건물의 도서관을 별도로 지어 부친의 백악관 서재를 옮겨 'Stone Library'로 명명하면서 부터였다. 이때 조부 존 애덤스의 서적과 문서들은 매사추세츠 역사학회가 인수하여 보스턴의 매사추세츠 대학 도서관에 기증, 보관하고 있다.

올드하우스는 '애덤스기념회'가 결성되자 퀸시 애덤스의 손자 브룩스 애덤스에 의해 기념회 측에 기증되었다. 이후 퀸시시 관할의 공공 재산이 되었다가 1979년 연방 국립공원관리청의 국가역사공원으로 지정되면서 도서관, 존 애덤스와 퀸시 애덤스의 생가들도 연방정부에 귀속되어 관리를 받고 있다.

켈리 코블 애덤스 사적지 관리담당관은 인터뷰에서 "애덤스 국가사적지는 퀸시 일대에 흩어져 있는 존 애덤스의 생가와 존 퀸시 애덤스의 생가, 또 애덤스가의 도서관인 '올드하우스' 등 크게 3부분으로 돼 있

[올드하우스 외관]

다. 이 유적들을 국가공원관리청에서 사적지로 지정, 보호 관리하고 있으며 지속적인 발굴 작업 등도 벌이고 있다."고 설명했다. 그는 또 "특히 올드하우스는 1788년부터 1927년까지 140년간 애덤스가(家) 4대에 걸쳐 사저로 사용되던 곳으로 6대 대통령의 기록과 함께 18세기 19세기 이 지역의 문화 등 많은 역사적 유물들이 보관되어 있다."고 강조했다.

[올드하우스 실내 모습]

　이곳의 소장 유물 중 대표적인 것에 대해 코블 담당관은 "올드하우스
는 자택 내에 별채로 지어진 도서관이다. 존 퀸시 애덤스의 아들 찰스 프
랜시스 애덤스가 집안 여기저기 흩어져 있던 부친의 책들을 한군데 모아
놓기 위해 1870년에 지은 것으로 사실상 최초의 대통령도서관이라 할 수
있다. 현재 소장 도서는 모두 1만 4천여 권으로 주로 문학과 종교 서적이
많으며 14개 언어의 책들이 있어 퀸시 애덤스의 언어에 대한 특별한 관
심을 말해 주고 있다."고 설명했다.

　그는 또 올드하우스의 유래에 대해 "존 애덤스가 외교사절로 오래 유
럽에 체재하는 동안 부인 애비게일이 구입해서 지은 방 6개의 작은 집이
었으나 존은 농장이 딸린 이 집을 '평화터(Peacefield)'라고 부르며 매우

좋아했다. 대통령 퇴임 후 이곳에서 여생을 보냈고 후손들에 의해 집이
증축돼 오늘날은 방 60개의 대저택이 됐다."고 덧붙였다. 5대에 걸쳐 이
곳에 살았던 두 명의 대통령과 정치가, 역사가로서 그들의 유물이 거의
원형으로 보존되어 있어 당시 미국의 사회, 문화, 정치 등을 접하고 연구
할 수 있는 역사적인 장소라고 할 수 있다는 것이다.

토머스 제퍼슨의 버지니아 샬롯빌

제3대(1801-1809)

[샬롯빌의 제퍼슨 사저 몬티셀로]

"언론이 자유스럽고 모든 사람이 그 언론에 접할 수 있을 때 우리 모두는 안전해진다." 미국 헌법을 기초한 미합중국 건국 1등 공신으로 추앙받는 제3대 대통령 토머스 제퍼슨(Thomas Jefferson, 1743-1826)은 열렬한 자유언론의 신봉자였다. 특히 그의 정치철학의 핵심을 이루고 있는 '민중에 대한 신뢰' 사상은 미국 대통령의 국민 사랑과 국민존중 정신의 기원이 되고 있다.

그는 자신의 행정부에서 국무장관 출신으로 4대 대통령이 된 제임스 메디슨(James Madison, 1751-1836)에게 보낸 편지에서 "우리의 자유를 보존하기 위해 확실히 의존할 수 있는 유일한 실체는 민중뿐입니다."라고 강조하며 "지도자의 민중에 대한 불신은 민중의 정부에 대한 불신을 가져온다."는 소신을 피력했다.

버지니아주 서부 셰난도 밸리(Shenandoah Valley)의 아름다움을 뒤로 하고 펼쳐진 샬롯빌(Charlottesville)은 버지니아 중서부 최대의 도시로, 명문 UVA(버지니아대학교)가 위치한 교육도시이자 건국 초기 3명의 대통령을 배출시킨 미국 건국 운동의 중심지로 유명하다. 워싱턴 D.C.에서 서남쪽으로 뻗어 나간 29번 도로를 따라 2시간가량 달려가면 샬롯빌에 이르는데 그곳에 제퍼슨의 사저인 '몬티셀로(Monticello)'가 있다. 그 인근에는 미 헌법의 아버지인 제4대 대통령 매디슨의 사저 '몽펠리에(Montpelier)'와 유럽 간섭을 배제하고 자주 외교를 천명한 '몬로 독트린'으로 유명한 제5대 제임스 몬로(James Monroe, 1758-1831)의 '애쉬론 농장(Ash Lawn-Highland)' 등이 자리잡고 있다. 이 일대는 버지니아주에서만 모두 8명의 대통령을 배출시켜, 건국 초기 버지니아왕조라는 말을 탄생시킨 현장이기도 하다.

1776년 미 독립선언서의 기초자로 유명한 제퍼슨은 역대 45명의 미국 대통령 중 가장 재능이 많고 지식이 풍부했던 대통령으로 꼽히고 있다. 그는 건축가이자 발명가로 유명했으며 또 저술가, 음악가, 영농가로도 당대 최고의 경지를 보일 정도로 다양한 능력의 소유자였다. 정치 경력 측면에서도 주의원, 연방 하원의원 등 의회직을 비롯, 주지사, 대사, 국무장관, 부통령 등 대부분의 요직을 역임해 다방면에서 화려한 경력을 보여 주었다.

영국으로부터 미국의 독립 기운이 싹틀 무렵인 1743년 버지니아의 부유한 개척 농가에서 태어난 제퍼슨은 당시 명문이던 윌리엄 & 메리 대학(William & Mary College)을 졸업하고 24세에 변호사 시험을 패스한 뒤 10년 동안 버지니아 주의원으로 활약했다. 1775년부터 1776년까지는 대륙회의에 버지니아 대표로 참석, 독립운동에 많은 기여를 했다. 그 후 1779년 독립전쟁 당시 버지니아 주지사를 거쳐 1783년에는 연합헌장(Articles of Confederation)에 따라 창설된 연방의회 의원이 되었다. 이 헌장은 1781년 각 주의 비준을 얻어 성립된 미국 최초의 헌법이었다. 그는 연방의회에서 영국과 강화조약을 체결하기 위한 준비위원회 위원장을 맡았고, 1784년 프랑스 대사로 발령받아 5년간 파리에 근무하면서 유럽의 고전적 미술, 문학, 음악, 건축에 많은 영향을 받았다.

프랑스에 머무는 동안 그는 유럽의 과학자나 지식인들과 자유롭게 교류했다. 특히 독립선언문과 버지니아주의 종교자유법을 기초한 사람으로서 프랑스의 라파예트 후작 같은 온건한 정치지도자들에게 상당한 영향을 끼쳤다. 1787년에는 필라델피아 헌법제정회의에서 헌법이 기초되어 그동안 국가의 기본법 역할을 맡았던 연합헌장을 대신하게 되었고, 이 헌법은 이듬해 정식으로 비준을 받았다. 제퍼슨은 헌법에 대체로 찬성했지만, 권리장전이 빠져 있고 대통령의 연임을 제한하지 않은 것을 비판했다.

그는 1789년 가을 프랑스에서 돌아오자마자, 워싱턴 대통령의 요청으로 새 정부의 국무장관을 맡게 되었다. 당시 재무장관은 알렉산더 해밀턴이 맡았다. 새로 발족한 워싱턴 행정부의 두 주축인 제퍼슨 국무장관과 해밀턴 재무장관은 상호 견해 차이로 사사건건 맞섰다. 외교정책에서는 제퍼슨이 프랑스 쪽으로 기운 반면, 해밀턴은 영국에 경도되었다.

제퍼슨과 해밀턴은 인물뿐만 아니라 국가적 정당을 결성하는 문제에서도 의견대립을 보여, 결과적으로 미국에 양당체제를 확립시키는 긍정적 결과를 가져왔다. 두 사람은 워싱턴의 1차 임기가 끝나갈 무렵 내각에서 함께 물러났지만, 제퍼슨은 민주공화파의 지도자로, 해밀턴은 연방파의 상징으로 남아 있었다.

　워싱턴의 8년 임기가 끝날 무렵 1796년 대통령선거에서는 연방파의 존 애덤스가 대통령으로, 민주공화파의 제퍼슨이 부통령으로 선출되었다. 1798년 연방파가 주도하는 하원이 언론 및 출판의 자유를 규제하는 외국인 규제법과 보안법을 제정하자 제퍼슨은 협력자인 제임스 매디슨과 함께 맹렬한 반대운동을 벌였다. 이 법률이 위헌이라고 주장하면서, 연방법이 헌법을 위반할 경우에는 주정부가 법률을 무효로 간주할 권한을 갖는다는 버지니아-켄터키 결의안을 통과시켰다. 1800년 대통령선거에서 제퍼슨은 민주공화파 후보로 나서 연방파의 아론 버 후보를 물리치고 제3대 대통령에 선출되었다.

　대통령이 된 그는 국민들로부터 절대적으로 지지받는 정부를 목표로 삼았으며, 결국 좋은 정부는 국민들이 자기사업을 자유로이 영위할 수 있도록 가능한 작고 약한 정부를 만드는 것이라고 생각했다. 그리고 영국군과의 전쟁을 치르면서 눈덩이처럼 불어난 국채의 상환을 위해 내핍하는 간소한 정부를 만드는 데 주력했다. 그러나 29세 때 결혼한 부인 마사 웨일스(Martha Wayles)의 10년 만의 죽음은 그에게 큰 마음의 상처를 안겨 주었다. 이후 평생을 독신으로 살며 1남 5녀의 자식을 키웠다. 백악관에 홀아비로 입성한 첫 대통령이었으며 큰딸 마르타가 8년 동안 퍼스트레이디의 역할을 맡았다.

　그의 가장 큰 업적은 1803년 나폴레옹 1세로부터 프랑스령 루이지애나를 사들인 것으로 평가받고 있다. 그 결과 미국 영토는 거의 2배로 늘어났고 루이지애나에서 강대국인 프랑스 세력이 물러났기 때문에 국가는 더욱 안정되었다. 제퍼슨은 1804년 재선되었고, 나폴레옹 전쟁에서는 중립정책을 유지해 어느 세력에도 말려들지 않았다. 제퍼슨 역시 원하기만 했다면 대통령을 3번 연임할 수도 있을 정도로 국민적 인기도가 높았으나, 조지 워싱턴을 본받아 2차례의 임기만 마치고 물러났다.

1809년 3월, 제퍼슨은 후임자인 제임스 매디슨에게 대통령직을 물려주고, 변호사 시절부터 평생의 거처로 삼았던 몬티셀로의 사저로 돌아갔다. 이탈리아 르네상스 시대 최고의 건축가였던 팔라디오의 영향을 받아 해발 260m의 나지막한 언덕에 건설된 몬티셀로는 이탈리아어로 '작은 언덕'이라는 뜻이다. 부친으로부터 물려받은 전체 5000에이커(약 600만 평)의 넓은 대지위에 지어진 몬티셀로는 1768년 변호사가 된 이후부터 건축을 시작해서 40여 년간에 걸쳐 완공시킬 정도로 많은 새로운 건축 기법과 자신의 건축 철학을 접목시킨 것이다. 방이 모두 33개인 대저택으로 안팎의 모든 구조물들이 완벽한 조화를 이루고 있으며 제퍼슨의 미적, 과학적, 건축학적 심미안과 작물경작의 실용적 요소들이 결합되어 당시로서는 전혀 새로운 양식의 건축물이었다.

그는 프랑스 대사직을 마치고 미국으로 돌아오자 당시 건축 중이던 집을 유럽에서 습득한 건축지식을 적용하여 상당 부분 뜯어고쳤다. 여름에는 덥고 겨울에는 추운 지역의 온도를 감안해 지상 공기 냉각과 바닥 난방 등 르네상스 시대의 온도 제어 방식을 적용했다. 대형 중앙 홀과 많은 창문들은 공기순환을 용이하게 했으며 지붕에 설치한 팔각형 쿠플라는 실내의 뜨거운 공기를 밖으로 뿜어낼 수 있도록 하는 과학적 설계를 적용했다.

[몬티셀로 야채원]

그는 정원 설계에도 집중하여 미국 전통 양식의 전형으로 알려진 수많은 정원을 건설했다. 관상용 정원뿐만 아니라 과수원, 포도원, 심지어는 관상용 숲까지 완벽하게 조성했다. 이들 정원은 제퍼슨 사후에 대부분이 사라졌지만 버지니아 가든 클럽이 원 설계도를 입수하여 그대로 복원을 추진하고 있을 정도로 아름다움과 실용성을 자랑했다. 따라서 몬티셀로는 명실공히 19세기 초 미국의 건축사적 최고 보물로 인정받아 1960년에는 버지니아대학교와 함께 국립역사경관지구(National Historic Landmark)로 지정됐으며 1987년에는 유네스코 세계문화유산으로 지정되었다.

몬티셀로 저택은 제퍼슨의 과학적 취향을 한껏 나타내 주고 있다. 팔각형 돔으로 되어 있는 로비 홀 입구는 박물관과 음악 휴식공간으로 나뉘어 있다. 남쪽 윙에는 제퍼슨의 전용 공간과 도서관이 있는데 그는 특히 책을 좋아해 '걸어 다니는 도서관'이라는 별명을 얻기까지 했다. 이 도서관은 1814년 미의회도서관이 영국의 공격으로 불탔을 때 대부분을 미의회에 매각하여 미의회도서관의 핵심을 이루게 한 이후에 새로 만든 것이다. 실제로 제퍼슨의 임기 중 자료는 대부분 UVA 박물관에 통합 보관되어 있다.

몬티셀로는 현재 TJF(토머스 제퍼슨 재단)에서 운영하고 있으며 입장료는 31달러(약 3만 5천원)로 조금 비싼 듯하나 1년 패스를 겸하고 있다. 샬롯빌 시민이나 인근 10개 카운티 거주 주민 그리고 UVA 학생들에게는 30%를 할인하여 22달러를 받는다. 투어 종류로는 제퍼슨 사저 투어, 정원 및 경내 투어, 노예 거주지 투어, 가족 야외활동 투어 등 다양하게 제공되고 있다.

그는 또한 대통령 퇴임 후 후세 교육에 대한 각별한 관심에서 "대학교 설립이 나의 마지막 관심사이며, 내가 조국에 바칠 수 있는 마지막 봉사."라고 말할 정도로 고향 샬롯빌에 버지니아대학교 설립을 위해 매진했다. 가장 이상적인 아카데미 빌리지의 설계뿐 아니라 교수진 선발, 커리큘럼 등의 규정도 직접 만들었으며 교수들을 모으고, 교과과정을 짜고 교과서 선정까지도 관여할 정도였다. 1817년 기공식 자리에는 고향 후배들이기도 한 당시 현직 대통령 제임스 먼로, 직전 대통령 제임스 메디슨 등이 참석, 3·4·5대 대통령이 함께 나란히 초석을 놓는 역사적인 장면이 연출되기도 했다.

제퍼슨은 1825년 UVA 개교 후 초대 총장에 취임했다. 특히 후임 대통령이 된 메디슨, 몬로 등 고향 친구들과는 UVA 총장을 돌아가며 맡을 정도로 평생 교분을 나누며 살았다. 또한 이 대학은 제28대 우드로 윌슨

(Thomas Woodrow Wilson, 1856 -1924) 대통령, 로버트 케네디 상원의원 등 정치인은 물론 작가 애드가 앨런 포, 한때 미국 최고의 인기 앵커우먼이었던 NBCTV의 캐티 쿠릭 등 각 분야에서 수많은 인재를 배출한 것으로 유명하다.

[UVA 아카데미 빌리지의 로툰다홀]

특히 이 대학을 세계적으로 유명하게 만든 것은 제퍼슨에 의해 직접 설계된 캠퍼스인 '아카데미 빌리지' 때문이었다. 이는 대학이 학문 자체뿐만 아니라 학문을 위한 모든 부대조건까지 갖춘 완벽한 공간이 되도록 시도했다는 점에서 대학 캠퍼스 설계에 많은 영향을 미쳤다. 따라서 이 빌리지는 1976년 독립 200주년을 기념, 미국의 대표적 건축가 모임인 미건축연구소(AIA)에 의해 미국 건축역사상 가장 중요하고, 완성도가 높은 건축물로 선정됐다.

[UVA 아카데미 빌리지의 론을 따라 지어진 파빌리온]

아카데미 빌리지는 한글 자모의 티읕(ㅌ)자를 거꾸로 세운 모양으로 중앙의 직사각형 잔디밭 '론(Lawn)'을 중심으로 북쪽에는 원형건물인 '로툰다(Rotunda)' 홀을, 동·서 양쪽으로는 회랑으로 길게 연결된 '파빌리온(Pavillions)'을 건설했다. 건물 각 뒤편으로 모양이 서로 다른 정원들이 딸려 있고, 그 건너편에 파빌리온과 나란히 건물들이 한 줄로 이어진 '레인지(Ranges)'가 세워져 있다.

로마 판테온 신전 절반 크기로 지은 로툰다홀은 도서관으로 사용됐으며 그 밑에는 강의실이 위치했다. 또 파빌리온은 I부터 X까지 로마숫자 번호가 붙은 10채의 2층 건물이 동서로 5채씩 서 있었으며 주로 교수들의 주거와 연구 공간으로 활용됐다. 뒤편의 레인지에는 '호텔'이라 이름 붙은 역시 2층 건물이 A부터 F까지 6채가 동서로 3채씩 있어 학생식당과 특별활동 룸, 학교 사무실 등으로 사용됐다. 파빌리온과 호텔들을 연결하는 방들은 학생 기숙사로 쓰였다.

이들 각 건물과 사무실들은 모두 회랑으로 연결돼 비나 눈 등 자연의 영향에 관계없이 모든 구성원들이 항상 밀접히 지낼 수 있어 가르치는 사람이나 배우는 사람들이 함께 살며 함께 연구하는 제퍼슨의 학문공동체 이상을 실현시킬 수 있었다. 특히 파빌리온과 레인지 사이의 10개의 정원은 모두 각각의 특이한 모양을 하고 있으며 중앙의 '론'과 함께 학문공동체에 충분한 자연친화 휴식공간을 제공토록 했다. 특히 론의 남쪽은 블루릿지 마운틴 쪽으로 전망이 틔어 있도록 설계해 제퍼슨의 이상인 인간정신의 무한한 진보를 상징하고 있다. 이 빌리지는 제퍼슨의 ▶교육자로서의 비전 ▶건축가로서의 재능 ▶원예전문가로서의 안목 등이 한데 어우러져 노년기에 접어든 그의 인간적 완숙미가 배어난 작품으로 평가되고 있다.

현재 학교 규모는 엄청나게 커져 1825년 개교 당시 40명이던 학생 수가 2만 5천여 명으로 늘어났고, 제퍼슨에 의해 처음 임명됐던 8명의 교수도 오늘날 3천 2백 명으로 증가했다. 또 이 대학의 전부였던 아카데미 빌리지도 이제는 확장된 캠퍼스의 한 귀퉁이로 밀려나게 됐다. 그러나 그의 학문공동체 정신은 오늘날 IT시대와 조화를 이루어 수업·연구·행정·학생활동 등 대학의 모든 분야가 컴퓨터로 연결된 '전자 아카데미 빌리지'라는 이름으로 그대로 살아 있다.

제퍼슨은 자신의 묘비명에 '미국 제3대 대통령'보다는 '미 독립선언서의 기초자', '버지니아 종교자유장전의 기초자', '버지니아대학 설립자' 등 세 가지를 기록해 줄 것을 유언으로 남겼을 정도로 대통령보다도 이들 역할에 더 큰 자부심을 갖고 있었다. 제퍼슨의 인간 사랑과 자연 사랑, 그리고 미 합중국 건립에의 기여로 1943년 4월 13일 제퍼슨의 200주년 탄생기념일에 미 국민들은 워싱턴 D.C. 더 몰의

[제퍼슨의 묘비, 본인의 유언에 의해 묘비명에 막상 '미국 제3대 대통령 역임'은 언급되어 있지 않다]

포토맥 강가에 '제퍼슨 기념관'을 봉헌했다.

찰스 파버와 리처드 파버의 『대통령직 수행 순위』에 따르면 토머스 제퍼슨 대통령은 종합평가 5위로 최상위권에 속하고 있다. 항목별 순위를 보면 첫 번째 '외교를 비롯한 대외관계와 관련된 업무수행'에서 20위, 두 번째 '국내의 각종 문제 및 사업에 대한 업무수행'은 12위, 세 번째 '행정부와 정부 내 업무수행'은 3위, 네 번째 '지도력 및 의사결정 관련 업무수행'은 1위, 마지막으로 '개인적 성격과 도덕성'은 2위로 나타났다. 독립 초기여서 '외교를 비롯한 대외관계 관련 업무수행'이 20위로 다소 낮게 나왔지만 3개 영역이 각각 1위, 2위, 3위로 나타났다.

몬티셀로 관리를 책임지고 있는 TJF 이사장 다니엘 조던 UVA 역사학과 교수는 제퍼슨의 가장 두드러진 능력에 대해서는 "건축가로서의 능력을 제일로 꼽을 수 있다. 프랑스 대사로 파리에 있는 동안 독학으로 터득한 그의 안목은 인간의 생활 양태와 주거공간의 조화를 실현시킨 탁월한 것이었다. 몬티셀로의 집안 및 정원 배치, 버지니아대 아카데미 빌리지의 학문 공간과 생활공간과의 연계는 뛰어난 것이다. 피라미드, 만리장성 등과 함께 유네스코 세계문화유산으로 보호되는 것은 그 때문이다."라고 설명했다.

또한 제퍼슨은 "1772년부터 1826년 사망 때까지 54년 동안 몬티셀로에 살았다. 퇴임 후에는 독서와 발명에 몰두하며 농부로서 정원 가꾸기에 심혈을 기울였다. 그러나 다소 사치스러운 생활로 곧 생활의 어려움을 겪게 되었으며 의회도서관 화재 시 자신이 소장하고 있던 책을 2만 4천 달러에 판 것도

[제퍼슨의 뛰어난 업적을 기리기 위해 동전, 우표, 지폐(왼쪽 위에서부터 시계방향) 등의 도안에 몬티셀로가 응용되었다]

그 때문이다. 그는 메디슨, 애덤스 등 친구들과 서신교환을 좋아해 모두 1만 9천여 통의 편지를 남기고 있다."고 덧붙였다. 실제로 그는 말주변이 없어 연설 때는 곤혹을 치렀지만 뛰어난 문장력으로 글쓰기를 좋아해 퇴임 후에도 각계 인사들과 1년에 평균 1천 통이 넘는 편지를 주고받았다. 정·부통령으로 있으면서도 경쟁관계로 사이가 좋지 않았던 2대 대통령 존 애덤스와는 나중에 화해, 다시 친하게 지냈으며 독립선언 50주년이 되던 1826년 7월 4일 같은 날 운명했던 우정은 아직도 회자되고 있다.

4 에이브러햄 링컨의 일리노이 스프링필드

제16대(1861-1865)

[일리노이주 스프링필드에 있는 링컨 대통령도서관(위)
입구에 들어서면 링컨 가족이 반갑게 손님을 맞는다(아래)]

"87년 전 우리의 조상들은 이 대륙에, 자유를 숭상하고 모든 인간이 평등하게 창조되었다는 전제를 신봉하는 새로운 국가를 탄생시켰습니다. … 이 같은 건국의 신조를 지키기 위한 싸움에서 우리 병사들은 위대하게 목숨을 바쳤습니다. … 이제 살아남은 사람들은 이들의 죽음이 헛되지 않도록 더욱 헌신할 것을 결심해야 합니다. 하나님 아래서 이 나라가 자유의 새 탄생을 맛보도록 해야 합니다. 그리고 인민의, 인민에 의한, 인민을 위한 정부는 이 지상에서 사라져 없어지지 않도록 해야 합니다."

1863년 11월 19일, 피비린내가 가시지 않은 게티즈버그(Gettysburg) 벌판의 골짝 골짝으로 퍼져나간 제16대 에이브러햄 링컨(Abraham Lincoln, 1809-1865) 대통령의 이 짧은 연설은 모든 청중들을 사로잡았다. 펜실베이니아주 남쪽 메릴랜드주와의 접경에 위치한 게티즈버그는 미 남북전쟁 최대의 격전지로 그해 7월 1일부터 3일까지 사흘 동안의 전투에서 5만 1천여 명의 사상자를 기록했다. 이 전투로 북군은 남군의 기세를 꺾고 승리의 전기를 마련했다. 이날 링컨이 게티즈버그의 전투현장 일대를 국립묘지로 지정하는 봉헌식을 올리면서 강조한 이 연설은 미국 민주주의 정신을 가장 잘 요약한 명연설로 오늘날까지 미국민들뿐 아니라 세계인의 마음을 사로잡고 있다.

매년 수백만 명의 관광객이 모여드는 게티즈버그 국립묘지 안에는 링컨의 연설 장소에 세워진 링컨 스피치 메모리얼을 비롯, 전몰병사기념탑 등 많은 남북전쟁 기념물들이 산재해 있다. 또한 게티즈버그 시가지에는 링컨이 연설 전날 묵으며 연설문을 가다듬었던 링컨 스퀘어의 호텔방을 그대로 보존, '링컨 룸 박물관'으로 공개하고 있다. 또한 역대 대통령들의 밀랍인형으로 꾸며진 '프레지던트 홀', 링컨 열차 박물관 등 링컨의 체취가 그득하다. 분지 형태로 된 격전지는 투어버스로 사흘 동안의 전쟁 상황을 상세히 안내해 주고 있다.

[링컨 대통령이 펜실베이니아 게티즈버그의 전몰자 묘소 앞에서 연설을 하는 모습의 벽화]

[게티즈버그의 링컨 연설 기념탑]

링컨은 켄터키의 가난한 농가 통나무집에서 태어나 정규교육도 받지 못한 채 독학으로 28세 때 변호사 자격을 획득했다. 일리노이주 스프링 필드에서 변호사를 개업하여 활동하다가 주의원을 거쳐 연방 하원의원을 지내는 등 정치인으로서의 역량을 키웠다. 그는 당시 미 전역에 걸쳐 가장 큰 정치적 쟁점이었던 노예문제에 대해 강력한 반대 입장에 섰고, 1860년에는 신생 공화당의 후보로 제16대 대통령에 당선됐다. 1854년 창설된 공화당으로서는 창설 6년 만에 대통령을 탄생시키는 쾌거를 이룩한 셈이었다.

그러나 1860년 11월부터 이듬해 3월 초 취임 때까지 4개월간 미연방은 노예제도를 둘러싼 남·북 각 주들 간에 첨예한 대립으로 극심한 혼란에 빠졌다. 40%에 불과한 지지도 역시 링컨에게는 상당한 부담이 되었다. 심각한 레임덕 현상을 겪고 있던 무능한 전임 제임스 뷰캐넌(James Buchanan, 제15대, 1791-1868) 대통령은 이 같은 분열 상황에 아무런 대책도 강구하지 못하고 있었다.

결국 링컨이 아직 당선자 신분이던 1861년 2월, 사우스 캐롤라이나, 미시시피, 루이지애나, 플로리다, 앨라배마, 조지아 등 남부 6개 주가 독립국가 형태인 '남부연합(Confederation)'을 결성, 연방에서 떨어져 나갔다. 그들은 새 정부 수도를 앨라배마주의 몽고메리에 두고 미시시피 출신 상원의원인 제퍼슨 데이비스(Jefferson Davis)를 대통령으로 선출하였다. 따라서 링컨이 취임할 때는 남부의 분리 독립선언으로 '반쪽 대통령'의 위기에 처해 있었다. 그의 취임 이후에도 연방 탈퇴 행렬은 계속되어 4월 초 본격적인 남북전쟁 발발 때까지 북부가 23개 주에 인구 2천 2백만 명, 남부가 11개 주에 9백만 명으로 분열되어 팽팽하게 맞서고 있었다.

그런 상황에서 남북전쟁은 1861년 4월 12일, 보우레가드(P. G. T.

Beauregard) 장군이 이끄는 사우스 캐롤라이나 국민군 부대가 찰스턴 항구 앞의 연방군 요새 섬터를 포격하면서 시작됐다. 링컨은 즉시 반란 사태를 선포하고 3개월간 복무를 조건으로 7만 5천 명의 지원병을 모집, 전선에 투입했다. 초기에는 남군의 맹렬한 기세에 북군이 밀리는 듯했다. 그러나 1862년 9월 앤티탐(Antietam) 전투에서의 승리를 계기로 전투는 서서히 북군 측에 유리하게 전개되었다.

[남부연합 깃발(위), 남부연합 대통령 제퍼슨 데이비스(아래)]

북군의 상황이 유리해지자 링컨은 그 힘을 배경으로 '노예해방'을 선언했다. 이 선언은 실제로 당장 노예해방에는 기여를 못했지만 전쟁에 두 가지 영향을 초래했다. 첫째는 북군에 유리한 것으로 영국과 프랑스가 그때까지의 양다리 외교를 끝내고 마침내 남부연합 불승인 방침을 확정한 것이다. 남부연합을 승인하면 정치적으로 인기 없는 노예제를 지지하는 결과가 되기 때문이었다. 둘째는 남군에 유리한 것으로 북부 백인노동자들의 전쟁에 대한 관심을 감소시키는 효과를 가져왔다. 그들은 당초에는 연방의 보전을 위한다는 명분 아래 자원했던 것이나 해방된 노예들이 장차 자신들의 일자리를 뺏을지도 모른다는 불안감에서 소극적이 되었다.

어쨌든 전쟁은 계속됐고 게티즈버그전투를 계기로 전황은 완전히 북군 쪽으로 기울었다. 그럼에도 불구하고 남군의 저항은 좀처럼 수그러들 줄 몰라 많은 전투들이 도처에서 계속됐다. 이같이 격렬한 남북전쟁의 와중에서도 1864년 미국은 총선거를 실시하게 되었다. 일부에서는 전쟁으로 인한 선거 연기를 주장하기도 했지만 링컨의 민주주의에 대한 신념을 꺾을 수는 없었다. 그는 "선거를 행하지 않으면 우리들은 자유스런 정치를 해 나갈 수 없다. 만약 반란을 이유로 총선거를 중지하거나 연기해야 한다면 반란자는 그때 이미 우리를 정복하고 파괴했다고 서슴없이 주장할 수 있을 것이다."라고 천명했다.

링컨은 압도적인 표 차이로 재선 관문을 통과했다. 그리고 전쟁에서 승기를 잡은 그는 전투가 완전히 끝나지 않았지만 관용과 통합의 정신으로 전쟁으로 인한 상처를 회복시키려고 노력했다. 그러나 애석하게도 2기 대통령에 취임한 지 한 달 열흘 만에 그는 워싱턴 시내 포드 극장에서 남부 지지자의 총에 맞아 운명을 달리했다. 미 역사상 최초로 재임 중 암살당한 대통령으로 기록되었다.

[링컨 대통령 내외가 포드 극장 발코니석에 앉아 공연을 관람하는 중
암살범 '부스'가 뒷문으로 몰래 들어가는 벽화]

비록 링컨은 남북전쟁의 완전한 종전은 보지 못하고 사망했지만, 미 연방의 분열을 막고 재통합시킨 것과 노예를 해방시킨 그의 업적은 미 역사상 최고의 대통령으로 평가받도록 했다. 찰스 파버와 리처드 파버의 『대통령직 수행 순위』에 따르면 링컨은 종합평가 1

[1865년 4월 15일 오후7시 22분. 링컨 서거 소식은 스탠튼 전쟁장관 명의로 공식 발표되었다]

위를 기록했다. 항목별 순위를 보면 첫 번째 '외교를 비롯한 대외관계와 관련된 업무수행'에서 18위, 두 번째 '국내의 각종 문제 및 사업에 대한 업무수행'은 2위, 세 번째 '행정부와 정부 내 업무수행'은 6위, 네 번째 '지도력 및 의사결정 관련 업무수행'은 1위, 마지막으로 '개인적 성격과 도덕성'은 1위로 나타났다. 남북이 분열되는 초기 상황에서 '외교를 비롯한 대외관계 관련 업무수행'이 18위로 다소 낮게 나왔지만 2개 영역이 1위에 또한 2위, 6위 등으로 높게 나타났던 것이다.

1861년 2월 11일 일리노이주 주도 스프링필드의 중앙역인 그레이트 웨스턴역. 대통령 취임식 참석차 워싱턴으로 떠나기 전, 플랫폼에 마련된 연단에 오른 링컨 대통령 당선자는 군중들의 환호에도 불구하고 자못 침통한 표정으로 무겁게 입을 열었다.

"친구 여러분, 또 나와 입장을 달리하는 여러분, 어느 누구도 이 이별의 순간에 솟구쳐 오르는 나의 슬픈 감정을 이해할 수 없을 것입니다. 나는 4반세기를 이곳에서 살면서 모든 것을 빚진 채 지금 고향을 떠납니다. 이제 가면 언제 돌아올 것인지, 혹은 다시는 돌아올 수 없을지도 모릅니다. 나에게는 워싱턴 대통령에 부여됐던 일보다도 더욱 무거운 일들이 앞에 놓여 있습니다."

'링컨 디폿 뮤지엄'에서 상영하는 링컨의 24년 스프링필드 생활을 담은 30분짜리 비디오는 그가 비장한 연설을 남긴 후 그의 일행을 태운 기차가 이곳을 빠져나가는 장면에서 클라이맥스를 이룬다.

이미 6개 주가 연방을 탈퇴해서 독자 정부를 수립한 최악의 상황에서 연방 대통령직 수행은 그 자체가 엄청난 형극의 길임을 링컨은 예견하고 있었다. 그는 자신의 우려대로 살아서 다시 고향땅을 밟지 못했다. 주검으로 고향에 돌아온 그는 시가지 북부 오크리지 묘지 중앙에 우뚝 서 있는 링컨 묘소에 안장돼 시가지를 내려다보고 있다.

[스프링필드 오크리지의 링컨 묘소]

[스프링필드 오크리지의 링컨 묘소 참배객들이 그의 코를 쓰다듬어 두상의 코끝이 반짝거린다]

스프링필드는 링컨이 변호사로, 주의원, 연방 하원의원 등 공직생활을 하면서 정치적 입지를 키운 곳이다. 시 중심지 연방 청사에서 다섯 블록 떨어진 곳에 위치한 그의 사저 일대가 국립역사공원으로 지정돼 있으며, 그의 변호사 사무실인 링컨헌돈 로 오피스(law office), 출석하던 제일장로교회에 그의 가족들이 즐겨 앉던 자리 등 미 전역 10여 개 도시에 흩어져 있는 링컨 사적지 가운데 가장 규모가 크고 잘 보존돼 있다.

특히 링컨이 연방 분열을 경고한 '분열된 집안'이라는 연설로 유명한 옛 주의회 의사당인 올드 스테이트 캐피탈에는 오늘날 미국 내 최대의 링컨 자료실이 있는 일리노이 주립박물관이 들어서 있다. '헨리호너 링컨 컬렉션'이라 이름 지어진 이 박물관 내의 링컨 자료실은 소장하고 있는 자료의 방대함은 물론 희귀자료를 가장 많이 보관하고 있어 미국 내 링컨니아나(링컨을 연구하는 사람들)의 센터 역할을 하고 있다.

[링컨 박물관에서는 신축 개관 10주년을 맞아
초등학생들의 링컨 그리기 입상작들을 전시하고 있다]

링컨은 대통령 취임 후 불과 37일 만에 남북전쟁이 발발함으로써 임기 내내 전쟁을 이끌어야 했다. 이 기간 중 그는 줄곧 참모들뿐만 아니라 많은 북부의 국민들로부터 전쟁 종식의 압력을 받았다. 그러나 그의 신념은 확고했다. 전쟁의 종식은 연방의 분열을 의미하는 것이었으며 그것은 미합중국의 존립 자체를 뿌리째 흔드는 것이었다. 그는 기회가 있을 때마다 미 건국역사에서 '연방'은 '헌법'보다도 앞선 것임을 주장했다. 그리고 몇몇 주의 영원한 분리는 불가능함을 강조하며 남부 측에 타협을 호소했다.

그러나 남부 대통령 제퍼슨 데이비스 역시 물러설 수 없었다. 특히 그는 웨스트포인트 출신으로 멕시코전쟁에서 지휘관을 역임한 바 있는 전략가였다. 당초 남부의 여러 가지 수치상 열세로 전쟁이 수개월 내 끝날 것으로 예측됐다. 그러나 초기 '불 런' 전투에서 북부군의 대패는 전쟁의 장기화를 예고했다. 전쟁 내내 링컨은 남북 양측 군대의 주 전선이 메릴랜드주와 버지니아주 경계의 포토맥강을 중심으로 형성됨에 따라, 야전군 지휘소처럼 변해 버린 백악관에서 북군의 전략수립과 함께 지휘관 물색에 많은 시간을 보내야 했다.

미시시피강을 서쪽 경계로 해 동쪽으로 애팔래치아산맥 사이에 광범위하게 형성된 전선에서 서부에는 율리시즈 그랜트 장군과 티컴세 셔만 장군 등이 있었지만 동부전선에는 남부군의 용장, 로버트 리 장군과 스톤웰 잭슨 장군에 맞설 만한 지휘관이 없었다. 대통령 자신이 군사전략 수립을 위해 의회도서관에서 전쟁의 기술에 관련된 책들을 빌려다 닥치는 대로 읽었다.

전쟁이 진행되면서 링컨은 또 하나의 중요한 문제에 부닥치게 됐다. 전쟁의 시작은 노예 문제에서 비롯됐지만 점차 전쟁의 최종 목표설정에 관한 것이었다. 일부 공화당 의원들은 궁극적으로 노예해방까지 가야 한다고 주장했으나, 민주당을 비롯한 대부분의 분위기는 연방 회복으로 제한되어야 한다는 것이었다. 그는 노예제도가 남부의 경제적 부의 원천이라고 생각했으며 따라서 남부를 패배시키기 위해서는 노예제 폐지를 선결과제로 간주했다. 1862년 여름, 그가 내각에서 노예해방 선언 의사를 밝혔을 때 많은 각료들이 반대했다. 그러나 링컨은 주장을 굽히지 않았고 그해 9월 메릴랜드주 앤티탐 전투에서 대승, 북군이 승기를 잡자 바로 이튿날 준비했던 노예해방선언을 감행했다.

그러나 노예해방선언은 남부뿐만 아니라 북부의 반대도 불러 왔다. 북부 공업지대의 많은 근로자들이 노예들의 해방으로 자신들의 일자리를 빼앗길 것을 두려워했기 때문이다. 또한 북부의 승리가 확실해지면서 남부 주들을 포용하기 위해 내놓은 온건한 화합정책들은 응징과 처벌을 요구하는 북부 과격파들의 거센 반발을 가져왔다.

엎친 데 덮친 격으로 링컨 가족의 연이은 비극은 그에게 더 큰 시련을 안겨 주었다. 부인 메리 토드(Mary Ann Todd Lincoln)와의 사이에 둔 네 명의 아들 중 한 명은 일찍 죽었고, 백악관에서만 두 아들이 병으로 죽게 되자 메리 여사는 심한 정신적 충격으로 한때 정신과 치료를 받을 정도였다. 오직 장남 로버트만이 성장하여 후에 가필드(James Abram Garfield, 제20대, 1831-1881) 행정부에서 전쟁장관을 지냈다.

링컨이 이 같은 안팎의 불행을 이기고 남북전쟁과 노예해방에 전력할 수 있었던 것은 일상화된 그의 유머 감각이었다고 역사가들은 지적한다. 그는 아무리 심각한 회의도 조크와 유머로 시작했으며 순간적인 재치로 스트레스를 풀곤 했다. 엄숙하게 노예해방선언의 의사를 물었던 각료회의도 유머 한 토막을 읽는 것으로 시작했다는 것은 유명하다.

링컨은 당시 국민들에게 그리 인기 있는 대통령은 아니었다. 전쟁 수행을 위해 끊임없이 국민을 독려하고 재촉해야 했기 때문이다. 그러나 '정직한 에이브'라는 별칭이 정직의 대명사가 될 정도로 국민에게 솔직했으며 결국 192cm의 키에서뿐 아니라 미 역대 대통령 중 가장 우뚝 선 대통령으로 남게 된 것이다.

그는 1809년 2월 12일 켄터키주의 호젠빌 근처의 작은 오두막에서 태어났다. 2세 때 그의 가족은 이웃마을인 노브크리크에 있는 한 농장으로 이사했는데 그의 어렸을 적 기억은 주로 그 집과 연관되어 있다. 아버지 토머스 링컨은 초기 잉글랜드에서 매사추세츠로 이민 온 직조공의 후손이었다. 선조들보다 훨씬 가난했으나 억센 개척민이었다. 토머스는 1816년 가족들을 이끌고 인디애나주의 남서부로 이사해 여전히 어렵게 살았다. 링컨의 나이 9세 때 어머니가 세상을 떠나 새어머니를 맞았다.

다행히 새어머니가 친자식처럼 대했고 특히 에이브러햄을 귀여워해 그는 후일 그녀를 '천사 엄마'라 불렀다.

그는 학교를 1년도 채 못 다녀 정규교육은 받지 못했으나 새엄마로부터 글 읽는 것을 배워 책 읽기에 몰두하며 자랐다. 22세가 되던 1830년에 일리노이주 뉴세일럼으로 이사하여 정착하면서 링컨은 가게 점원으로 일하며 본격적으로 독학을 하게 되었고, 일리노이 민병대에 들어가 인디언과의 전쟁인 블랙 호크 전쟁에 잠시 참전하게 되었다. 그는 제대로 전투를 해보진 못했으나 3개월 근무하는 동안 동료들의 추대로 중대장을 맡기도 했다.

법률과 정치에 관심이 많던 그는 1834년 주 입법의원에 당선되어 모두 네 번 임기를 수행했다. 그는 입법의원직을 수행하면서 법률공부를 꾸준히 하여 1836년 변호사 시험에 합격했다. 주 의회가 스프링필드로 이전하면서 그곳에서 1837년 변호사 개업을 했으며 점차 실력 있는 변호사로 인정받게 되었다. 1842년 켄터키주 갑부의 딸인 메리 토드와 결혼하였고 이듬해 후배 윌리엄 헌돈과 함께 링컨-헌돈 법률사무소를 열어 본격적인 활동에 들어갔다. 1846년에는 연방 하원의원에 당선되었으나 연임 지명실패로 다시 스프링필드로 돌아와 주의회 의원을 역임했다.

링컨 대통령의 사적지는 모두 30여 곳으로 미국 역대 대통령 중에서 가장 많다. 미국 역대 대통령 관련 유적지를 소개한 윌리엄 클롯윌시(William Clotworthy)의『대통령들의 집과 도서관(Homes and Libraries of the Presidents, 2010, 제3판)』에는 일리노이주, 켄터키주, 인디애나주, 테네시주, 워싱턴 D.C. 등에 흩어져 있는 12곳의 링컨 유적지들을 소개하고 있다. 링컨은 미국민들에게 가장 인기 있는 대통령의 하나로 많은 학자들의 순위도 조사에서 조지 워싱턴과 함께 항상 1, 2위를 다툴 정도다. 또한 미 전역과 유럽 등에 그의 이름을 딴 도시 이름이나 카운티 이름, 학교 이름, 기타 공공건물, 자연지형의 이름도 많다. 위키피디아 백과사전에 따르면 1천여 곳이 넘을 정도이다.

링컨 대통령도서관은 NARA의 대통령도서관 시스템이 발족하기 이전부터 일리노이주 주립 역사도서관 시스템에 의해 자료수집 및 유적 발굴이 이루어져 온 결과물이다. 따라서 현재는 비영리법인인 '링컨 대통령도서관 & 박물관재단(이하 링컨재단)'에 의해 관리 운영되고 있다. 일리노이 역사학회가 전국적으로 수집한 모두 1200만 건의 링컨 관련 문서와 서적, 연구자료 등 방대한 자료들로 2004년에 개관되었다. 박물관은 별도의 건물로 모두 4만 6천여 점의 자료들을 소장하고 있다. 특히 2010년에는 박물관을 전면 리모델링하여 이용자들의 편의를 한껏 높였다.

박물관의 로비에 들어서면 백악관 입구에 링컨 대통령 내외와 세 아들이 외출복 차림으로 서서 손님을 맞는다. 1860년 1월 대통령 취임식에 참석하기 위해 스프링필드에서 워싱턴 D.C.에 막 도착한 모습이다. 인사를 나눈 뒤 로비 왼편으로 링컨의 어린 시절 켄터키의 통나무집으로 들어가는 문이 있어 그곳으로부터 링컨의 여정을 떠나게 된다.

내부는 통나무집의 어질러진 모습이다. 다른 식구들은 모두 어지럽게 잠 자고 있는데 10대의 링컨은 홀로 난로 옆 의자에 앉아서 열심히 책을 보고 있다.

[켄터키 통나무집. 소년 링컨이 어질러진 방, 난로 옆에서 책을 보고 있다]

다음 문으로 들어가면 '가족실'. 뉴세일럼과 스프링필드 등 그가 청년
시절을 보낸 집과 동네가 펼쳐진다. 민병대 입대를 위해 가족들과 이별
하는 모습, 부인 메리와 로버트, 윌리, 토마스 등 세 아들의 사진 그리고
링컨-헌돈 변호사 사무실 등 어린 시절부터 장성해서 결혼 후 변호사 사
무실을 개업할 때까지의 생활 모습이 사진과 유품들과 함께 진열된다.

그 다음은 '캠페인 트레일'. 링컨이 각종 주의회 의원 선거와 연방 상원
의원에 도전하는 모습과 과정들을 설명하고 있다. 특히 1858년 더글라
스 상원의원에 도전, 토론에서 설전을 벌이는 모습 등이 생생하게 재현
되었다. '백악관에서의 생활'에서는 대통령으로서 생활이 재현되었다.
그중에는 백악관에 들어온 지 2년 만에 12살의 나이로 세상을 떠난 윌리
를 영부인 메리 토드가 안타깝게 돌보고 있는 사진도 있다.

다음 방은 '속삭이는 전시실(Whispering Gallery)'로 남북전쟁의 대립
이 점점 심각해지고 있는 상황에서 당시 신문 잡지 등에 실린 링컨 대통

령의 캐리커쳐를 모아 놓았다. 이어서 남북전쟁이 본격적으로 시작되면서 '초기 남북전쟁' '전쟁 갤러리', '노예해방선언', '4분 만의 남북전쟁', '게티즈버그전투', '전환의 시기', '대통령의 서거', '링컨에 대한 추모', '링컨 메모리얼(워싱턴 D.C.의 링컨 기념관)'의 순으로 관람 동선이 연결되어 있다. '4분 만의 남북전쟁실'은 남북전쟁의 진행과정을 4분 동안 보여 주는 애니메이션 맵을 제공하고 있으며, 전쟁 상황과 사상자 숫자 등을 보여 준다. '대통령 서거실'에는 워싱턴 포드 극장에서 암살범 존 부스에 의해 저격되는 모습을 재현하고 있다. 마지막 문을 나오면 스프링필드의 링컨 사적지와 연결되고 있으며 '링컨 사저 국가사적지', '링컨-헌돈 법률사무소' 등을 둘러볼 수 있다.

미국 내 최대 링컨 관련 자료를 소장하고 있는 일리노이 주립박물관의 헨리호너 링컨 컬렉션 실장 킴 바우어 박사는 "링컨 대통령은 많은 학자들의 연구를 통해 해가 갈수록 그 업적이 새로운 각도에서 조명되고 있다."면서 "대통령학이야말로 가장 흥미진진한 미래지향적 학문."이라고 강조했다. 대부분의 대통령 인기순위 조사에서 링컨이 가장 훌륭한 대통령으로 부동의 자리를 차지하고 있는 이유에 대하여 "우선 인기에 영합하지 않고 끝내 연방을 지켜 낸 그의 소신과 노예해방을 가져온 그의 투철한 인간평등 정신 때문으로 볼 수 있다."고 말하고 "더욱이 그의 어려운 성장환경과 정직한 성품은 누구에게든 자신감과 신뢰감을 안겨준다."고 설명했다.

그는 또 미국 내 링컨 연구의 진행 상황에 관하여는 "링컨은 켄터키의 통나무집 시절서부터 인디애나를 거쳐 일리노이 스프링필드에 이르기까지 여러 곳에서 성장했다. 그리고 백악관 생활과 남북전쟁 당시 여러 차례의 전장 방문 등 많은 자료들이 광범위하게 흩어져 있기 때문에 학자들의 상호보완 연구가 중요하다. 현재 800여 명의 학자와 50여 개 소장기관으로 에이브러햄 링컨 학회가 결성돼 있고, 매년 심포지엄과 학회지 등을 통해 200편 이상의 논문과 책들이 나오고 있다."고 답했다.

'헨리호너 링컨 컬렉션'에 대하여는 "모든 분야의 링컨 자료를 소장하고 있지만 링컨의 대통령 이전 자료는 최대의 소장처로 알려져 있다. 현재도 개인적인 링컨 자료 소장자들이 많이 있으며 그들로부터의 기증이나 구매 등을 활발히 하고 있다. 지난해만 해도 일리노이주의 기업가 클레망 스톤 씨로부터 200여 점, 미니애폴리스 공공도서관으로부터 200여 점, 최대 여성 수장가인 제인 하만드로부터 링컨의 어린 시절 유품 수십 점을 기증받는 등 계속 소장을 확대해 나가고 있다."고 강한 자부심을 보였다.

[워싱턴 D.C.의 링컨 기념관]

〈링컨 대통령은 국민들의 심금을 울리는 연설로 유명했다.
다음은 그의 중요 연설 가운데 일부를 발췌 소개한다.〉

▲스프링필드 연설 '분열된 집안'(1858. 6. 17): 이 정부가 영구히 반쪽은 노예주의이고 반쪽은 자유주의라면 오래갈 수가 없습니다. 나는 연방이 와해되기를 기대하지 않습니다. 나는 의회가 넘어가기를 기대하지 않습니다. 나는 분열이 끝나기를 바랍니다. 우리 모두 찬성 쪽에 서든지 그렇지 못하면 모두 반대 쪽에 서야 합니다. 노예제를 반대하는 쪽에서는 노예제가 더 이상 확산되지 않도록 막고, 종국적인 근절을 위하여 국민을 계도해야 할 것입니다. 그것을 옹호하는 쪽에서는 더 강력하게 밀고 나가서 새 주, 옛 주 할 것 없이, 남부 북부 할 것 없이 모든 주에서 똑같이 합법화되도록 해야 할 것입니다.

▲첫 대통령 취임사(1861. 3. 4): 나는 모든 것을 끝내기를 원치 않습니다. 우리는 적이 아니고 친구입니다. 우리는 적이 되어서는 안 됩니다. 우리의 감정은 비록 긴장하고 있지만 그것으로 우리의 사랑의 유대가 끊겨서는 안 됩니다. 모든 싸움터와 애국 투사들의 묘지에서부터 지금 이 넓은 대륙에 흩어져 삶을 누리는 우리들의 가슴과 대대로 이어 내려온 신비스런 화음의 기억은 우리들의 천사 같은 성품의 숨결을 타고 다시 한번 미합중국의 대합창으로 우렁차게 울려 퍼질 것이 틀림없습니다.

▲두 번째 대통령 취임사(1865. 3. 4): 악의는 버리고 모든 사람을 관용하며, 하나님이 우리에게 주신 권리를 굳게 지키면서, 우리가 지금 하고 있는 과업을 마무리 짓는 일과 나라의 상처를 싸매는 일, 전장에서 희생된 사람들과 그들의 미망인·유자녀들을 보살피는 일, 그리고 우리들 안에서 뿐 아니라 다른 모든 나라들과 더불어 정의로운 평화를 성취하고 그것을 영구히 보전하는 일, 이런 모든 일들을 위하여 우리 모두 분발합시다.

5 국립초상화박물관의 역대 대통령 초상

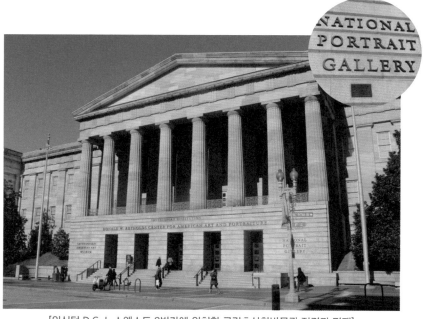

[워싱턴 D.C. 노스웨스트 8번가에 위치한 국립초상화박물관 전경과 명패]

워싱턴 D.C. 한복판 노스웨스트 8번가 F 스트리트에 있는 국립초상화
박물관(National Portrait Gallery)은 미국의 대통령문화를 굳게 지켜온
또 하나의 현장이다. 1968년 스미소니언박물관의 분관으로 개관된 이
박물관에는 정치인들을 포함, 각 분야에서 미국을 대표할 인물들이 총망
라되어 있다. 에디슨, 벨, 모스 등 발명가, 마크 트웨인, 워싱턴 어빙, 나
다니엘 호손 등 작가, 카네기, 록펠러 등 기업인, 걸스카웃을 창시한 줄
리엣 고든 로와 같은 사회운동가 그리고 영화배우, 스포츠 스타 등 미 역

사상 유명한 인물들에 대한 초상화와 부조물, 사진 등이 전시되어 있다.

1859년 영국 런던에 개관된 초상화박물관을 본따 설립된 이 박물관은 워싱턴 D.C. 차이나타운 남쪽 스미소니언 미술관(Smithsonian American Art Museum)과 나란히 위치한 건물로 두 건물 사이의 축구장 두세 개 크기의 정원을 멋진 캐노피 지붕으로 연결시켜 거대한 실내공원을 만들어 놓음으로써 관람객들의 휴식처는 물론 연구동, 식당 등으로 쓰이고 있다.

[초상화박물관과 스미소니언 미술관 건물 사이를
캐노피 천정으로 연결 멋진 공원을 만들어 놓았다]

1886년 매사추세츠 역사학회의 로버트 윈스로프 회장의 건의에 따라 스미소니언 박물관이 초상화박물관 설립을 연방정부와 논의하기 시작했다. 1937년 금융재벌 앤드류 멜론의 작품 기부를 바탕으로 카네기, 록펠러, 코넬라우스 등 대재벌들의 헌금으로 본격 추진되었다. 연방정부에서는 현 위치에 있던 특허청 건물이 이전하자 초상화박물관 빌딩으로 제공하였다.

초대 워싱턴부터 현직까지 모든 대통령들의 초상화와 부조물 등을 모아 놓은 2층의 '대통령초상화갤러리(Presidential Portrait Gallery)'는 1979년 4월, 갤러리 측이 길버트 스튜어트의 조지 워싱턴 초상화 두 점을 보스턴 아테내움(Athenaeum) 도서관으로부터 구입키로 하면서 전국적으로 이른바 '스튜어트 논쟁'을 불러일으켰다.

[정면 그림은 길버트 스튜어트의 워싱턴 대통령 64세, 임기 마지막해 모습 실물화. 보스턴과 워싱턴간 유치경쟁을 벌였던 것으로 유명하다]

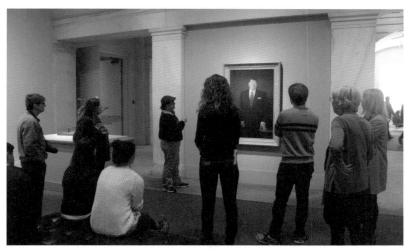

[인기 있는 대통령 앞에는 많은 사람들이 모여 있다. 레이건 초상화 앞]

　이 작품은 1876년부터 보스턴미술관에 대여해와 시민들의 사랑을 받아왔으나 재정압박을 받던 아테내움 도서관 측이 워싱턴의 대통령초상화갤러리 개관에 맞춰 500만 달러에 매각하기로 결정하면서 문제가 야기되었다. 워싱턴 D.C.에 대해 상대적으로 경쟁심을 갖고 있던 보스턴 시민들이 보스턴의 자랑인 워싱턴 대통령의 초상화를 워싱턴 D.C.에 매각한다는 것은 말도 안 된다며 결사반대 입장을 취했다. 결국 이 문제가 소송까지 제기되어 크게 사회문제화 되자 매사추세츠주 검찰총장 프랜시스 벨로티가 중재안을 냈다. 보스턴 시민들이 그해 11월 말까지 해당 금액을 모금한다면 그 그림은 보스턴미술관에 그대로 잔류시키는 것으로 한다는 것이었다. 솔로몬의 판결과 같았다. 그러나 약속된 기한까지 모금은 88만 달러에 그쳤고 그림은 아무런 제약없이 워싱턴 D.C.로 넘어오게 되었다는 것이다.

　같은 해 또 하나의 걸작품인 스튜어트의 초기 대통령 5인화 즉, 깁스-

쿨리지(Gibbs-Coolidge) 세트를 보스턴의 쿨리지재단으로부터 기증 받음으로써 더욱 활기를 띄게 되었다.

[깁스-쿨리지 5인 초상화 세트. 왼쪽 위부터 시계방향으로 초대 조지 워싱턴,
3대 토머스 제퍼슨, 5대 제임스 먼로, 2대 존 애덤스, 4대 제임스 메디슨]

　초상화박물관은 그밖에 링컨 초상화를 포함한 모든 대통령들의 초상화를 구입 혹은 기증받아 전시할 수 있게 되면서 2층에 대통령초상화 전용 전시실을 마련한 것이다. 최근에는 전직 대통령들이 초상화를 가져오면 부착 기념식을 거창하게 열어 준다. 필자가 다녀온 이후에도 조지 W. 부시 대통령과 오바마 대통령 부부 초상화 등이 추가로 더 전시되고 있다.

　특히 케힌데 와일리가 그린 오바마 대통령 초상화의 경우는 2018년 2월, 이곳에 걸린 최초의 흑인 대통령으로 다른 대통령들의 딱딱한 증명사진 같은 그림과는 달리 아름다운 꽃밭 한가운데 의자에 앉아 있는 모습이다. 흐드러지게 핀 꽃 중에서 국화는 오바마가 정치에 입문한 시카고의 꽃이고, 재스민은 그가 유년기를 보낸 하와이를, 맥문동은 그의 아버지 고향인 케냐를 상징한다는 것으로 이전과는 전혀 다른 스타일의 초상화로 주목을 끌었다. 최근에는 클린턴 대통령의 부인 힐러리 클린턴의 초상화를 시작으로 퍼스트레디들의 초상화도 수집하고 있다.

[대통령 초상화갤러리에는 초상화뿐 아니라 부조와 조각들도 전시하고 있다. 위는 부시, 아래는 포드]

제4장

대통령문화를 일군 위인들

Presidential Culture and Democracy

1 러시모어 '큰바위 얼굴'의 거친 보그럼

"아메리카의 역사가 끝없는 능선을 따라 영구히 펼쳐질 바로 이곳 블랙힐즈 마운트 러시모어에 조지 워싱턴, 토머스 제퍼슨, 에이브러햄 링컨, 시어도어 루스벨트 대통령과 같은 우리의 위대한 지도자들을 높이 새깁시다. 거룩함이 넘쳐나는 그들의 말과, 그들의 얼굴을. 여기 새겨진 그 역사의 기록들은 바람과 비만이 닳아 없앨 수 있을 뿐 어느 누구의 힘으로도 변함없이 영원히 보존될 것입니다."

[마운트 러시모어의 4 대통령 조각상. 왼쪽부터 조지 워싱턴, 토머스 제퍼슨, 시어도어 루스벨트, 에이브러햄 링컨]

지금부터 94년 전인 1927년 8월 10일, 미중북부 대평원(Great Plains) 의 사우스 다코타주 서남부에 우뚝 솟은 블랙힐즈(Black Hills)산맥의 러시모어(Mount Rushmore) 산기슭 마을 키스톤. 1700m의 바위산 꼭대기에 미국 역사상 가장 위대한 4명의 대통령상을 새기는 20세기 미 최대 규모 공사의 착공식이 진행되고 있었다. 이날 행사에는 캘빈 쿨리지 (John Calvin Coolidge) 대통령을 비롯해 미국 각 분야의 지도층들이 참석했다. 공사의 책임을 맡은 조각가 거츤 보그럼(Gutzon Borglum, 1867-1940)의 음성은 60세의 나이에도 불구하고 쩌렁쩌렁 힘차게 울려 퍼졌다.

그러나 이 역사적인 공사는 2년 후에 세계를 불황의 나락으로 몰아간 경제 대공황으로 시작하자마자 난관에 부딪치게 되었다. 4백여 명에 달하는 작업 인력에게 급여는커녕 숙식을 해결할 기본 경비마저도 조달이 어려웠다. 영하 20-30도를 오르내리는 고산지대의 추위와 강풍은 한걸음을 떼는 것도 어렵게 만들었다. 누가 봐도 불가능한 공사였다. 그럼에도 불구하고 이 세기의 공사는 14년 후 마침내 이루어졌다. 70이 넘은 나이에도 가파른 바위 위를 오르내리던 보그럼은 비록 완공 7개월을 남겨 놓고 세상을 떠났지만, 대를 이어받은 아들 링컨 보그럼의 노력으로 준공을 보게 되었다. 이것은 자신들의 모든 명예와 부귀를 내려놓고, 엄청난 고난을 무릅쓰며 가장 존경하고 흠모했던 대통령들에 대한 기록을 새기는 일에 몸을 바친 보그럼 부자의 조국에 대한 사랑과 헌신이 없었다면 불가능했다.

1941년 10월 31일, 준공식이 열리던 날, 프랭클린 루스벨트 대통령을 비롯한 미국의 최고 지도층들이 러시모어산 아래 모인 가운데 링컨 보그럼은 마지막 드릴을 갖고 러시모어산 꼭대기에서 로프를 타고 식장 무대

앞으로 하강했다. 그와 동시에 마지막으로 완공된 시어도어 루스벨트 대통령 두상을 가리고 있던 성조기 베일이 벗겨져 내리면서 식이 시작되었다. 식장에 참석한 사람들뿐만 아니라 전 미국이 감격의 환호로 가득 찬 순간이었다.

온갖 악조건 속에서도 오직 후세대에게 자유와 민주주의의 유산을 전해 주겠다는 보그럼의 강한 신념으로 완성시킨 이 위대한 조각은 이곳을 '민주주의의 전당(Shrine of Democracy)'이라고 불리게 하는 불후의 기념비가 되었다. 그리고 이곳은 미국 대통령문화의 진원지가 되어 매년 3백만이 넘는 순례객들의 발길이 끊이지 않고 있다.

[아들 링컨이 제작한 보그럼의 흉상(좌)과 전체 참여 조각가들의 명단(우)]

보그럼은 덴마크 이민의 후손으로 아이다호주에서 출생했다. 약사인 부친을 따라 네브라스카주에서 어린 시절을 보냈으며 적극적인 성격에 매우 활달했다. 17세 때 미술공부를 위해 캘리포니아로 가서 샌프란시스코 미술대학을 다녔고 파리로 건너가 쥘리앙 아카데미(Academie Julian)를 거쳐 파리미술대학(Beaux-Arts de Paris)에서 공부한 후 뉴욕으로 가서 세인트 존 성당(Cathedral of St. John the Divine) 개축장에서 조각가로 활동했다. 그러던 중 1906년 뉴욕 메트로폴리탄 현대미술관의 공모에서 링컨 흉상이 당선되고 이후 미술가들의 최고 영예인 로간(Logan) 메달을 수여받으면서 주로 뉴욕을 기반으로 활동했다.

1908년 워싱턴 D.C. 세리던 써클에 세우기 위해 공모했던 남북전쟁의 맹장 필립 세리던 장군의 기마상 제작에 당선했으며, 조지아주 스톤 마운틴에 세워진 로버트 리 장군 등 남부연맹 지도자들의 암벽 조각에 참가했다. 그는 백인우월주의 집단인 KKK단의 일원으로 알려져 비난을 받기도 했지만, 애국심에 바탕을 둔 역사적 인물들의 조각에 정통한 당대 최고의 조각가로 칭송받았다.

사우스 다코타주의 외딴 산지인 블랙힐즈 바위산에 미국의 위인들을 암각하자는 아이디어가 처음 제기된 것은 1923년 그곳 출신 역사학자 도운 로빈슨(Doane Robison)의 비전에 의해서였다. 낙후된 지역의 관광 활성화를 위해 역사적인 지역 인물들을 바위산에 조각해 놓자는 것으로 소위 '서부의 영웅'에 속하는 인물들이었다. 19세기 초 대평원 북부 지역 탐험가로 유명했던 메리웨더 루이스(Meriwether Lewis)와 윌리엄 클라크(William Clark), 그리고 그 일대를 차지하고 있던 인디언 라코타(Lakota) 부족의 전설적 추장인 레드 클라우드(Red Cloud)나 크레이지 홀스(Crazy Horse) 등이었다.

로빈슨의 의견에는 찬반이 분분했으나 그는 지역유지들의 도움으로 그대로 밀고 나갔다. 그래서 1924년 8월, 당대 최고의 조각가로 알려진 몇 사람 중 가장 적극적인 반응을 보내온 거츤 보그럼과 접촉했다. 보그럼은 무엇보다 미국을 빛낸 인물의 거대한 기념비적 조형물을 세운다는 점에 마음이 끌렸다. 우선 그 바위산이 조각에 적합한지를 살펴보겠다며 다음 달 즉, 9월에 블랙힐즈를 방문했고 이듬해인 1925년 8월에는 자신의 12살 된 아들 링컨을 데리고 두 번째 방문했다. 이때 매우 깊은 인상을 받았던 링컨은 아버지를 따라 조각가의 길로 들어섰으며 아버지가 죽자 배턴을 이어받아 끝내 이 작업을 완성시켰다. 그리고『아버지의 산 (My Father's Mountain)』이라는 책자를 펴내 마운트 러시모어에서의 아버지의 전설적 활약을 기렸다.

당시 보그럼의 관심을 끈 곳은 단단한 화강암지대로 '바늘바위 (Needles)'라고도 불리는 지역이었다. 그는 조각 수락 의사를 밝히면서 "미국의 역사는 이 능선을 따라 행진해 나갈 것이다."라고 감탄사를 연발했다. 그리고 바늘바위의 돌출 부분을 1885년에 그곳을 등정한 바 있던 뉴욕의 변호사 찰스 러시모어의 이름을 따서 마운트 러시

[링컨 보그럼이 쓴 책『아버지의 산』 표지]

모어라고 명명했다. 누구를 새길 것인지 예산은 얼마가 들 것인지 등도 따지기 전에 보그럼 스타일의 즉흥적 결정이 이루어졌다.

러시모어의 조각이 결정되자 누구를 새길 것인가의 문제가 다시 제기되었다. 초기에는 지역의 인물을 세우자는 주장이 강했으나 지역의 명소

가 아니라 전 미국을 대표할 수 있는 명소로 만들자는 의견이 우세해 전 국적 인물로 결정됐다. 더욱이 전국적인 자금 모금의 필요성이 제기되자 지역적 인물은 고려대상이 될 수 없었다. 결국 보그럼은 로빈슨의 비전 을 미국 민주주의의 이상을 수립한 대표적 인물들을 새기는 것으로 변경 시켰다. 그러자 이는 '국가 상징물(National Symbol)'을 건립하는 작업이 되었다.

그 대상으로는 국부(國父)에 해당하는 초대 대통령 조지 워싱턴, 미국 헌법을 기초하고 프랑스로부터 루이지애나 영토를 사들여 국토를 두 배 이상 넓힌 3대 대통령 토머스 제퍼슨, 노예해방을 선언하고 남북전쟁으 로 미국의 분단 위기를 극복한 통합의 대통령인 제16대 에이브러햄 링컨 이 선정되었다. 마지막으로는 파나마 운하를 건설해 미국의 동서해안을 가깝게 연결시키고 세계무역 및 교통로 확보에 결정적인 역할을 했으며 국립공원 시스템을 도입해 1억 2600만 에이커(약 51만㎢)의 광활한 땅 을 공원으로 보존한 제26대 대통령 시어도어 루스벨트가 선정되었다. 물 론 대상 선정 과정에서 갑론을박이 있었지만 '민주주의'와 '미국에 대한 공헌'을 대원칙으로 하는 기준의 합의에 도달할 수 있었다. 여기에는 보 그럼의 투지와 적극적인 친화력이 반대론자들을 설득하는 데 주효했다.

다음은 막대한 경비 문제였다. 최초의 계획은 공기 5년, 비용 50만 달 러를 예상했으나 최종 14년의 공기에 약 1백만 달러가 소요되었다. 공기 는 약 3배, 비용은 2배에 달했다. 많은 조력자들이 모였다. 사우스 다코 다 출신 연방 상원의원 피터 노어백은 연방의 자금을 끌어오는 데 기여 했다. 하원의원 윌리엄 윌리엄슨은 산꼭대기 조각을 위한 연방과 주정부 의 허가 등 각종 어려운 문제를 맡았다. 사업가 존 볼란드는 자신이 많은 기부를 한 것뿐만 아니라 직접 자금 모금을 맡았다. 이 기념물의 발제자였던 로빈슨은 총무로 전체 살림을 맡았다. 그래서 초기에 보그럼은 오직 조각에만 신경을 쓸 수 있었다.

초창기 이 일에 참여한 사람들은 후에 '마운트 러시모어 국가기념물사업회(MRNMS: Mount Rushmore National Memorial Society)'를 결성하여 보다 조직적으로 조각상 건립을 추진했다. 초기에 지역 환경주의자들이 환경파괴 측면에서 문제를 제기했지만 설득에 성공했다. 정부 및 지역 사회단체들과의 협조도 순조롭게 진행됐다. 드디어 1927년 8월 10일 착공식에 참석한 쿨리지 대통령은 보그럼에게 드릴을 수여하는 세레모니를 가졌다. 대통령은 연방정부의 재정지원을 약속했고 실제로 자신의 여름 백악관을 인근 커스터 주립공원 사냥터로 정해 여름휴가 때 공사현장을 찾곤 했다.

이 공사를 위해 전국에서 유명한 조각가와 석공, 화약 및 발파 전문가를 포함한 360여 명이 모여들었다. 그러나 로키산맥 인근 북위 43도, 1700m 바위산에 매달려 강풍과 추위에 싸워야 하는 조각 작업은 엄청나게 고통스러운 일이어서 진척이 어려웠다. 특히 10월부터 4월 말까지 7개월은 작업을 할 수 없었고 오직 여름철 5개월만 가능했다. 그것도 비가 오면 할 수 없었다.

그러나 더 큰 고통은 1929년부터 전 세계적으로 불어닥친 경제 대공황으로 인한 자금지원의 한파였다. 작업 인부들의 인건비를 주는 것은 고사하고 작업에 필요한 다이너마이트와 작업 도구조차 구입할 수 없었다. 불황이 광범위하고 장기화됨에 따라 후원을 약속했던 이들도 하나둘씩 떠나갔다. 자연히 MRNMS의 활동도 거의 중지되었고 사업 주체도 '국립공원관리청(National Park Services)'로 넘어갔다. 그러나 보그럼은 좌절하지 않았다. 그는 공사장 밑에 텐트를 치고 개인 작업에 매달렸다. 작품이 완성되는 대로 시장에 팔았고 또한 이따금 들어오는 강연 요청(그는 조각가이자 연설가로 유명했다)에 부지런히 나가 돈을 모았다. 돈이 조금 모이면 몇 사람씩 인부들을 불러 작업을 계속하는 형식으로 근근이 버텨 나갔다. 그래서 기간이 당초 5년에서 3배 가까운 14년까지 늘어나게 된 것은 당연한 일이었다.

대통령 조각의 규모는 얼굴의 코 길이만 6m이고, 얼굴 전체의 높이가 18m에 달해 하나하나가 이집트의 스핑크스보다도 더 큰 규모였다. 이들은 모두 동쪽을 향하고 있어 해돋이 무렵의 얼굴 모습은 마치 갓 세수를 하고 면도를 끝낸 듯 반짝반짝 빛나고 있었다. 산 중턱에 마련된 주차장은 넓게 확장되었고 조각상 바위 밑에 반원형 야외극장이 설립되어 야간 조명쇼나 각종 공연들이 열렸다. 주차장에서 야외극장까지는 몰 형태의 스트리트가 형성되어 있고 그 양 옆으로 인포메이션센터, 기프트샵, 박물관 등이 들어서 있었다.

야외극장 뒤편으로 연결되는 2km의 트레일은 조각으로 깎아내린 돌더미 위로 나무 데크 통로를 만들어 놓아 돌아볼 수 있게 해 놓았다. 데크 길을 산책하며 바로 밑에서 올려다보는 조각은 규모뿐만 아니라 그 정교함에 압도되지 않을 수가 없었다. 특히 데크 길 옆 작은 동굴을 지날 때 어둠 속에서 머리 위 돌 틈으로 보이는 워싱턴과 링컨의 얼굴은 금방이라도 입을 열어 말을 하는 듯한 착각에 사로잡히게 했다. 이따금 이 데크에는 인근의 산양들도 자주 올라와 관람객들을 동행해 주기도 했다.

[데크길 트레킹 도중 만난 워싱턴의 근영(위), 산양들(아래)은 자주 마주친다]

파크레인저(공원경찰)로 10년째 일하고 있는 밥 크리스맨은 "이곳에
근무하다 보면 대통령들의 얼굴이 매일 다른 모습으로 보이는 것을 느낄

수 있다."면서 "봄이 되면 조각에 올라가 해빙된 후 벌어진 크랙(틈)을 메꾸는 작업을 하는데 콧잔등에 올라서서 작업을 할 때는 숨소리가 들리는 것 같다."라며 감탄을 금치 못했다. 그는 또 "이곳을 찾는 사람들은 처음에는 보그럼의 두상을 그냥 지나치지만 대통령들의 조각에 감탄하고 난 다음, 나올 때는 찬찬히 뜯어보게 된다."라며 진입로 입구에 세워진 아들 링컨에 의해 조각된 보그럼의 두상을 가리켰다. 그 맞은편에는 조각에 참여했던 360여 명의 인부들 전체 명단이 벽에 새겨져 있다. 대부분이 인근 금광의 광부였던 이들은 보그럼으로부터 바위조각 기술을 배웠으며 공사가 끝났을 때는 모두 훌륭한 암벽 조각가들로 변해 있었다고 한다.

팬크라츠 박사의 '보그럼 스토리 뮤지엄'

[듀에인 팬크라츠 박사]

러시모어의 조각상을 더욱 돋보이게 하는 것은 산기슭 마을에 있는 '러시모어-보그럼 스토리' 박물관 덕분이다. 이 박물관에는 조각에 얽힌 보그럼의 신화 같은 이야기들이 보존돼 있다. 또한 보그럼의 역대 작품과 일대기에 대한 소개도 체계적으로 갖추어 놓고 있다. 이 박물관은 이곳 키스톤 출신의 수의사 듀에인 팬크라츠 박사가 전 재산을 털어 1979년에 세웠다. 그 역시 대통령문화를 가꾸고 지키는 사람들의 좋은 본보기가 되고 있다.

팬크라츠 박사는 400여km 떨어진 프리맨이란 도시에서 가축예방약 생산공장을 경영하고 있었는데 주말이면 이곳 박물관으로 날아와 유물 관리 및 운영 전반을 맡아보고 있었다. 1995년 첫 번째 방문 시 운 좋게 박물관에 와 있는 그를 만나 간단한 인터뷰를 나눌 수 있었다.

[보그럼 스토리 뮤지엄]

[보그럼 스토리 뮤지엄 내부에 전시되어 있는 링컨의 눈동자 조각 설명]

　박물관을 세운 동기에 대해 그는 어려서부터 이 마을 인근에서 성장하면서 자신이 품게 되었던 몇 가지 의문 때문이었다고 설명했다. 이렇게 황량한 바위산 꼭대기에 거대한 대통령 조각들을 누가 왜 세웠으며 어떻게 조각을 했는지 궁금했는데 학교 선생님은 물론 동네 어른들 누구도 명쾌하게 설명해 주지 못했다는 것이다. 그래서 자신이 그 의문을 스스로 해결해야겠다고 생각했는데 수의학과를 졸업 후 제약회사에 다니면서 새로운 백신을 개발하게 되어 큰돈을 벌게 되었을 때, 박물관 건립을 실행에 옮기게 되었다고 말했다.

　특히 보그럼이라는 인물에 대해 집중적으로 연구, 자료를 수집하게 된 이유에 대해서는 '그는 단순한 조각가가 아니라 미래를 내다볼 줄 아는 탁월한 혜안의 소유자'라고 극찬했다. 후손들에게 이같이 기념비적인 작품을 남김으로써 미국의 대통령문화와 민주주의의 가치를 수백 권의 책보다 훨씬 잘 전해 주고 있다고 강조했다. 더욱이 험난한 자연 조건과 재정 형편에도 불구하고 죽음의 문턱에 이르기까지 불굴의 노력으로 이 작업의 완성에 헌신했다는 점은 시대를 초월한 귀감이라고 생각했다는 것이다.

더욱이 '그는 뉴욕에서 잘 나가는 조각가로서 풍요롭고 편안한 삶을 포기하고 이 새로운 도전을 시작'했으며 그것도 당시 보통사람들은 생을 정리할 나이인 60세부터라면서, 보그럼에 대해서 알아 갈수록 인간적으로 깊은 매력에 빠져들게 되었다고 말했다. "~ 때문에 할 수 없다."는 말을 가장 싫어한 그의 도전정신과 모든 역경을 헤치고 결국 해내고야 만 인간승리의 역사를 이곳을 찾는 이들에게 알리고 싶었다고 했다. 화려하고 웅장한 조각상에 대한 감탄의 뒷면에 그것들을 담아낸 사람의 각고의 노력과 그 위대함을 함께 기억하기 위해 박물관을 만들게 되었다는 것이다.

그는 수십 년간 러시모어산 계곡에 방치되어 있던 폐장비와 조각 관련 공구들을 정성스럽게 수집했다. 동시에 보그럼 후손들에게 작업 관련 설계도와 각종 서류들을 대여했고 또한 조각에 참여했던 생존자들을 찾아가 그들로부터 사진 자료는 물론 당시 조각에 얽힌 이야기들도 채집했다. 10여 년 가까이 매주 주말마다 직장이 있는 프리맨에서 1시간 이상 비행기를 타고 고향집으로 날아와 머물면서 자료수집 작업을 벌였다. 박물관을 설립하고 운영하는 경비의 조달은 때마침 예방접종 백신을 개발한 상금으로 박물관 건물을 마련했다. 운영비는 매년 받는 로열티와 자신의 월급에서 충당하고 있다고 설명했다. 박물관을 운영하자면 큐레이터 등 직원 봉급 외에 유물수집 관리 등에도 비용이 많이 드는데 당시 입장료 6달러로는 기본 운영도 어렵기 때문이라고 덧붙였다.

주정부에서 착공한 러시모어 기념관 건립에 대해서는 "정부차원에서

진작에 했어야 할 일인데 뒤늦게라도 추진되어 다행이다."라면서 앞으로 적극 협력해 나갈 것이라고 밝혔다. 기념관이 완공되면 우선 자신이 보유하고 있는 러시모어 조각 관련 유물은 모두 그곳으로 보내고, 자신은 이곳저곳에 흩어져 있는 보글럼의 조각들을 더 모아 박물관 옆 개울가에 '보글럼 조각공원'을 세울 계획이라고 설명했다.

20년 후에 다시 찾은 보그럼 스토리 뮤지엄은 건물을 신축하여 번듯한 외관으로 변했으며 대부분의 러시모어 조각 관련 유물들은 새로 개관한 기념관으로 옮겨졌고, 보그럼 작품 위주의 전시관으로 바뀌어 있었다. 그러나 유감스럽게도 팬크라츠 박사의 안부에 대해서는 아는 사람이 없어 아쉬운 발길을 돌려야 했다.

2 | '마운트 버넌'의 앤 파멜라 커닝햄

미국 대통령문화의 선구자 중 하나
로 빼놓을 수 없는 사람은 초대 대통
령 조지 워싱턴의 사저인 '마운트 버
넌(Mount Vernon)'을 지켜낸 앤 파멜
라 커닝햄(Ann Pamela Cunningham,
1816-1875)이다. 그녀는 연약한 여자
의 몸으로 남북전쟁 와중에 폐허가
되어 가고 있는 워싱턴 D.C. 근교 마
운트 버넌을 지켜 내었다. 이는 오늘

[앤 파멜라 커닝햄] -MVLA 제공-

날 미국의 대통령문화가 형성되고 민주주의의 출발점이라는 기념비적 역
할을 이룩한 것으로 평가되고 있다.

커닝햄은 위대한 미국의 혼의 탄생지인 마운트 버넌을 지키기 위하여
'마운트 버넌 부녀회(MVLA: Mount Vernon Ladies' Association)'를 결성
해 여성들의 힘을 모았다. 남북전쟁을 발발시킨 북부와 남부의 국가분열
적인 전시상황에서 남성들은 모두 출정해 있었기 때문에 집에 남아 있던
여성들의 힘을 결집시킨 것이다. 그녀의 애국심에서 비롯된 헌신적 노
력은 전 미국인들에게 위대한 역사적 인물에 대한 거국적 기념과 헌정의
가치를 일깨워 주었다. 동시에 역사 유적 보존의 가치를 깨닫게 했다. 미
국과 미국민의 품격을 높여 준 대표적 인물로서 그녀의 행적을 돌아보는

것은 많은 감동과 울림을 주기에 충분하다.

커닝햄은 1816년 미 동남부 사우스 캐롤라이나주의 부유한 지주의 집에서 태어났다. 아버지는 육군 대령으로 모두의 존경을 받았으며 아무 부족함이 없는 상류사회의 호화스러운 생활에 익숙한 어린 시절을 보냈다. 그러던 중 17세 때 승마를 하다 말에서 떨어져 의식을 잃게 되는 치명적인 사고를 당하게 되었다. 며칠 후 의식은 깨어났지만 척추 손상을 입어 온몸을 꼼짝할 수 없었기 때문에 하루종일 누워서 지내야 했다.

불행히도 병세는 시간이 가도 호전되지 않아 커닝햄은 더 이상 학교를 가는 것도 불가능했고 친구들과의 만남도 점점 멀어졌다. 재활 훈련도 정성껏 받았지만 가까스로 홀로 움직일 수 있는 정도였기 때문에 홀로 병마와 싸우며 지내야 했다. 이같이 정상적인 사회생활이 불가능한 채로 10대 후반기와 20대를 지나면서 그녀의 심신은 쇠약해졌다. 가장 우려된 것은 활달했던 그녀가 생에 대한 아무런 소망도 갖지 못한 채 하루하루를 무료하게 보낼 수밖에 없다는 것이었다.

이 같은 딸의 상태를 크게 걱정한 부모는 백방으로 명의를 수소문했고 마침내 펜실베이니아주의 한 척추교정 시술소에 정기적으로 치료를 받으러 다니게 되었다. 그러나 사우스 캐롤라이나주 롤랜스에서 마차를 타고 항구도시인 찰스톤으로 가서 배를 타고 버지니아주의 노포크를 경유, 포토맥강을 하루종일 거슬러 올라가 필라델피아로 가야 하는 여정은 오가는 데만 1주일이 더 걸릴 정도로 험난한 길이었다. 그래서 커닝햄의 부모는 필라델피아의 병원 근처에 집을 마련하여 커닝햄을 그곳에 기거하게 했고 어머니가 수시로 그녀를 돌보기 위해 먼 길을 다녀야 했다.

그러던 중 1853년 가을 어느 날, 필라델피아에서 딸을 돌봐 주고 사우스 캐롤라이나의 집으로 돌아간 어머니로부터 커닝햄에게 한 통의 편지가 배달되었다. 그 편지는 그녀의 절망적인 삶에 결정적인 종지부를 찍게 해 주었다. 어머니의 편지는 여객선을 타고 포토맥강을 내려오다가 선장의 호의로 우연히 둘러보게 된 조지 워싱턴 초대 대통령의 사저, 즉 대농장 '마운트 버넌'에 관한 것이었다.

어머니 루이사 커닝햄은 전 미국인들이 그렇게 떠받들고 칭송하던 워싱턴 대통령의 사저가 그의 사망(1799년) 후 불과 50여 년밖에 안 되었는데 폐허화된 사실에 놀라고 크게 실망하여 편지에 썼던 것이다.

"달빛이 휘황찬란하게 비추던 밤에 우리 일행은 마운트 버넌을 지날 때 여객선 선장이 잠깐 동안 정박해 있을 테니 워싱턴 장군의 유적지를 구경하고 오라는 소리에 모두 기대에 가득 차서 배를 내렸다. 여러 번 그 앞을 지나치긴 했어도 한 번도 들어가 보지 못했기 때문이었다. 그러나 포구 앞에 펼쳐진 정경은 미국의 독립을 이끈 국부이자 초대 대통령이었던 워싱턴 장군의 기품 있고 웅장한 저택의 모습이 아니라 대부분 지붕이 주저앉고 벽이 허물어진 폐허 그 자체였다. 영웅 워싱턴 장군을 흠모하고 존경하는 내 마음까지도 허물어져 내리는 느낌이었다. 모두가 워싱턴 장군을 높이 떠받든다 하면서도 막상 무너지는 그의 집을 보수하고 지켜 낼 사람이 우리나라에 단 한 사람도 없단 말인가. 남자들이 남북의 정치적 대립(주: 남북전쟁이 임박함을 가리킴) 때문에 여력이 없다면 여자들은 왜 그것을 못하는가?"

커닝햄의 전기에는 그녀가 어머니의 편지를 읽어 본 순간 거짓말처럼 자리에서 벌떡 일어났다고 했다. 바로 주섬주섬 자신의 짐을 챙겨 사우스 캐롤라이나의 집으로 출발했다는 것이다. 30세가 훨씬 넘도록 신체적 제약으로 인해 생의 목표를 잃었던 그녀에게 비로소 새로운 삶이 열린 순간이었다.

집에 돌아오자마자 커닝햄은 우선 자기와 뜻을 같이 하는 사람들을 규합해야 했다. 그래서 지역신문인 '찰스톤 머큐리(Charleston Mercury)'에 마운트 버넌을 지켜야 하는 취지를 설명하고 여성들의 참여를 촉구했다. 당시 신문들은 여성들의 기고, 더욱이 미혼 여성의 글은 실어 주지 않았기 때문에 본명을 밝히지도 못하고 '남부의 한 부인(A Southern Matron)'이라고 써서 기고했다. 1853년 12월 2일자였다. 그녀의 호소는 주로 남부의 여성들에게 마운트 버넌을 재건하는 일에 동참해 달라는 것이었다.

[1858년 구입 당시의 쇠락한 마운트 버넌의 모습.
중앙에 맨션이 있고 우측에 포토맥강, 하단에 부두가 있다]

그녀의 호소에 대해 많은 숫자는 아니었지만 주로 남부 지역의 여성들이 동참을 연락해 왔고 약간의 후원금도 보내 왔다. 그에 힘입어 커닝햄은 이번에는 자기 이름을 직접 내세워 북부지역의 신문들에 기고했다. 마운트 버넌을 여성들의 힘으로 복구하자는 그녀의 주장은 미 전역에서 호응을 불러일으켰다. 그래서 첫 모임은 30여 개 주의 대표자들이 모여 이듬해인 1854년 개최되었다. 단체의 이름을 '마운트 버넌 부녀회 (MVLA)'로 정하고 발제자인 그녀가 초대 대표(Regent)로 선출되었다. 당초 커닝햄의 계획은 일의 주관은 버지니아 주정부에서 맡고, MVLA는 모금과 주정부를 도와주는 역할에 머무르는 것이었다. 그러나 어려움은 도처에 널려 있었다.

먼저 남북전쟁 발발 직전 남부와 북부의 대결이 점차 격화되는 정치적 상황에서 경계 지역에 위치한 버지니아주는 커닝햄의 제안을 받아들일 수가 없었다. 따라서 이 일은 결국 MVLA가 맡아서 하는 수밖에 없었다. 모금을 계속하며 2년여의 준비 기간을 거친 후 커닝햄은 마운트 버넌을 방문했다. 당시 마운트 버넌의 넓이는

[폐허 상태로 남아 있던 당시 맨션의 모습]

200만 에이커(약 25만 평)로 그 소유권은 워싱턴 대통령의 인척인 존 아우구스트 워싱턴 3세에게 있었다. 커닝햄은 그를 만나서 부녀회에서의 직접 구입을 타진했다. 그러나 주정부 같은 기관에 판매하기를 원했던 소유주는 단호히 이를 거절했다. 그녀는 크게 실망했으나 좌절하지 않고 끈질기게 설득에 나섰다. 마침내 1858년 4월 6일 워싱턴 3세는 MVLA와

의 계약서에 서명했다. 치른 가격은 20만 달러였다.

그러나 1860년 들어 미국 전체가 노예해방 문제를 놓고 남부연합 11개 주와 북부의 주들이 맞섰으며 1861년에는 전면적으로 남북전쟁(Civil War)을 벌이게 되었다. 따라서 마운트 버넌 보존문제는 더 이상 진전될 수 없었다. 당시 버지니아주는 남군에 속했는데 마운트 버넌은 버지니아주의 북동부로 북군의 메릴랜드주와 접경에 위치해 있었다. 초기 전세는 백중세로 지속됐고 마운트 버논의 북쪽에는 북군 진지가, 남쪽에는 남군 진지가 자리잡게 되었다. MVLA는 이사회를 열고 심각한 논의에 빠졌다. 모두 철수할 것인가? 일부 회원들이 남아서 지킬 것인가? 철수할 경우에는 마운트 버넌은 전화(戰禍)를 입어 그나마도 회복 불가능의 상태에 놓일 것이 뻔했다. 그렇다고 여자들만 남아서 지킨다는 것도 전쟁 중에 안전 문제를 담보할 수 없는 위험천만한 일이었다.

그러나 커닝햄의 집념은 누구도 꺾을 수 없었다. 그녀는 누군가 남아서 지킬 것을 주장했고 초기에 별로 호응이 없자 불편한 몸에도 불구하고 혼자서라도 남아 지키겠다고 나섰다. 결국 이 같은 그녀의 강력한 주장에 10여 명의 임원들이 남기로 결정했다. 동시에 커닝햄은 북군 총사령관 윈필드 스코트(Winfield Scott) 장군을 찾아가 마운트 버넌의 보존을 읍소했다. 다행히 국부 워싱턴 장군의 사저를 보존한다는 MVLA 측의 대의에 북군이나 남군이나 이의가 없었다. 결국 스코트 장군은 마운트 버넌 지역을 중립지대로 선포했고, 남군도 그에 동조하게 되면서 마운트 버넌은 전화를 피할 수 있었다.

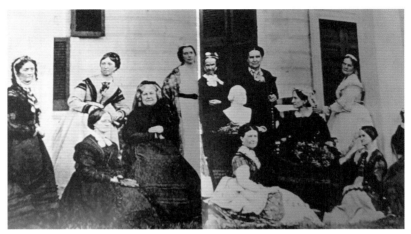
[1873년 워싱턴 흉상 제작 기념으로 MVLA 임원진이 맨션 뒤뜰에서 기념촬영을 했다.
커닝햄은 가운데 줄 오른쪽 끝 의자에 앉아 흉상을 바라보는 이]

　　1865년 전쟁은 남군의 패배로 끝났다. MVLA의 임원진들은 본격적으로 마운트 버넌 보존 사업에 박차를 가했다. 그러나 회원들이 늘어나면서 의견을 한데 모아 나가기가 점점 힘들어졌다. 첫 번째 대립은 마운트 버넌을 어떻게 개발할 것인가의 문제였다. 일부 회원들은 워싱턴 장군의 사저를 제외하고 그동안 노예나 하인 등 하층민들이 움집을 짓고 살고 있던 농장 일대는 모두 헐어 버리고 참전용사들의 주택이나 전사자들의 추모비를 건립해 남북전쟁 추모공원으로 만들 것을 주장했다.

　　그러나 커닝햄은 마운트 버넌 전체의 모습을 그대로 복원할 것을 주장했다. 주변의 자연경관도 손대지 말고 워싱턴 장군의 생전과 생후의 변화해 온 모습을 가능한 한 보존하여 위대한 성지를 만들고자 했다. 커닝햄은 결국 자신의 뜻을 관철시켰고, 끝까지 마운트 버넌을 지키다 1875년 59세로 그곳에서 눈을 감았다. 그리고 그녀의 뜻을 이어받은 MVLA 회원들의 노력으로 마운트 버넌은 서서히 모습을 갖추어 갔다.

MVLA는 민간인들의 유적보존 운동으로 미국 내 효시였으며 연방정부도 대부분의 유적지를 국립공원관리청의 관할로 지정하면서도 마운트 버넌만큼은 예외적으로 민간단체인 MVLA에 그 관할권을 인정하고 있다. MVLA의 유적보존운동은 이후 미 역사상 많은 선례를 남기면서 큰 영향을 끼쳤다.

대표적인 사례로 제7대 대통령 앤드류 잭슨의 유적지 '허미티지(The Hermitage)'가 있다. 테네시주 내슈빌에 위치한 '허미티지'는 잭슨 대통령의 손주 며느리인 애미 잭슨이 시할아버지의 사저와 유적들이 계속 폐허화되는 것을 안타깝게 생각하고 있던 중 버지니아의 MVLA에 착안하여 1889년 '허미티지부인회(The Ladies' Hermitage Association)'을 창설하면서 시작되었다. 이 역시 민간의 힘으로 문화유적을 지켜낸 훌륭한 본보기로 남아 있다.

커닝햄 이후 MVLA의 회장으로서 괄목할 만한 업적을 남긴 여성들을 살펴보면 다음과 같다. 1889년 MVLA의 새 회장으로 취임한 캘리포니아주 부회장 출신 애퍼슨 허스트(Apperson Hearst) 역시 역사적 유적 보존의 의지가 투철해 커닝햄의 지도방침을 잘 따랐다.

그러나 일을 추진하는 과정에서 여러 차례의 난관에 부닥치게 되었는데 그중 하나는 시설의 현대화 문제를 놓고 벌어진 공방이었다. 때마침 발명가 토머스 에디슨이 전기를 발명하여 미 전역에 전기설치를 권장하고 다닐 때였다. 대부분의 임원들은 등잔과 촛불을 쓰던 예날 방식대로의 보존이 의미가 있다고 주장했다. 그러자 에디슨 역시 마운트 버넌의 전기설치는 상징성이 크다는 판단에서 1916년, 모든 전기설비와 배터리 충전설비를 전체 3325달러에 해 주겠다는 매우 파격적인 제안을 해 왔다. 그리고 안전을 절대 보장하겠다는 전제조건도 달았다. 결국 임원진들은 전기설비를 하기로 결정, 당시로서는 이 유적지에 최첨단 전기시설을 한 것만도 크게 화제가 될 정도였다.

[오늘날 부둣가에 선착장이 잘 조성되어 있다]

또한 허스트는 마운트 버넌에 만조 때 포토맥강으로부터 강물이 유입되어 매년 농장 내부가 수해를 입자 방조제를 쌓았는데 이로 인해 강 건너편에서 배를 타고 오는 사람들도 마운트 버넌에 대한 접근성이 매우 좋아졌다. 또한 마운트 버넌 내 각 건물들에 배치할 고가구들을 대거 구입하여 복구 작업을 하는 데 있어 예술성을 되살리기도 했다.

프란시스 페인 볼튼(Frances Payne Bolton) 하원의원 역시 기여가 컸다. 그녀는 1938년 오하이오 부회장으로 MVLA에 합류했는데 이후 본인이 하원의원이 되면서 많은 입법을 통해 마운트 버넌을 조성하는 데 힘썼다. 한 예로 마운트 버넌 반경 3.2km를 보호구역으로 설정하여 인근에 상가나 숙박시설들이 난립하는 것을 막았다. 그녀는 1940년 오하이오주 하원의원이었던 남편이 죽자 보궐선거에서 당선되어 잔여 임기 동안 의원직을 수행했고 이후에는 자력으로 1968년까지 의원직을 유지했다. 1955년에는 마운트 버넌 강 건너 메릴랜드의 땅 500에이커에 텍사스의 자본가가 오일탱크 기술자들의 기숙사를 짓고, 주정부에서는 하수종말처리장을 건립하려고 할 때 MVLA 측에서는 속수무책이었다. 이때 재력가인 볼튼이 이 땅을 구입해 기증함으로써 마운트 버넌은 포토맥강쪽으로 전망이 트이게 되었으며 전체적인 유적지 보존에 새로운 전기를 맞게 되었다.

마운트 버넌은 현재 미국 민주주의의 성지이자 초대 대통령 워싱턴 장군의 묘소가 위치한 곳으로 매년 수백만 명의 관광객들이 이곳을 찾아온다. 각종 교육프로그램과 체험 프로그램을 통해 워싱턴 장군의 생애뿐 아니라 미국을 개척한 선조들의 생활방식을 원형 그대로 경험할 수 있는 곳이다. 이민 초기 대농장의 모습과 그곳에서 행해졌던 노예제도의 실상 등도 배울 수 있는 교육의 장이기도 하다. 이 모든 것들이 위대한 대통령을 지켜내고 보존하고자 한 커닝햄의 굳은 의지에서 시작되어 지금까지 대통령문화를 꽃피우는 원동력이 되고 있다.

연구논문과 언론 칼럼

Presidential Culture
and Democracy

■ [연구논문]
미국 대통령도서관제도의 역사적 고찰[1)]

1. 미국 민주주의의 버팀목 대통령도서관

　미국에 새로운 바이든 대통령 행정부가 출범하면서 전 세계는 새로운 기대감으로 미국을 주시하고 있다. 지난 4년 동안 트럼프 행정부의 미국은 '미국 우선주의(America First)'를 내세우며 과거 미국이 국제사회에서 해 오던 역할을 축소시키고 이른바 20세기 냉전시대에 '자유민주주의 수호'의 깃발 아래 공산주의의 침략 준동에 맞서오던 '세계 경찰국가'로서의 위상을 포기하고 '보통국가'로서의 미국을 추구해 왔다고 볼 수 있다. 따라서 트럼프 행정부 시절 국제사회에 던진 화두는 하버드대 케네디스쿨 원장으로 클린턴 대통령 시절 국가정보회의의장, 국무부 차관보 등을 역임했던 조지프 나이가 자신의 역저 "미국의 세기는 끝났는가?(Is the American Century Over?)"에서 문제를 제기한 바와 같이 '이제 국제사회에서 미국의 영향력은 끝났는가'에 대한 의문 그 자체였다.

　왜냐하면 트럼프 행정부는 미국의 경제회복을 위해 지금까지 추구해 온 국제무역질서를 파괴시키고 보호무역주의 일변도로 나갔으며 외교·안보적으로는 지난 반세기 동안 자유민주주의 수호를 위해 맺어온 강력한 군사동맹을 비용이 많이 든다는 이유로 폐기 내지는 재조정 수순을

---

1)　본 연구논문은 서양사학회의 연구논문집 『서양역사와 문화연구』 제41집(2016)에 실린 것을 일부 수정함.

밝았다. 국내적으로는 일자리 회복을 구실로 그동안의 이민정책을 강화하여 자국민들의 일자리를 빼앗아 가는 불법이민자를 막는다는 명목으로 멕시코 국경에 높은 철책을 치는 해프닝을 연출했다. 또 국제적으로는 그동안 미국이 주축이 되어 강화시켜왔던 탄소 저감정책, 오존층 보호 등 비용이 많이 드는 환경과 기후문제 등에서 막상 당사자는 불참하는 어이없는 행동을 되풀이해 왔다. 이 같은 트럼프 행정부의 기행(奇行)은 전 세계로 하여금 '이상한 미국'을 다시 보고, 다시 평가하게 만들었던 것이다.

그러나 미국민들은 그 같은 기조를 계속 유지하려는 트럼프의 재선을 허락지 않았다. 이는 더 이상의 '기행'을 용납하지 않겠다는 국민들의 의지의 표현이기도 했다. 새로 등장한 바이든 행정부는 그동안 트럼프로 인해 손상된 미국적 가치의 회복을 앞세우고 있다. 미국적 가치의 가장 중요한 부분은 인권의 가치에 대한 존중과 평등을 최우선하여 지키는 것이다. 이는 바로 미국이 230여 년 동안 갈고 닦으며 지켜온 미국의 민주주의를 회복하는 일이다. 미국의 민주주의는 바로 대통령제도를 중심으로 발전해 왔다.

그렇다면 이 미국식 민주주의를 모델 삼아 발전시킨 한국 민주주의의 현주소를 살펴보기 위해서는 미국의 대통령제를 면밀히 검토해 볼 필요가 있다. 1789년 조지 워싱턴 대통령이 초대 대통령으로 취임한 이래 단 한 차례의 헌정 중단 없이 45명의 대통령[2]이 4년~8년의 임기를 이어왔고 지난해 11월 선거에서 조 바이든이 당선됨으로써 2021년 1월부터 46

---

[2] 미국은 대통령이 연속된 임기의 경우 하나의 댓수를 적용한다. 현 바이든 대통령은 46대 대통령인데 45명의 전·현직 대통령이 존재하는 것은 22대 클리블랜드 대통령이 24대 대통령도 역임, 두 개의 대수를 갖고 있기 때문이다. 임기는 4년, 재선 시 8년이다. 그러나 2차 대전 중 루스벨트 대통령은 4선까지 했다. 암살, 병사, 사임 등 이유로 임기 4년을 못 채운 경우도 많다.

대 대통령으로 새로운 행정부를 출범시키게 되었다.

결국 미국의 민주주의 정치체제 확립은 대통령제의 확립으로부터 비롯되었음을 알 수 있다. 역대 45명의 대통령 중 37대 닉슨 대통령이 탄핵 직전 사임한 것을 제외하고는 순조롭게 이어져 왔다. 그러면 미국에서 대통령제가 확립될 수 있었던 요인은 무엇일까? 그것은 대통령직의 확장성으로 설명할 수 있다. 바로 '대통령도서관'이라는 접점을 통해 미국의 역대 대통령들이 국민들과의 교감을 넓혀 온 것이다. 대통령이 퇴직 후까지 국민들과 소통할 수 있는 공간을 마련함으로써 민주주의를 가꿔오는 데 기여했을 뿐만 아니라 민주주의 제도의 확립에도 결정적 역할을 했다고 볼 수 있다.

미국의 대통령도서관제도는 대통령이 퇴임하면 백악관 재임 중 사용하던 모든 공공문서뿐만 아니라 개인적 메모장까지 모든 기록들을 연방 정부에서 국가재산화하여 보관, 분류, 정리를 거쳐 일반인들에게 공개하는 것이다. 각 대통령의 연고지에 대통령도서관을 운영하며 시대사 연구는 물론 각급 학생들에게 역사 및 인물 교육의 장소로 제공된다. 동시에 지역민들을 대상으로 한 각종 의식과 친목행사 등을 주관함으로써 대통령 임기 후에도 국민에 대한 봉사와 교감이 지속되고 있는 것이다.

대통령도서관은 주로 역대 대통령들의 고향, 모교, 혹은 정치적 성장의 기반지 등에 땅을 기증 받아 후원회원들의 성금으로 지어지고 있다. 그 후 연방의 국립문서기록관리청(NARA)으로부터 직원들이 파견되고 연방 예산의 지원을 받아 운영되게 된다. 대통령도서관들은 대부분 도서관뿐만 아니라 박물관의 기능까지 겸하고 있는 곳이 많으며, 지역주민들과 학생들의 민주주의 교육과 소통공간으로서의 활용에 큰 역할을 하고 있다. 이 같은 기능은 지역사회의 초·중·고 학생들뿐만 아니라 일반인들에게도 교육적 공간이 되고 있다. 더 나아가 재임 당시 대통령의 모든 공적·사적 자료의 수집, 보관, 공개 등 학술적 기반을 제공함으로써 당대의 정치·경제·사회·문화·외교 등 모든 분야에서의 최대의 자료 소장처로써 학자들에게도 연구의 기초 자료를 제공해 준다는 면에서 의의를 찾을 수 있다.

대통령도서관은 단지 어느 특정 대통령의 업적만을 부각하기보다 미국 대통령 전체의 '위대성'과 '애국심'을 강조하고, 그를 통한 미국 민주주의의 수월성을 각인시킨다는 점에서 국민들에게 애국심 고취의 원천으로서 역할이 부각되고 있다. 이는 NARA에 속한 13개 대통령도서관에만 해당되는 사항이 아니고 지방정부나 개인 단체 등에 의해 운영되고 있는 모든 역대 대통령들의 기념관에도 똑같이 적용되고 있는 것이다.

따라서 본고는 미국 대통령도서관의 현황과 제도 등에 대한 분석을 통하여 대통령도서관이 미국의 민주주의 발전에 어떤 영향을 끼치고 있는가를 규명하고자 한다. 동시에 5년마다 전직 대통령을 맞이해야 하는 한국의 대통령제하에서 전직 대통령에 대한 예우 및 관리에 대한 문제도 함께 제기해 보고자 하는 목적도 갖고 있다.

2. 미국의 대통령기념물 관리

1) 미국 대통령기념물의 범위와 관리 주체

미국의 대통령 관련 기념물의 범위는 다양하다. 대통령 유적연구가인 라첼 코치만의 역저 『Presidents-Birthplaces, Homes, and Burial Sites』(Bemidiji, Minnesota: Arrow Printing, 1996)에 따르면 먼저 하드웨어

적으로 생가(生家), 사저(私邸), 묘소(墓所)의 셋으로 나뉜다. 사저도 어렸을 때 살던 집, 장성하여 살던 집, 결혼하여 살던 집 등 다양하게 구분되며 대부분 연방정부 내무부 산하의 '국립공원청(NPS: National Park Services)'이 국가사적지로 보존하고 있다. 또한 대통령이 되기 이전의 활동과 관련된 역사적 의미가 있는 지역들도 국가 사적지나 개인 사적지로 보존되고 있다. 대통령의 초상화나 가족사진, 각종 행사사진, 동상, 조형물 등도 스미소니언박물관이나 개인 박물관 등에 보존되고 있다. [3]

  이들 대통령들의 유산은 대부분이 미국 NPS 소속으로 되어 관리되고 있다. 유산의 종류, 형태, 관리 주체 등에 따라 다양한 명칭으로 구분되는데 '국가유산지역(National Heritage Area)'으로는 일리노이주 스프링필드의 링컨 사적지가 유일하다. 또 '역사보존지구(Historic Preservation/Heritage Preservation)'로는 워싱턴 대통령의 버지니아주 마운트 버넌 농장 유적지와 뉴욕주 뉴버그의 워싱턴 장군 사령부가 지정되어 있다. 또한 '국가유적(National Monuments)'으로는 워싱턴 D.C.에 위치한 링컨의 거처이자 후에 은퇴군인의 숙소로 사용된 건물이 지정되어 있다. 그밖에 대부분의 대통령 관련 유적들은 NPS 산하 '국가기념물(National Memorials)' 내에 '대통령기념물(Presidential Memorials)'로 구분되어 있다. 2016년 11월 현재 대통령기념물로 지정된 것은 73곳이며 13개 대통령도서관도 모두 이 범주에 포함되어 있다. 한편 NPS에 의해 사적으로 지정되어 보존되지 않는 유적 가운데 가치가 있는 것들에는 '역사지구등록(National Register of Historic Places)' 동판을 붙여 놓도록

---

3) 각 대통령의 대표 초상화는 백악관 갤러리와 워싱턴 DC의 '초상화박물관(National Portrait Gallery)' 두 곳에 보존되어 있다. Smithsonian Donald W. Reynolds Center, *American Art and Portraiture* (Washington D.C.: National Portrait Gallery Smithsonian American Art Museum, 2015), p.5.

되어 있다.

　또한 일반 단체나 개인, 지자체 등에 의해 운영되는 경우도 있다. 워싱턴 대통령의 사적지인 '마운트 버넌'은 초창기부터 이 사적지를 구입하여 관리해 온 '마운트 버넌 부녀회(MVLA)'가, 또 7대 대통령 앤드류 잭슨의 사적지 'The Hermitage'는 '허미티지 부녀회(The Ladies' Hermitage Association)'가 관리하고 있다.

　워싱턴 대통령의 경우 하드웨어적으로 볼 때 사저인 마운트 버넌이 '역사보존지구'와 '국가기념물', '대통령기념물' 등으로 지정되어 있는 것 이외에 버지니아 프레데릭스버그에 있는 포프스 크리크의 생가, 페리 팜의 소년 시절 집, 찰스 스트리트의 어머니를 위해 구입한 집, 워싱턴 애비뉴의 기념탑과 마운트 버넌 경내에 위치한 묘소 등은 '역사지구등록 동판'이 부착되어 모두 사적지로 관리되고 있다. 그밖에 워싱턴 장군 시절 대륙군의 맨해튼 사령부가 있던 브로드웨이 1번지의 시티은행 터에는 '대륙군 사령부 터'라는 큰 동판을 새겨 놓고 있으며, 맨해튼 주둔 시 자주 가던 펄 스트리즈 54번지의 선술집 '프론시스 태번'은 2, 3층은 워싱턴 소박물관, 1층은 영업장으로 활용하고 있는 등 헤아릴 수 없이 많은 사적지들이 지정·보존되고 있다.

　소프트웨어적으로 살펴볼 때도 마운트 버넌 사적지 내의 '포드오리엔테이션센터'에는 자료관, 교육관, 박물관 등이 있어 전체적인 시대상을 조망할 수 있도록 해 놓았다. 워싱턴의 대통령 재임 시에 대한 각종 서류와 문서, 서신, 메모 등도 보관되어 있다. 더욱이 요즘에는 대부분 자료들이 온라인으로 검색이 가능하다. 따라서 대통령도서관 혹은 박물관 측은 별도의 홈페이지를 운영하며 온라인 서비스를 통하여 연구자뿐 아니라 일반 방문객들에게도 원격 서비스를 제공하고 있다.

2) NARA 대통령도서관의 기원

미국에서 대통령기록물이 공공성을 띤 공적인 국가의 재산으로 인정되기 시작한 것은 1940년 2기 임기를 수행하던 플랭클린 루스벨트 대통령이 1기 임기 중 자신의 모든 공적·사적 문건을 포함한 자료들을 소장하기 위해 고향집에 건립한 개인 자료관을 연방정부에 기증하여 그 관리를 맡기면서 시작되었다.

그때까지 역대 미국 대통령과 관련된 모든 기록물들은 해당 대통령의 임기가 종료되고 나면 일종의 '사유물'로 취급됐기 때문에 의회도서관 또는 출신대학 도서관, 거주지 로컬 도서관 등에 기증했으며 일부는 후손에게 남겨 주는 등 그 처리가 다양했다. 이같이 중요한 국가 문서라 할지라도 특별보관 조치가 이뤄지지 않았기 때문에 팔려 나가거나 훼손·분실되고 여러 군데 흩어져 있는 경우도 많았다. 또한 일부는 자신의 대통령 재임 시 잘못을 은폐하기 위해 의도적으로 폐기·처분되기도 했다. 따라서 대통령기록물에 대한 국가의 공적 재산으로서의 지위 부여는 국가 역사물 보존에 획기적인 조치가 되었다. 더욱이 루스벨트 대통령은 부지뿐만 아니라 자료관 건립에 들어간 예산 당시 37만 6천 달러도 모두 사재 혹은 후원회원들로부터의 기부금 등으로 충당하여 대통령도서관 건립에 국민들의 세금은 한 푼도 사용되지 않게 하는 선례를 남겼다.

루스벨트의 자료관은 1940년 7월 4일, 미국 독립기념일부터 미연방 정부의 국가문서보관소(National Archives)에 귀속되어 연방 자산으로 운영하게 되었다. 그 결과 미국에서는 대통령이 재직하던 기간 동안 생겨난 모든 문서들은 후세를 위하여 국가재산으로 보관하며, 그를 위한 도서관 겸 박물관은 대통령이 개인적으로 건설하여 연방정부에 기증하면 그 운영은 정부에서 책임지는 체제가 정립되게 되었다. 대통령도서관의 운영을 위해 미 의회가 1955년에 '대통령도서관법(PLA: Presidential Libraries Act)'을 제정하였고, 1978년에는 '대통령기록관리법(PRA: Presidential Records Act)'을 제정하여 입법적 뒷받침을 했다.

현재 13개의 대통령도서관들은 NPS의 '국가기념물'로 구분되면서도 그 운영에 있어서는 NARA의 관리감독을 받고 있다. 이들 대통령도서관들은 명칭부터 '도서관(library)'이라는 가치중립(value free)적 용어를 사용하여 개인적 업적의 칭송이나 찬양 일변도를 피하고 자료의 충실한 보존, 관리, 공개의 역할을 담당하고 있다. 대통령 재임 당시의 역사 자료들을 있는 그대로 보존 공개하는 것을 목표로 하고 있으며, 업적의 공과(功過)에 대한 판단은 관람자들에게 맡기는 형식을 취하고 있어 그 가치를 더욱 높이고 있다. 특히 모든 자료를 일반에 공개함을 원칙으로 삼고 있어 당시의 자료들이 학문적 연구를 통해 확대재생산 되는 등 높은 차원에서의 활용이 이루어지고 있다. 특히 대통령도서관들은 대통령의 사물(私物)이나 임기 중 받은 선물과 기념품 등도 별도의 박물관을 지어 보관하기 때문에 대부분이 '대통령도서관 겸 박물관(Presidential Library and Museum)'이라는 명칭을 사용하고 있다. 미시간주의 그랜드 래피즈(박물관)와 앤 아버(도서관)에 박물관과 도서관이 각각 나누어져 있는 포드 대통령을 제외하고는 모두 한 지역 혹은 한 건물에 위치하고 있다. 13개 대통령도서관의 명단과 위치는 〈표-1〉과 같다.

〈표-1〉 NARA 관할 대통령도서관

개관 순번	대통령도서관	개관일	소재지	기타
1	Roosevelt Library <32대>	1940. 7. 4	Hide Park, New York	
2	Truman Library <33대>	1957. 7. 6	Independence, Missouri	
3	Eisenhower Library <34대>	1962. 5. 1	Abelene, Kansas	
4	Hoover Library <31대>	1962. 8. 10	West Branch, Iowa	
5	Johnson Library <36대>	1971. 5. 22	Austin, Texas	University of Texas
6	Kennedy Library <35대>	1979. 10. 20	Boston, Massachusetts	
7	Ford Library <38대>	1981. 4. 27	Ann Arbor, Michigan	Library (University of Michigan)
			Grand Rapids	Museum
8	Carter Library <39대>	1986. 10. 01	Atlanta, Georgia	
9	Reagan Library <40대>	1991. 11. 04	Simi Valley, California	
10	Bush Library <41대>	1997. 11. 06	College Station, Texas	Texas A&M University
11	Nixon Library <37대>	1990. 7. 19	Yorba Linda, California	
12	Clinton Library <42대>	2004. 11. 18	Little Rock, Arkansas	
13	Bush(2) Library <43대>	2013. 1. 20	Dallas, Texas	SMU University
14	Obama Library <44대>	미정	Chicago, Illinoi	University of Chicago

위 표에 따르면 후버 대통령은 1920년대 후반 세계경제의 침체로 말미암아 몰아닥친 대공황의 여파로 많은 업적에도 불구하고 1933년 초 단임 대통령으로 물러나야 했다. 그의 퇴임 시는 아직 대통령도서관 제도가 시작되기 전이었기 때문에 도서관 건립은 루스벨트와 트루먼의 도서관이 개관된 후인 1959년에 시작되었다. 고향인 아이오와주 웨스트 브랜치의 '후버 사적지' 내에 터를 잡고 1962년 8월 10일 그의 88회 생일에 맞춰 개관되었다. 도서관의 개관은 네 번째지만 가장 선임 대통령도서관에 해당된다.

3) 비(非) NARA 소관 대통령도서관

현재 미국 내 소재한 대통령도서관이 모두 NARA 소관인 것은 아니다. NARA에 의한 대통령도서관 시스템이 정립되기 이전 즉, 후버 대통령 이전의 대통령들은 도서관이라는 이름이 붙은 것도 있지만 '기념관' 등 다양한 이름이 붙어 있다. 큰 틀에서 NPS의 '국가기념물'로 지정되어 있기는 하나 그 실질적인 운영 주체는 개인 후원회나 사단법인 등 다양하다. 첫 번째로 개인단체가 운영하는 곳으로 해당 사적지와 오랫동안 인연을 가져온 개인단체가 그대로 운영하는 경우이다. 초대 워싱턴 대통령의 기념관인 마운트 버넌과 제7대 잭슨 대통령의 기념관인 '허미티지' 등이 이에 속한다. 두 번째는 대통령 가족이나 후원단체들에 의해 설립된 재단에서 운영하는 경우로 토머스 제퍼슨 기념재단, 에이브러햄 링컨도서관 기념 재단, 우드로 윌슨재단 등이 있다. 세 번째는 NPS에서 대통령사적지로 지정하여 일괄 관리하는 경우로 2대와 6대 대통령을 위한 보스턴의 '애덤스 국립사적지' 등이 있다. 네 번째는 대통령의 모교에서 기증받아 운영하는 경우로 제5대 제임스 먼로 대통령의 기념관은 가족들이 대통령의 모교인 윌리엄 & 메리 대학교에 일체를 기증하여 운영되고 있다.

　기념관은 개인재단에서 운영하면서도 대통령 관련 기록물 전체를 대학으로 이관하여 재단과 대학이 이원적인 관리 형태를 유지하는 곳도 있다. 제2대 애덤스 대통령의 도서와 문서들은 매사추세츠 대학 도서관에 기증되어 관리 운영되고 있다. 이들 NARA 이전 도서관들의 운영형태는 〈표-2〉와 같다.

〈표-2〉 비NARA 대표적 대통령도서관의 운영형태

운영 유형	대통령도서관 /사적지	운영 주체	소재지	비고
개인 단체	마운트 버넌 (초대 조지 워싱턴)	MVLA (마운트 버넌 부녀회)	버지니아주 마운트 버넌	남북전쟁 때부터 MVLA 구입, 관리
	허미티지 (7대 앤드류잭슨)	허미티지 부녀회	테네시주 내슈빌	허미티지 부녀회 구입, 관리
가족/ 후원 단체 설립 재단	몬티셀로 (3대 토머스 제퍼슨)	몬티셀로재단 (TJF 토머스 제퍼슨 기념재단)	버지니아주 샬롯빌	1772 신축 유네스코세계유산 국가역사지구 국가경관지구 버지니아등록유적
	몬펠리어 (4대 제임스 메디슨)	몬펠리어재단	버지니아주 몬펠리어	국가역사지구 국가경관지구 버지니아등록유적
	링컨도서관 (16대 에이브러햄 링컨)	에이브러햄 링컨도서관 기념재단	일리노이주 스프링필드	일리노이역사 보존청
국가 기관	애덤스 국립사적지 (2대 존 애덤스/ 6대 퀸시애덤스)	국가공원관리청 (NPS)	매사추세츠 주 퀸시	애덤스가 생가, 사저, 개인도서관 (6대 퀸시 애덤스 도서)
모교/ 기타 단체	제임스 먼로 기념관 (제임스 먼로)	윌리엄& 메리 대학	버지니아주 프레데릭스버그	
	존 애덤스 센터 (2대 존 애덤스)	매사추세츠 역사학회	매사추세츠 주 보스턴	2대 존 애덤스 관련 기록만 이관

초대 조지 워싱턴 대통령의 경우 버지니아 '마운트 버넌'의 사저를 기념관 및 도서관으로 개조했으며 그 관리는 '마운트 버넌 부녀회(MVLA)'가 맡고 있다. 남북전쟁 이전부터 파멜라 커닝햄을 주축으로 한 부녀회원들이 마운트 버넌을 지켜왔던 인연으로 오늘날까지 관리를 맡고 있으며 워싱턴 재임 시의 역사적 기록들은 물론 그가 살았던 18세기 후반의 미국인들의 생활상을 그대로 재현해 놓고 있다.

매사추세츠주 퀸시에 위치한 제2대 존 애덤스 대통령과 그의 아들이자 제6대 대통령을 역임한 퀸시 애덤스 부자를 기념하기 위한 '애덤스 국립사적지' 역시 NPS에 의해 관리되고 있다. 이 사적지 내에는 두 애덤스의 생가, 사저인 '올드하우스', 도서관 등으로 구성되어 있다. 도서관은 올드하우스 내 정원에 지어져 있으며 퀸시 애덤스의 아들인 프랜시스 애덤스가 1870년 부친의 책들을 한 곳에 모아놓은 것으로 사실상 미국 최초의 대통령도서관이라 할 수 있다. 단, 조부인 존 애덤스의 관련 자료들은 보스턴의 매사추세츠 역사학회(Massachusetts Historical Society)에서 매사추세츠 대학 도서관으로 옮겨 관리하고 있다.

버지니아주 샤롯빌에 위치한 제3대 토머스 제퍼슨 대통령은 생가 및 사저, 그리고 자신이 설립한 버지니아 대학의 아카데미 빌리지 등이 유네스코 세계문화유산으로 지정되어 있다. 미국 독립선언서의 기초자이며 버지니아 대학의 설립자로서 또 건축가로서 다재다능했던 제퍼슨의 유적지는 사저 몬티셀로(Monticello) 등을 묶어 'TJF(Thomas Jefferson Foundation, 토머스 제퍼슨 기념재단)'가 전체적인 관리를 맡고 있다. 역시 버지니아주 몬펠리어 일대에 흩어져 있는 제4대 대통령 제임스 메디슨의 기념관과 박물관 등은 유족이 세운 '몬펠리어 재단'이 관리를 맡고 있다. 버지니아주 프레데릭스버그에 있는 제5대 대통령 제임스 먼로 기념관은 사저와 함께 그의 모교인 윌리엄&메리 대학에서 관리하고 있다.

제7대 대통령으로 미국 최초의 서민 대통령이자 루이지애나, 플로리다 등 영토 확장에 주력했던 대통령으로 유명한 앤드류 잭슨은 테네시주 내슈빌 인근의 개인 농장인 허미티지(Hermitage)에 생가, 교회 및 정원, 후손들의 집 등이 보존되어 있으며 마운트 버넌과 마찬가지로 남북전쟁 때부터 이 사적지를 지켜온 허미티지 부인회에 의해 운영되고 있다.

비NARA 시스템의 대통령도서관으로 가장 규모가 큰 것은 일리노이주 스프링필드에 위치한 제16대 링컨 대통령의 도서관이다. 링컨이 변호사, 주의원, 연방 하원의원 등 공직생활을 통해 정치적 입지를 키운 이곳은 링컨이 대통령에 당선되어 지역주민들의 환송을 받으며 워싱턴 D.C.를 향해 가족과 함께 출발했던 곳이다. 스프링필드 중심지 연방 청사에서 5블록 떨어진 곳에 위치한 그의 사저 일대가 국립역사사적지로 지정돼 있다. 그의 변호사 사무실인 링컨헌돈 로 오피스(law office), 출석하던 제일장로교회에는 그의 가족들이 즐겨 앉던 자리가 보존돼 있다. 미 전역 10여 개 도시에 흩어져 있는 링컨 사적지 가운데 가장 규모가 큰 곳으로, 스프링필드의 광범위한 지역이 NPS에 의해 '국가유산지역'으로 지정되어 있다. 2005년에 링컨 대통령도서관재단에 의해 박물관과 도서관이 건립되어 운영되고 있다.

제28대 대통령을 지낸 우드로 윌슨의 생가가 있는 버지니아주 스톤튼은 애팔래치아산맥 동부의 빼어난 절경인 셰난도 계곡 한 복판에 위치해 있으며 '윌슨의 도시'로 유명하다. 사적지에는 그의 생가가 그대로 보존돼 있으며 박물관과 부친 조셉이 시무하던 교회, 대학 등이 시가지 곳곳에 그대로 남아 있으며 우드로 윌슨 재단에 의해 관리되고 있다.

3. NARA 대통령도서관의 현황

현재 미국 NARA에 의해 운영되고 있는 13개의 대통령도서관은 국가와 사회는 물론 교육적인 측면에서도 긍정적인 역할이 큰 것으로 평가되고 있다. 특히 미국민들에게 자신들의 역사와 정치에 대하여 무한한 자부심과 긍지를 갖게 하는 데 크게 기여하고 있다. 필자가 2015년 8월부터 2016년 2월까지 7개월 동안 이들 대통령도서관 전체를 방문하여 도서관의 운영 담당자들은 물론 관람객들과 인터뷰한 결과 그들의 소감은 한결같았다.

1) 대통령도서관의 소장 자료

(1) 대통령기록물

대통령도서관은 원칙적으로 대통령기록물을 보관하는 것으로 되어 있다. 대통령기록물에 속하는 것은 첫 번째로 대통령에 대한 정식보고서나 비망록은 물론 메모, 낙서, 각종 편지 등 대통령 개인에 의해 생산된 모든 문서가 수집대상이 된다. 두 번째는 부통령과 수백 명에 이르는 백악관의 참모와 대통령이 임명한 주요 각료들에 대한 기록 등이 포함된다. 세 번째는 대통령 취임 이전의 기록이나 퇴임 이후의 기록들도 포함된다. 각 행정부 내에 있는 대통령 관련 문서들도 모두 해당된다. 그밖에 각종 사진 자료와 영상기록, 음성기록도 포함되며 최근의 대통령들은 재임 중 사용한 이메일 문건까지도 포함된다.

여기에 대통령도서관의 자체 사서들이 인터뷰 전문가들을 동원하여 수집하는 '구술자료(Oral Interview)'가 있다. 이 자료들은 대통령과 절친했거나 대통령의 정책 결정에 깊숙이 개입했던 인사들과의 인터뷰 기록이다. 따라서 대통령도서관의 기록물들은 퇴임 때 백악관에서 반출된 것들뿐 아니라 추가적으로 구술자료나 타인이 소장하고 있는 대통령 관련 자료, 학술적 연구에 의한 자료물 등 지속적인 수집으로 시간이 흐를수록 방대해질 수밖에 없다.

(2) 대통령기록물 보존 및 처리 절차

현재 대통령기록물에 대한 관리 업무는 1978년에 제정된 '대통령기록관리법(PRA)'에 따라 이루어지고 있다. NARA의 사서들로 구성된 '백악관기록물관리실(ORM: White House Office of Records Management)'에서 대통령 임기 말부터 본격적인 대통령기록물 목록 정리에 들어가는데 완료 시까지는 통상 5년이 걸린다. 이 작업이 완료되어 해당 자료들이 모두 이관되면 대통령도서관이 문을 열게 된다. 물론 그동안 건물을 짓는 일은 대통령 본인과 후원회원들에 의해 진행된다. 현재 이렇게 해서 수집된 문서들은 각 대통령도서관당 보통 2천만~3천만 건에 이른다.

그러나 수집과 분류가 끝난 후에도 기록물이 바로 일반에 공개될 수 있는 것은 아니다. 이른바 기밀문서(Classified Document)가 많기 때문에 분류 절차를 거쳐야 한다. 대통령도서관의 모든 문서는 PRA의 정보자유조항에 따라 퇴임 후 5년 이후부터 일반에 공개할 수 있으나 기밀문서의 경우는 12년 이후 공개할 수 있게 되어 있다. 기밀문서는 등급에 따라 '1급비밀(Top Secret)', 2급비밀(Secret), 3급비밀(Confidential), 대외비(Limited Official Use) 등 네 단계로 구분되는데 2급비밀까지는 대체로 12년 후에 공개하는 것으로 되어 있다. 그러나 이런 식으로 공개된 문서들도 대부분 중요 부분은 '삭제과정(Sanitizing)'을 거쳐 부분적으로 공

개되지 않는 경우도 많다.[4]

이들 기록물들은 주제별 영역으로 나누어 분류되는데 ▲조직별 연방정부(국내 현안) ▲대통령 개인문서 ▲공보 ▲외국 관련(국가별) ▲수발신 통지문(Messages) ▲국가 안보 및 국방 ▲외교 ▲무역 ▲대통령 연설 ▲자원 ▲비즈니스 및 경제 ▲보건 ▲인권 ▲초청 ▲공무 여행 등이다[5]. 이들은 또 주제에 따라 각각 문서군(Papers), 파일군(Files), 파일(File), 박스(Box), 폴더(Folder) 등으로 하위분류가 이루어져 주제별로 신속하게 찾을 수 있게 되어 있다.

(3) 대통령도서관의 소장 자료 현황

미국 대통령도서관의 소장 자료들은 대통령의 재임 기간이나 퇴임 전후의 활발한 활동 여하에 따라 차이가 크다. 연임하여 전체 임기 8년을 채운 대통령들은 자료가 비교적 많고 단임하거나 전임자의 잔여 임기만을 치른 대통령들은 소장 자료가 적게 나타났다. 각 대통령도서관의 기록물 소장 현황을 보면 〈표-3〉과 같다.

〈표-3〉 대통령도서관 기록물 소장 현황

대통령 도서관	개관연도 (재임기간/설립 기간: 개월)	문서 (만 페이지)	사진 (만 장)	비디오/오디오 기록물 (만 피트)	보존 유물 (만 점)
후버 도서관	1962(4/29)	800	2	1.7	7
루스벨트 도서관	1941(12/4)	8,000	13	5,760건	

4) 최유식, 「미국대통령도서관 소장 한국 관련 자료 현황」, 『역사와 현실』 17권(1995), p.251.
5) 이흥환, 『대통령의 욕조』(서울: 삼인, 2015), p.112.

도서관					
트루먼 도서관	1957(8/4)	700	4.6	인터뷰 500건 /육성기록 200시간/ 인터뷰 22,043 페이지	
아이젠하워도서관	1962(8/1)	2,600	33.5	76.8	7
케네디 도서관	1979(3/16)	840	40	800만/1만1천시간 오디오기록	
존슨 도서관	1971(6/2)	4,500	65	녹음파일 5천 시간/ 전화 통화 643시간	
닉슨 도서관	1990(5/16)	9,600	50	8천시간/백악관 테이프 2,300시간	0.3
포드 도서관	1981(3/4)	2,500	45	71.2/오디오 3천/ 비디오 3,500시간	
카터 도서관	1991(4/10)	2,700	50	구술자료 3,088건 등	
레이건 도서관	1991(8/2)	6,000	160	15.3	6.2
부시 도서관	1997(4/4)	4,400	200	비디오 1/오디오 800시간	13.5
클린턴 도서관	2004(8/3)	7,800	200/ 2,000 (e메일)	1.25	10
부시2 도서관	2013(8/4)	7,000/ 80테라 바이트	400 2,000 (e메일)	14	4.3

　문서 기록물 소장이 가장 많은 도서관은 워터게이트사건을 통해 탄핵에 이르렀던 닉슨 대통령도서관이 9600만 페이지로 가장 많다. 이는 오랜 기간 진행된 재판 자료 등이 포함됐기 때문이다. 다음은 4선으로 총 12년간 재임한 프랭클린 루스벨트 대통령이 8000만 페이지를 기록하고 있다.

사진은 가장 최근에 대통령을 역임한 부시2 대통령이 400만 장으로 가장 많고 이어 클린턴 대통령과 부시 대통령이 각각 200만 장, 레이건 대통령이 160만 장 순을 기록하고 있다. 한편 비디오/오디오 기록물은 구술자료와 함께 페이지로 집계되기도 하고 또는 총시간으로 계산되기도 해 일정한 비교가 불가능하다. 박물관 보존 유물들은 주로 재임 시 받은 선물들로 구성되어 있으며 상당수 도서관들은 전체 유물 수를 공개하지 않고 있다.

2) 대통령도서관 이용 현황

대통령도서관 운영은 NARA 산하의 '내셔널 아카이브 신탁기금(NATF: National Archives Trust Fund)'에서 13개 도서관 전체의 운영을 책임지고 있다. NATF가 발행한 '2015 회계연도 연차보고서'에 따르면 2015년 10월 1일부터 2016년 9월 30일까지 전체 대통령도서관의 운영수입은 1271만 7107달러로 전체 지출 957만 8333달러보다 313만 8774달러의 흑자를 기록했다. [6]

그러나 전체 운영수입이 지난 2014 회계연도 1288만 8508달러보다 17만 1401달러(1.3%) 줄어들어 보고서는 대통령도서관의 운영수입 감소에 대하여 지적하고 있다. 대통령도서관의 운영수입은 ▲복사료 수입 ▲마이크로필름 복사비 ▲기념품 판매 수익 ▲웹사이트 수입 ▲입장료 수입 ▲잡지 프롤로그 판매수입 ▲시설 대여 수입 등으로 구성되어 있는데 가장 큰 부분을 차지하는 것은 입장료 수입으로 나타났다. 2015 회계연도에 입장료 수입은 830만 5808달러로 전체 수입의 65%를 차지했다. 2014년 836만 7617달러에서 6만 1809달러가 줄어 0.73% 감소했는데 입

---

6)   NATF, 『2015 Annual Report』(Washington D.C.: NARA, 2016), p.13.

장료 수입의 비중이 크기 때문에 이를 증가시켜야 한다는 대책을 제시하고 있다.

대통령도서관들은 관람객들에게 소정의 입장료를 부과하고 있는데 자율적으로 정하게 되어 있어 각기 다르다. 제일 비싼 곳은 성인 입장료를 기준으로 21달러를 받는 레이건도서관이다. 그다음은 프랭클린 루스벨트(18달러), 부시(2)·닉슨(16달러), 케네디(14달러), 아이젠하워(12달러), 클린턴·후버(10달러), 부시(9달러), 트루먼·존슨·포드·카터(8달러) 등 21달러에서 8달러까지 다양하다. 또한 다양한 할인이 있는데 시니어(62세 이상), 군전역자 등은 2~3달러 싸게 받는다. 대학생, 청소년 요금은 5~10달러로 할인해 주며 5세 이하나 현역 군인은 무료로 입장한다. 대통령도서관 측은 입장객이 점차 감소 추세에 있기 때문에 입장료를 인상하여 수입을 올리는 것은 고려하지 않고 있다고 밝혔다.

이에 대한 타개책으로 각종 교육·체험 프로그램을 개발하여 학생 단체 입장객 유치에 노력하고 있지만 한계가 있기 때문에, 지역주민들의 파티나 모임 장소로 대여하거나 구내 레스토랑의 메뉴 개발 등을 시도하고 있다. 새로운 전시물 설치도 입장객 유치에 중요한 요인이 되고 있다. 레이건도서관의 경우 2005년 '에어포스 원' 전시관을 신축하여 대통령 전용기를 들여와 관람객들에게 항공기의 내부 공간 등을 공개하고 그 밑에 대형 볼룸(파티장)을 만들어 행사를 유치함으로써 입장객 증가를 꾀했다.

2014 회계연도 통계로 가장 많은 입장객이 들어온 도서관은 텍사스주 댈러스에 위치한 부시2 도서관으로 49.1만 명이 입장했다. 2위는 캘리포니아주 L.A.의 레이건도서관으로 38.3만 명이고, 3위는 아칸소주 리틀락의 클린턴도서관으로 33.4만 명이 입장했다. 이들은 개관 초기 현상이나

대도시 위치 등이 그 이유로 분석되고 있다. 호기심 때문에 일시적으로 관람객이 모이기 때문이다. 4위는 보스턴의 케네디도서관(29.6만 명), 5위는 캔자스주 애빌린의 아이젠하워도서관(18.6만 명) 순으로 집계되었다. 전체 입장객 수는 250만 명을 기록했다.

4. 대통령도서관의 역할

미국 대통령도서관은 우선 해당 대통령 재임 시의 국제적 환경과 국내 사정들을 상세하게 설명해 주는 시대사 전시관의 역할을 충실히 하고 있다. 또 어떤 사건과 관련된 대통령의 의사결정 과정부터 정책의 집행, 경과, 결과 등을 기록한 모든 정부 문서를 보존, 공개하고 있기 때문에 훌륭한 역사자료관의 역할을 하고 있다. 그리고 도서관 관내의 초·중·고교 등 각급 학교의 학생들에게 지속적인 교육프로그램을 제공함으로써 역사 및 정치교육 센터로도 활용되고 있다. 시민들의 각종 모임과 행사 장소로 개방함으로써 소통과 교류의 장으로 사용되기도 한다.

1) 시대사 자료관으로서의 역할

후버 대통령(1929~1933)의 도서관은 세계경제가 대공황(Great Depression)으로 몰락하는 과정에 대해 상세한 정보를 얻을 수 있다. 미국인들이 일반적으로 낙후지역으로 생각하고 있는 '미시시피강 서쪽'의 최초 대통령인 후버는 광산기술자부터 시작해 청나라 황실의 광산국 수석기사로 초빙되어 만주 일대는 물론, 조선, 일본 등도 광범위하게 여행한 바 있다. 그는 1차 대전 발발 시 이미 광산회사의 사장으로 백만장자가 되어 있었다. 그의 능력을 알아본 윌슨 대통령에 의해 식량청장에 이어 상무장관으로 발탁되어 2개 행정부 8년에 걸쳐 상무장관을 연임했다. 이후 제31대 대통령에 당선되는 과정이 소개되면서 전 세계의 경제를 크게 후퇴시킨 대공황 도래의 과정이 설명되어 있다.

그런가 하면 32대 대통령을 역임한 프랭클린 루스벨트 대통령도서관에는 '뉴딜정책'을 내세운 대공황 극복의 역사를 부각시키고 있다. 그리고 2차 세계대전 개전과 그 전개과정 및 종전까지의 역사적 기록이 상세하게 담겨 있다. 33대 트루먼 대통령도서관에는 2차 대전의 마무리와 냉전체제의 전개, 그리고 인류 최초의 원폭투하에 이르기까지의 역사적 기록을 전시하고 있다. 전후 UN의 결성과 평화체제 구축 과정, 또한 한국전쟁의 발발과 인천상륙작전에 성공한 맥아더 장군의 활약상과 그의 해임에 이르기까지 한국전쟁사의 단면도 잘 보존되어 있다.

34대 아이젠하워 대통령도서관에는 그가 총사령관으로 활약했던 2차 대전의 상세한 역사와 대통령 재임 시 치른 한국전쟁과 휴전의 역사, 그리고 원자력의 평화적 이용을 추구하기 위한 IAEA 설립 등이 잘 소개되어 있다. 이들 각 대통령도서관 별로 중점적으로 다루고 있는 시대상은 <표-4>과 같이 정리할 수 있다.

〈표-4〉 대통령도서관별 전시된 대표적 시대상

대통령 도서관	대통령 재임기간	주요 시대상	중점 전시내용	비 고
후버 도서관	1929~1933	대공황	대공황 도래의 원인, 경과, 영향	로라 잉걸스 컬렉션
루스벨트 도서관	1933~1945	2차대전 발발, 진 주만 피습, 2차대 전 종전	뉴딜정책, 대공황 극복, 2차대전 수행 UN창설, 마샬플랜	4선, 대통령도서 관 시스템 창설
트루먼 도서관	1945~1953	원폭투하, 한국전쟁	2차대전 종전, 한국전쟁	맥아더 사령관과 갈등
아이젠하워 도서관	1953~1961	한국전쟁 종전, 미·소 냉전체제	한국전쟁 휴전, 미· 소 냉전 경쟁, IAEA 창설	미소 화해
케네디 도서관	1961~1963	쿠바 위기 달 정복 성공, 대통령 암살 (63.11.22)	쿠바 미사일위기 최초 대통령후보 TV토론	헤밍웨이 컬렉션. 암살
존슨 도서관	1963~1969	'위대한 사회' 베트남 지상군 참전	'위대한 사회' 시민 권리법 통과 베트남 전쟁	대통령직 승계 1968 재선포기
닉슨 도서관	1969~1974	베트남전 철군 개 시 미·중 화해	닉슨 중공 방문 워터게이트사건	1974. 8. 8. 탄핵 직전 사임
포드 도서관	1974~1977	닉슨 사면 인플레 이션 억제실패	한반도 8.18 도끼만 행 신속대처	대통령직 승계(비 선 출잔여임기)
카터 도서관	1977~1981	'인권옹호' 이란 인질사건 미·중 수교	캠프 데이비드 평화협정 체결	단임
레이건 도서관	1981~1989	레이거노믹스 이란 콘트라사건	군비증강 인한 재정적자	냉전체제 종식 승기 포착
부시 도서관	1989~1993	공산주의 붕괴	베를린장벽 해체 소연방 해체	단임
클린턴 도서관	1993~2001	재정흑자 기록 섹스스캔들	8년 연속 경제성장	경제대통령 성공
부시2 도서관	2001~2009	9.11테러 테러와의 전쟁	국토안보부 설치 이라크 침공	국난의 극복

2) 역사전시관으로서의 역할

대통령도서관에는 대통령 재임 시의 일상에 대한 기록이 모두 보존되어 있다면 대통령박물관들은 주로 외형적인 시대상을 기록하고 있다. 따라서 이들 자료들을 통해 역사적 사건 발생 시 대통령이 어떠한 입장을 취했으며 문제 해결을 위하여 어떤 정책결정 과정을 밟았는지 소상하게 알 수 있어 역사적 실체를 규명할 수 있게 한다.

한 실례로 미시간주 앤 아버의 포드 대통령도서관에는 1976년 8월 18일 한반도 판문점에서 북한의 '8.18도끼만행' 사건이 발생했을 때, 스틸웰 유엔사령관의 보고를 받은 포드 대통령이 국가안전보장회의를 소집하여 사건 발생의 후속 대처방안을 논의해가는 과정을 기록한 당시의 서류들을 직접 찾아볼 수 있다. 당시 백악관 대책회의에 참석자는 누구였으며 각자의 발언 내용 등이 수록되어 있고 사흘 뒤인 21일 문제의 미루나무를 절단하는 '폴 버년' 작전의 수행에 이르기까지 완벽한 기록이 보관되어 있다. 또한 이 내용을 기록한 웨인 커크브라이드(Wayne A. Kirkbride) 소장의 저서『DMZ-A Story of the Panmunjom Axe Murder』(1992)도 이 도서관에 소장되어 있다.

대통령도서관은 대통령 관련 문서들이 체계적으로 보관, 공개되는 것 이외에 대통령과 연관된 인사들의 자료들을 기증 받아 특별전시실을 운영하고 있기도 하다. 아이오와주 웨스트브랜치에 있는 후버 대통령도서관의 경우 별도로 '로라 잉걸스 와일더(Laura Ingalls Wilder)실'을 갖고 있다. 1870년대 미국 대평원지대에 살던 한 가정의 이야기를 소설화한 『초원의 집(Little House on the Prairie)』을 통하여 세계적 작가로 알려진 그녀의 작품들과 개인적인 자료들을 체계적으로 모아 놓고 있는 것으로 유명하다. 이곳은 그녀의 딸 로라 잉걸스 레인이 1920년 후버 대통령의 전기『The Making of Herbert Hoover』를 집필하게 되면서 후버와 친분을 맺게 되었으며, 그 같은 인연으로 모친의 작품 일체를 대통령도서관에 기증하면서 이루어진 것이다.

특별전시실의 또 다른 사례로 매사추세츠주 보스톤에 위치한 케네디대통령도서관의 '헤밍웨이자료실(Ernest Hemingway Collection)'을 들 수 있다. 노벨문학상과 퓰리처상을 받은 미국 최고의 작가로 꼽히는 헤밍웨이와 케네디와의 인연은 작품 속에 표출된 주인공들의 '용기'에 감명받은 케네디 대통령이 작가를 흠모하면서 시작되었다. 1961년 케네디는 대통령 취임식에 그를 초대했으나 당시 위독한 상태의 헤밍웨이는 참석하지 못했다. 그의 사후 미국과 쿠바의 관계가 극도로 악화된 가운데 케네디 대통령이 카스트로 국가원수에게 정상 간의 핫라인을 가동하여 그의 부인 메리 헤밍웨이가 쿠바의 집에 남아 있던 헤밍웨이의 작품과 유품들을 모두 갖고 나올 수 있도록 해 주었다. 이에 대한 고마움의 표시로 메리 여사가 남편의 자료들을 케네디도서관에 기증하게 된 것이다.

헤밍웨이자료실은 메리 여사와 영부인 재클린 케네디와의 오랜 편지교류를 통해 이루어졌으며 1972년 기증 발표 이후에도 많은 시간이 걸려 결국 1980년 7월, 헤밍웨이의 아들 패트릭 헤밍웨이와 재클린 오나시스 등이 참석한 가운데 도서관 6층에서 개관식을 가졌다. 『누구를 위하여 종을 울리나』,『무기여 잘 있거라』,『노인과 바다』 등 대표작들의 초고를 비롯 세계 최대의 헤밍웨이 자료를 보관하고 있어 매년 수많은 헤밍웨이 연구자들이 이곳을 찾아오게 하고 있다.

NARA 시스템의 도서관은 아니지만 초대 워싱턴 대통령의 도서관과 박물관이 있는 마운트 버넌에는 프랑스 시민혁명의 상징인 '바스티유 감옥'의 열쇠가 국보급 유물로서 전시되고 있다. 미국 독립선언에서 영감을 얻은 프랑스 시민혁명의 성공에 감사를 표하기 위해 파리 국민군사령관 라파예트 장군이 이듬해 이 열쇠와 바스티유 함락도를 워싱턴 대통령에게 선사한 것이다. 당시 열쇠의 전달을 맡았던 『상식(Common Sense)』의 작가 토머스 페인은 "미국의 원리와 원칙들이 유럽에 이식되어 거둔 첫 열매가 프랑스 혁명이다. 그것들이 바로 바스티유 감옥을 열리게 한 것이다. 그러므로 이 열쇠는 있어야 할 제자리로 온 것이다."라고 후술하고 있다.

미주리주 인디펜던스에 위치한 트루먼 대통령도서관에는 인류 최초의 원폭투하에 대한 자료들이 보존되어 있다. 1945년 8월 초 일본의 히로시마와 나가사키에 원폭을 투하하기 전인 7월 30일 당시 미국의 전쟁장관이 대통령에게 올린 원폭투하 결재서류에 트루먼이 서명한 역사적인 서류가 그 대표적인 것이다.

3) 지역주민 교육센터로서의 역할

오늘날 각 대통령도서관이 직면한 가장 큰 문제는 관람자의 감소라고 도서관 관계자들은 한결같이 지적한다. 관람객 중에 루스벨트 대통령이나 트루먼 대통령 혹은 아이젠하워 대통령 등 과거 역사적 사건의 최고 결정권자였던 대통령을 기억하고 오는 사람은 극소수의 노인들이기 때문에 관람객의 감소는 불가피하다는 것이다. 따라서 각 도서관들은 학생들을 위한 다양한 프로그램을 만들어 관람객 증가를 위해 노력하고 있다.

루스벨트 대통령도서관의 경우는 다양한 학생들을 위한 필드트립과 원격교육 프로그램을 제공하고 있다. 또 「Let's Team Up」이라는 잡지를 발행하여 학생 및 청소년층의 참여기회를 늘리고 있다. 그리고 '선생님

워크숍' 등 교사들을 위한 프로그램을 운영하여 선생님들이 사전에 해당 대통령에 대한 충분한 지식을 갖고 학생들을 인솔할 수 있도록 하고 있다.

특히 이 도서관은 2차 세계대전과 관련한 영상과 기록영화들을 수집한 '페어 로렌츠 필름센터(Pare Lorents Film Center)'를 운영하여 다양한 영상자료를 통한 교육을 실시하고 있다. 이 센터에는 대공황 시기, 2차 대전 관련 영상, 뉴딜정책 등과 관련된 수많은 기록영화들이 소장되어 있어 당 시대의 교육을 위한 최고의 자료로 활용되고 있다.

교육프로그램을 본격적으로 개발하여 지역사회에 프로모션하는 곳도 있다. 캔자스주 애빌린에 위치한 아이젠하워도서관의 경우 대통령의 애칭인 '아이크(Ike)'를 붙인 'Ikeducation'이란 프로젝트하에 매년 다양한 교육코스와 비용 등을 소개한 '에듀케이터즈 가이드북'을 제작하여 각급 학교에서 비용에 맞는 프로그램을 선택하도록 하고 있다. 아이젠하워재단이 발행한 가이드북 2015~2016편을 보면 필드트립 교육은 학생 25명을 단위로 도서관 관내에 있는 박물관, 소년시절 집, 명상센터, 도서관, 방문자센터 등 다섯 곳에서 진행되며 매일 오전 10시부터 오후 2시까지 동시에 3개 그룹을 운영할 수 있다. 프로그램은 다양하게 짜여 있으며 초등학생, 중학생, 고등학생별로 3~4개의 프로그램이 제시되어 그 가운데 하나를 선택하게 되어 있다.

이들이 산정한 학생 25인당 비용은 모두 385달러로 25명의 입장료 3달러씩 75달러, 인솔자 교사 포함 5명의 입장료 12달러씩 60달러, 4시간 강의실 사용료 100달러, 도서관 측 2명의 스텝 인건비 100달러, 학생들에게 주는 자료 및 백팩 각 2달러씩 50달러 등으로 구성되어 있다. 그러나 이들 비용은 재단 측에서 외부의 기부를 받아 운영하기 때문에 학생들이 내야 하는 비용은 없다. 다만 버스비와 점심값 등만 본인이 부담하도록 하고 있다.

4) 소통공간으로써의 역할

보스턴의 바닷가 컬럼비아곶에 위치한 케네디 대통령도서관은 세계적인 건축가 I. M. 페이의 설계답게 단아하면서도 우아한 모습을 하고 있다. 3600만 달러의 성금을 모아 미국 대통령도서관 중 가장 많은 국민들의 성금으로 지어진 케네디도서관은 보스턴 시내에서 멀리 떨어지지 않고 시내버스가 오가는 등 접근성도 좋아 연중 가장 많은 관광객들이 몰리고 있다. 이곳에서는 보스턴 저명인사들의 출판기념회, 작품전시회, 연주회 등이 수시로 열리며 각종 회의와 세미나 등도 개최되고 있어 시민들의 소통공간으로써의 역할을 톡톡히 하고 있다. 10층 높이의 직육면체형 건물의 두 면이 해안 쪽으로 탁 트여 어느 층에서 보아도 바다가 가득보이는 절경을 연출하고 있다.

LA 북부의 시미 밸리 산꼭대기에 지어진 레이건 대통령도서관도 '위대한 소통가(Great Communicator)'라는 별명이 붙을 정도로 다양한 방법으로 국민들과 소통해 온 레이건답게 여러 개의 강당과 전시실 등을 시민들의 모임 장소로 이용할 수 있게 해 놓았다 그뿐 아니라 3층 높이의 체육관 형태의 별도 전시관에 대통령 전용기인 '에어 포스 원(Air Force One)'과 대통령 전용 헬기인 '마린 원(Marine One)'을 전시해 눈길을 끈다. 대형집회 때는 에어포스 원이 놓인 전시실에 테이블과 의자를 깔아 거대한 대통령 전용기 아래서 집회를 여는 이색적 광경도 연출할 수 있다. 동시에 전용기에 올라 실내 배치 등을 샅샅이 살펴볼 수도 있다. 전용 헬기인 '마린 원' 역시 누구나 탑승하여 내부를 돌아볼 수 있으며 대통령 자리에 앉아 사진을 찍을 수 있는 색다른 즐거움을 주고 있다. 그대신 도서관의 입장료가 25달러로 조금 비싸다. 레이건도서관의 소통방법은 그밖에도 다양하다. 〈투마로우(Tomorrow)〉라는 뉴스레터를 발간하여 소통하는가 하면 해마다 40페이지에 달하는 기프트 스토어 카탈로그를 발행할 정도로 수백 가지의 기프트 아이템을 개발하여 판매함으로써 시민들에게 다가가고 있다.

LA 요바 린다의 닉슨 대통령도서관은 백악관의 연회장인 '이스트 룸(East Room)'을 그대로 재현해 놓아 워싱턴 상층부의 파티 분위기를 즐기고자 하는 LA주민들에게 인기를 끌고 있다. 아이젠하워도서관의 경우 'WWII Hornor Roll'이라는 제2차 세계대전 '명예의 전당'을 홈페이지에 개설하여 1941년 12월 7일부터 1946년 3월 2일 사이에 전사한 참전용사들의 소통을 돕고 있다. 이곳에 옛기록을 본인이나 가족이 올리게 하여 현재 수만 명이 등재했으며 그 수가 점점 늘고 있다. 참전용사들은 이곳을 통하여 옛 전우들끼리 안부를 주고받으며 온·오프라인 모임을 하는 등 또 다른 형태의 소통공간을 만들어 나가고 있다. 그밖에 텍사스주 댈러스의 부시 대통령도서관, 칼리지 스테이션에 있는 부시2 대통령도서관, 아칸소 리틀록의 클린턴 대통령도서관 등도 비록 역사는 짧지만 시민들의 소통 공간으로서의 역할을 다하고 있다.

5. 미국 대통령도서관의 법제

1) 대통령도서관의 법제
미국 대통령도서관 제도를 뒷받침하고 있는 관련 법령의 모체가 되는 것은 미국 연방법 제5조에 규정된 '대통령기록물법(PRA)'이다.[7] 이 법은 대통령이 자신의 공무 수행을 반영하는 활동·심의·결정·정책 등에 대해 기록을 생산하고 그 기록물들을 보존 관리해야 한다는 대통령기록물의 생산 의무와 관리 의무를 명시하고 있다. 그러나 이 조항 552항에 규정된 내용에 따르면 정부 업무를 수행하기 위한 목적으로 생산되지 않은 기록물이나 대통령의 공무 수행과 관련 없는 정당 활동 및 대통령선거 관련 기록물 등은 대통령기록물에 해당되지 않는다.

　대통령도서관은 1955년 제정된 '대통령도서관법(PLA)'에서 비롯되고 있다. 이 법은 퇴임하는 대통령이 대통령기록물의 보관을 위하여 자신의 힘으로 도서관을 건립하여 국가에 기부하면 연방정부에서 그 도서관의 운영을 맡아 주는 내용을 규정하고 있다. 이 법은 민관협력의 모델로 퇴임 대통령이 소장한 다양한 역사적 기록물들에 대한 자발적 기증을 촉구하고, 대통령기록물에 대한 항구적 보존을 제도화함으로써, 궁극적으로 미국민들의 자유로운 정보이용을 보장하려는 데 목적을 둔 것이다.

　이 법과 함께 1966년에 제정된 '정보자유법(FOIA: Freedom of Information Act)'은 대통령도서관에 보관하고 있는 대통령기록물들을 누구에게든 공개하도록 규정하고 있다. 이 법은 연방정부에서 관할하고 있는 비공개된 문서나 정보에 대해 부분적 혹은 전체의 공개를 허용한다는 내용으로 대통령기록물 가운데 비공개된 내용들에 대한 공개를 촉구하는 법이다.

　결국 대통령기록물이라 함은 대통령집무실(보좌기관 포함)에서 생산 접수되는 기록을 말하는데 미국의 대통령집무실에는 대표적으로 경제자문회의, 환경품질자문회의, 국내정책위원회, 국가안보회의, 사무국, 신뢰기반공동체회의, 관리예산처, 국가AIDS정책회의, 사회혁신및시민

---

7)　이상민, 「미국 연방기록 관리제도와 그 이용」, 『미국사연구』 16집(2003), p.344

참여회의, 과학기술정책회의, 미국무역대표부, 해외첩보대통령자문위원회, 미국평화봉사단, 백악관군사회의 등이 있다.

이들 대통령보좌기관들 중에는 정보자유법이 적용되지 않는 기관이 있는데 대통령사무국, 경제자문위원회, 국내정책회의, 국가안보회의, 국가AIDS정책회의, 해외첩보대통령자문회의와 부통령사무국 등이다. 정보자유법이 적용되지 않는다는 것은 이들 기관에서 생산된 기록물들이 대통령도서관에 이관된 지 5년이 경과하지 않았거나, 퇴임하는 대통령이 공개제한을 부여했을 경우 최고 12년 간 공개가 제한될 수 있다는 것을 의미한다.

대통령기록물은 효과적으로 기록물들을 검색하기 위하여 도입된 '백악관기록관리체제(WHORM: White House Office of Records Management)'의 주제 파일 분류에 의해 보관된다. 따라서 백악관 직원들은 자신이 생산하는 기록물을 두 자리 문자코드로 분류한 58개의 주요 범주(primary categories)와 하위 범주(sub categories)로 분류 보관한다. WHORM에 의한 주제 분류의 예로는 Agriculture(AG), Arts(AR), Atomic-Nuclear Energy(AT), Business-Economics(BE), Civil Aviation(CA), Veterans Affairs(VA), Welfare(WE), White House Administration(WH) 등이 있다.

2) 대통령도서관 법제의 개정 및 발전

1955년에 제정된 PLA에 뒤이어 1978년에 제정된 '대통령기록물법(PRA: Presidential Records Act)'은 1981년 1월 20일 이후 만들어지는 공공기록물이나 부통령 관련 기록물을 제한할 수 있었다. 그리하여 PRA 이후에 출범하는 행정부의 대통령기록물은 연방정부의 소유물인 연방기록물이 된다는 것이다. 그 이전까지 즉, 카터 대통령까지의 대통령기록물은 '기증역사기록물(Donated Historical materials)'로써 정보자유법의 대상이 되지 않았고(닉슨 대통령 기록물은 예외) 비밀기록물인 경우에만 '의무적 비밀해제검토(Mandatory Declassification Review)'에 해당되었으나 이 법으로 연방정부 기관에서 생산한 연방기록물인 대통령기록물들은 기간의 제한 없이 정보자유법의 대상이 되었다.

1986년에 개정한 '대통령도서관법'은 도서관의 시설 규모와 연계한 개인 기부의 상세한 지침을 규정하여 대통령도서관의 운영 재원 마련에 변화를 가져왔다. 즉, 개정 법령에서는 NARA가 이러한 기부금을 도서관 유지비용의 일부를 충당하기 위한 목적으로 사용할 수 있도록 허용했다. 이 개정은 대통령도서관의 운영에 일반 기부금을 전용할 수 있게 한 것으로 시설 및 운영 개선에 획기적인 변화를 가져올 수 있게 되었다.

1995년 4월 클린턴 대통령에 의해 서명된 '행정명령 12958'은 25년 이상 된 비밀문건을 재평가하도록 의무화한 것이다. 즉, 오래된 비밀문건들은 재평가하여 공개 수순을 밟을 수 있도록 한 것이다. 이는 2003년 3월 '행정명령 13292'로 기간이 연장되었으며 최종적으로 공개가 시작된 것은 2006년에 이르러서였다.

2008년에 제정된 '대통령 역사기록물 보존법(Presidential Historical Records Preservation Act)'은 모든 대통령기록물 문서고 재편을 위한 '10개년 수도개선계획(10-year capital improvement plan)'을 상원과 하원의 해당 위원회에 제공하기 위하여 아키비스트를 직접 파견한다는 것이었다. 더욱이 아키비스트는 대통령기록물 문서고의 대안적 모델을 제공하는 하원과 상원의 안보위원회에 보고서를 제출해야 한다는 규정까지 있었다.

2009년 1월 오바마 대통령은 기존의 PRA를 보완 수정하는 '행정명령

13489'에 서명했다. 그해 12월에는 '행정명령 13526'이 서명되었는데 여기에는 국가안보정보를 비밀 분류하고, 보호하고, 비밀해제하는 획일적인 체제를 규정한 것이었다. 이 명령은 비밀공개를 촉구했던 앞서의 행정명령 12958과 13292를 뒤엎는 것이었다. 이같이 대통령도서관법은 자료의 공개와 비밀유지 사이에서 아직도 심한 갈등을 겪고 있다. 그러나 정보공개의 큰 흐름은 역류하기 힘든 대세가 되어 가고 있는 것이 사실이다.

이상에서 미국 대통령도서관의 전반적인 상황에 대하여 고찰하였다. 먼저 미국의 대통령기념물에 대한 관리 형태를 종합적으로 검토한 뒤 대통령도서관의 현황에 대하여 살펴보았다. 그리고 현대사회에 있어서 대통령도서관의 역할을 규명하였다. 마지막으로 대통령도서관을 존재하게 만든 법제에 대하여 살펴보았다.

대통령은 국민으로부터 위임을 받아 재임 중 그 국가를 위하여 가장 중요한 결정을 내리는 최고 책임자이기 때문에 그가 보고 받고 결정을 내린 문서들은 물론이고 그가 주고받은 서신과 메모, 낙서 하나까지도 중요한 역사기록물이 될 수 있다. 그러나 그 같은 대통령기록물에 대한 중요성을 인식하게 된 것은 불과 80여 년 전에 불과하다.

그 이전의 퇴임 대통령은 재임 중 자료들을 모교 혹은 고향의 도서관에 기증하거나 후손에게 물려주는 방법으로 임의 처분해 왔으며 그 자료들은 시간이 지나면서 분실·파손되는 것이 일반적이었다. 1939년 뒤늦게나마 프랭클린 루스벨트 대통령이 대통령기록물의 중요성을 인식하고 사재를 들여 고향에 대통령도서관을 마련하고 그것을 국가에 헌납하여 운영토록 하는 체제가 마련된 것이다.

대통령기록물을 온전하게 보존하고 분류하여 일반에 공개토록 하는 대통령도서관제도는 미국 민주주의 역사의 굳센 버팀목이자 국민들에게 애국심의 원천을 제공하는 귀한 교육장이 되고 있다. 즉, 시대사 자료관이자 역사전시관으로서의 역할, 국민교육센터이자 소통공간으로서의 역할 등 국가사회를 건전하게 발전시키는 원동력이 되고 있음을 볼 수 있었다. 특히 대통령도서관을 가치중립적으로 만들어 그 안에 가감 없이 대통령 임기 중 공과(功過)의 사실들을 공개하여 그 업적에 대한 평가는 관람하는 국민들 스스로가 내리게 하는 역사 보존 방식이야말로 불필요한 아전인수격 다툼을 피하고 미래지향의 발전적 방향으로 역사를 이끌어 갈 수 있도록 하고 있다.

　미국 대통령도서관 제도를 통해 살펴본 미국의 역사 보존 및 기술 방식은 12명의 대통령을 배출했으나 아직도 대통령제 통치방식이 부정부패의 질곡을 헤어 나오지 못하고 있는 우리나라의 대통령제 역사에 시사하는 바가 매우 크다. 대통령기록물에 대한 역사사료로서의 인식전환, 대통령 업적 평가에 있어서의 균등한 시각 확립 등이 보여 주는 역사적 함의에 대해 생각해 볼 필요가 있다. 특히 전임 대통령의 경험과 식견이 국가와 민족을 위하여 계속 발현되어야 한다는 정신은 아직 퇴임 대통령들의 바람직한 위상 정립이 이루어지지 못하고 있는 대한민국의 현실에서는 보다 사려 깊게 접근해야 할 대목인 것이다.

* 대부분 필자가 서울신문 기자로 재직 중 '서울신문'에 게재한 것임. 아닐 경우 언론
명과 직책을 밝혔음.

.

미국 대통령의 고뇌 그린 영화 화제

워터게이트사건 이후 실추된 대통령에 대한 미국민의 신뢰회복을 주
창하며 만들어진 영화 「미국 대통령」(The American President)이 오는
17일 개봉을 앞두고 화제를 모으고 있다.

로브 라이너 감독의 이 영화는 바람직한 대통령의 이미지를 헐리우드
적 시각에서 그려낸 것으로 대통령선거를 1년 앞둔 시점에서 방영되기
때문에 유권자들의 취향을 유도할 수도 있어 출마 희망자들의 관심을 모
으고 있다. 더욱이 이 영화는 무거운 주제를 한편의 로맨스 코미디로 형
상화하여 웃고 즐기는 사이에 메시지를 전달받을 수 있게 돼 있어 정치
의 계절을 타깃으로 한 흥행에도 성공을 거둘 것으로 전망되고 있다.

영화의 내용은 국민적 인기를 한 몸에 받으며 대통령에 선출된 홀아비
인 앤드류 셰퍼드 대통령(마이클 더글러스 분)이 환경 관련 로비스트인
미모의 여사장(애니트 베닝 분)과 사랑에 빠지면서 그를 문제 삼는 정치
라이벌과 언론의 집중공격에 당당하게 맞서는 모험담이다. 마침내 셰퍼

드 대통령은 다음 선거를 앞에 두고 사랑을 택할 것인가 재선을 택할 것인가 기로에 놓이게 되고 그 선택은 관람자의 몫으로 남긴 채 영화는 끝난다.

이 영화는 셰퍼드 대통령을 중심으로 한 인물 설정이 현 클린턴 대통령의 주변 인물들과 흡사하게 돼 있어 클린턴 대통령의 정치적 고뇌를 암시하고 있다는 평도 듣고 있다. 셰퍼드 대통령의 국내 담당 고문인 마이클 폭스는 현 백악관 정책 및 전략 담당 수석자문관인 조지 스테파노폴로스, 또 셰퍼드의 오랜 친구이자 정치고문인 마틴 신은 대통령 비서실장을 경유하여 현재 정치고문으로 있는 클린턴 대통령의 절친한 친구 토머스 맥라리와 흡사하다. 그리고 셰퍼드의 여대변인 디토는 백악관 전 대변인 D.D.마이어를 연상케 한다.

그러나 라이너 감독은 이 작품이 클린턴 대통령의 당선 이전부터 기획된 것으로 클린턴 행정부의 협조를 얻어 촬영과정에서 자연히 모델로 연상될 뿐이지 의도적으로 연관시킨 것은 없다고 밝히고 있다. 실제로 시나리오의 완성을 위해 라이너 감독은 백악관을 다섯 번 방문했으며 셰퍼드 대통령역의 더글러스와 함께 이틀 동안 클린턴 대통령의 일정을 따라 움직이는 열의를 보이기도 했다.

라이너 감독은 최근 한 인터뷰에서 언론의 흥미 자극 위주 보도 때문에 정치지도자나 공무원들에 대한 불신풍조가 만연돼 있다면서 대통령의 직무와 일상생활을 바르게 알림으로써 국민의 신뢰를 회복시키기 위해 이 영화를 만들게 됐다고 밝힌 바 있다.

[특파원 코너] 〈1995. 11. 14.〉

당신을 명사로 모십니다/미 '클린턴 취임상품' 등장

〈당신도 워싱턴의 명사가 될 수 있습니다〉지난주 클린턴 대통령 2기 취임식 준비위원회가 발족돼 공식적인 행사준비에 들어가자 워싱턴의 호텔들은 재빨리 취임식 참석 패키지상품을 내놓는 등 호사가들의 가슴을 설레게 하고 있다.

내년 1월 20일 치러지게 될 미 대통령 취임식은 53번째 취임식으로 20 세기 마지막 취임식이라는 역사적 의미에 걸맞게 성대하게 치러질 예정이다. 클린턴 대통령은 이를 위해 해럴드 아이크스 백악관비서실 부실장을 위원장으로 하고 사회 각계인사 15명의 준비위원을 임명했다. 이에 따라 호텔들은 취임식을 전후해 워싱턴으로 몰려드는 수만 명의 관광객들을 겨냥해 특별 판촉에 들어갔으며 특히 대통령 취임식에서 워싱턴의 실력자들과 함께하는 모습을 뽐내고 싶어 하는 지방 부호들을 겨냥한 초호화판 패키지상품들이 인기를 끌고 있다.

가장 눈길을 끄는 것은 취임식 당일 공식만찬 등이 열리는 그랜드 하얏트 워싱턴 호텔 측의 '프레지던트 패키지'. 가격은 5만3천 달러(약 4천 3백만 원). 응접실이 딸린 고급 스위트룸에서의 4박을 포함, 미국 내 어디에서든지 자가용 비행기로 모셔 오며 워싱턴 체제 기간 중 고급 리무진과 기사를 제공해 준다. 또 특별 제작된 남자용 턱시도와 재클린 케네디가 취임식 때 입었던 드레스와 똑같은 모조품 드레스가 증정되고 만찬 시 대통령 가까운 곳의 자리 배정은 물론 퍼레이드 등 모든 관련 행사의 티켓이 2장씩 제공된다. 또한 호텔 체재 4일 중 하루 저녁을 골라 30명까지 초청하는 만찬을 베풀 수가 있으며 음식과 주류는 물론 전속 바텐더와 요리사, 그리고 4인조 악단까지 제공되고 행사 참석 전 과정을 비디오 테이프에 담아 주기도 한다.

그다음은 '바이스 프레지던트 패키지'로 가격은 9천7백 달러(약 8백만 원)이며 고급 스위트룸 4박과 워싱턴 안내관광, 만찬 티켓 2장, 10인 초대 칵테일파티 등이 포함된다. 가장 싼 패키지인 '화이트하우스'는 1천229달러(약 1천만 원)로 디럭스룸 4박과 백악관 안내 책자와 샴페인 1병이 제공된다.

호텔들은 이밖에도 6천 달러에서 2천 달러에 이르는 다양한 스위트룸 패키지를 마련하고 있으며 이들 패키지는 자신의 신분과 신용뿐만 아니라 지방의 고위관리들에게 '선물'용으로도 활용되고 있다고 한다. 이들 패키지 영업사원들은 내달 10일 이후에는 패키지상품 구입이 어려울 것이라며 서둘러 구매할 것을 조언하고 있다.

[데스크 시각] 〈1996. 11. 26.〉

대통령과 만우절

1일 오후 2시 백악관에서 열린 정례 브리핑에는 마이크 맥커리 대변인 대신 클린턴 대통령이 목발을 짚고 절룩거리며 직접 단상에 나와 심각한 표정으로 "걱정스러운 소식을 전하기 위해 나왔다."며 말문을 열었다. 참석한 기자들은 예정에 없는 대통령의 출현과 '걱정스러운 소식'이라는 데 두 번 놀라야 했다.

클린턴 대통령은 이날 오전 맥커리 대변인이 백악관의 침침한 계단에서 실족, 오른쪽 허벅지 근육 15cm가 찢어져 당분간 업무를 수행하지 못할 것이라고 상세히 설명한 뒤 임시로 대변인실 직원인 크리스 인스코프 씨가 브리핑을 맡을 것이라고 발표했다. 25세의 인스코프 씨는 대통령의 출장 시 풀기자단을 인솔하는 역할을 맡아 왔으나 임시대변인으로는 의외라는 반응이었다.

이상한 낌새를 알아차린 한 기자가 대통령이 오전에 발표한 주류에 대한 방송 광고금지 검토와 연관시켜 맥커리 대변인이 혹시 아침부터 술을 먹은 것이 아니냐고 물었다. 이에 대통령은 "맥주와 와인을 섞어 마셨다더라."며 "그는 지금쯤 술의 폐단을 느끼고 있을 것."이라고 답변하고 퇴장했다.

구석구석에서 기자들이 킥킥거리는 가운데 인스코프 임시대변인이 단상에 올랐다. 그는 "만우절(April Fools Day) 조크에 감사한다."면서 곧 맥커리 대변인의 등장을 알렸다. 기자들이 박수를 치며 즐거워하는 사이에 맥커리 대변인이 클린턴 대통령의 목발을 짚고 나타났다. 이날 깜짝 쇼는 불과 10분도 안 돼 끝났다. 그러나 이는 CNN으로 생방송됐고 이를 본 미국인들은 "쿨(근사하다)!"을 연발했다.

클린턴 대통령은 첫 번째 임기 시작부터 수많은 개인적 스캔들로 항상 뉴스의 초점이 돼 왔다. 그러나 미국민은 그를 재선시켰다. 기존 스캔들(금융스캔들)이 더욱 불거지고 새로운 스캔들(섹스스캔들)이 추가돼도 '대통령 클린턴'에 대한 인기와 성원에는 변함이 없다. 개인적 잘못은 법에서 심판할 일이고 자신들의 손으로 뽑은 대통령직에 대한 존경심과 지지는 별개라는 생각에서다.

그래서 각종 스캔들이 신문을 뒤덮어도 '대통령 클린턴'은 당당하게 국정 수행에 나선다. 국민들로부터의 신성한 위임은 개인의 어떤 문제보다도 중요하기 때문이다. 만우절의 촌극도 국민들의 계속적인 지지라는 자신감을 바탕으로 나온 것이다. 자신들의 손으로 뽑은 대통령이 당당하게 국가와 민족을 위해 봉사하도록 자신감을 갖게 하는 일은 국민의 몫이라는 생각이 든다.

[오늘의 눈] ⟨1997. 4. 4.⟩

대통령에 힘 실어 주기

자국 대통령에 대한 미국민들의 인내심과 자부심은 대단하다.

지난달 대법원의 일방적 면책특권 기각 판결로 클린턴 대통령은 임기 중 피고인으로 법정에 서는 최초의 미 대통령이 됐다. 물론 대통령 측은 고소인 측인 폴라 존스 양의 주장이 터무니없는 얘기라고 반박하고 있다. 그러나 최근 여론조사에서 미국인들 72%가 두 사람 사이에 '뭔가 있었다'고 보는 것으로 나타났다. 또 60%는 화이트워터 금융스캔들에서 대통령이 거짓말을 하고 있으며, 40%는 대통령이 선거자금 마련을 위해 무역정책을 팔아넘겼다고 믿고 있다는 것이다. 이쯤 되면 클린턴 대통령 개인의 도덕성은 바닥까지 떨어졌음이 분명하다.

그러나 아이러니컬하게도 대통령으로서 클린턴의 인기는 좀처럼 떨어질 줄 모른다. 지난주 CNN과 갤럽의 여론조사는 지난달보다 오히려 2% 포인트 높아진 57%의 지지도를 나타냈다. 이 같은 현상에 대해 한 미 언론인은 "미국민들은 대통령으로부터 완벽한 정직성과 신뢰성을 기대하지 않는다. 단지 대통령직에 필요한 정직성과 신뢰성만을 요구할 뿐."이라며 클린턴 대통령의 재선을 증거로 들었다.

이러한 면에서 한국인들은 대통령에게 너무 많은 완벽성을 기대하는지도 모른다. 대통령 개인과 대통령직에 대한 구분도 하지 않는다. 최근 국내정세를 보면 '문민 대통령'이란 기대 때문에 김영삼 대통령에 대한 국민들의 실망이 더 큰 것으로 보인다.

8일 뉴욕타임스의 한 독자투고는 우리에게 많은 것을 시사해 준다. 이 투고는 "임기 1년이 채 남지 않은 한국의 김영삼 대통령이 한국의 선거에서 고질적 병폐였던 선거자금 문제를 획기적으로 개선할 정치개혁 방안을 마련하고 있다. 그 방안이 마련되면 우리(미국)를 비롯한 다른 나라들 모두 그를 거울로 삼아야 할 것."이라고 강조하고 있다. 미국도 찾지 못한 묘방을 한국의 처방에서 기대한다는 비아냥거리는 말이다.

대통령에게 힘을 줄 수 있는 것은 그를 뽑아준 국민임이 틀림없다. 설사 대통령 개인의 잘못이 있더라도 대통령직에 대한 권위까지 상실시켜서는 안 된다. 오늘의 한국민과 한국이 살아나는 길은 대통령직에 힘을 북돋워 주고 그 권위를 세워 주어야 한다는 것을 미국에서 배울 때다. 물론 그에 상응하는 대통령의 노력이 있어야 하는 것은 당연하다.

[오늘의 눈] 〈1997. 6. 11.〉

대통령을 아끼는 미국인들

25일 미 전역에서 개봉된 영화 '에어 포스 원(Air Force One)'은 이른바 '헐리우드 정치학'의 극치를 보여 주고 있다. 2시간에 걸친 상영이 끝나는 순간 관객들은 일제히 일어서서 극중의 대통령에게 박수를 보냈다.

미 대통령 전용기인 에어 포스 원에 침투해 들어온 하이재커들의 위협에 굴하지 않고 최후까지 그들과 싸워 당당하게 승리, 미국의 자존심과 명예를 지키는 용감한 대통령 제임스 마셜(해리슨 포드 분)에게 보내는 관객들의 성원은 영화가 끝난 후까지도 좀처럼 사그라질 줄 몰랐다.

영화의 내용은 모스크바 방문을 마치고 워싱턴으로 향하던 미국의 마셜 대통령과 행정부 고위관리들을 태운 대통령 전용기가 기자를 가장하여 잠입한 카자흐스탄 게릴라들에 의해 납치(하이재킹)되자 순간적으로 미 행정부는 물론 전 세계가 혼란 상태에 빠진다.

그러나 베트남전 참전 무공훈장에 빛나는 용감한 역전용사 출신의 마셜 대통령은 납치 순간 경호원들이 자신을 밀어 넣은 대통령 비상탈출용 낙하 캡슐을 빠져나와 비행기에 몰래 잔류한다. 그는 비행기라는 제한된 공간에서 침착하게 다른 인질들을 먼저 탈출시킨 후 부인, 딸과 함께 마지막까지 인질로 남아 게릴라들을 모두 처치한다. 그리고 비행기가 바다로 추락 직전, 극적으로 에어 포스 원에서 최후 탈출에 성공한다.

이 영화는 지난해 여름, 지구를 침입한 외계인과의 전쟁에서 파일럿 출신 미 대통령이 직접 조종간을 잡고 마지막에 외계인 본부를 폭파하는 데 성공함으로써 지구를 구출한다는 내용의 「인디펜던스 데이」와 흡사하게 "우리 대통령 최고!"를 주제로 하고 있다. 빌 클린턴 대통령도 28일

보좌진의 권유로 이 영화를 감상하고는 '잘된 영화'라고 촌평하며 '실제 기내와는 많이 다른데….'라고 조크했다고 CNN이 보도했다.

'대통령'은 미국영화에서 가장 인기 있는 소재가 되고 있다. 그만큼 국민이 열광하고 사랑하는 대상이기 때문이다. 결국 이 같은 2시간짜리 영화 한 편이 관객들에게 주는 나라 사랑과 대통령 사랑의 진한 감동은 수백 시간의 애국·애족교육을 능가하는 효과를 가져오는 듯했다.

국민과 대통령을 불이(不二)로 결합시키는 헐리우드 정치학의 묘한 위력을 보게 된다.

[오늘의 눈] 〈1997. 7. 29.〉

미 전임 대통령의 도서관

6일 텍사스주 칼리지 스테이션의 텍사스A&M 대학교 교정에서 열린 조지 부시 대통령도서관 개관식은, 5년 전 예상을 뒤엎고 중앙정치 무대의 신인이나 다름없는 빌 클린턴 현 대통령에게 패배한 뒤 조용한 생활을 하고 있는 부시 전 대통령을 뉴스의 전면에 다시 부각시켰다.

부시는 베를린장벽 붕괴와 소련 해체로 냉전시대를 종식시키고 걸프전을 승리로 이끈 용기 있는 대통령으로 미국민들의 가슴에 남아 있다. 그의 대통령도서관 개관식에는 클린턴 대통령을 비롯 생존하고 있는 전직 대통령인 포드, 카터, 그리고 레이건을 대신한 낸시 레이건 여사 등 내로라하는 미국의 저명인사들이 참석, 성황을 이뤘다.

텍사스A&M 대학교 교정에 들어선 이 도서관에는 그의 대통령 4년 재임 기간 중 문서자료 3천8백만 페이지(1만1천 개 박스 분량)를 주축으로 하여, 부통령 8년, 주중대사, CIA국장 등 모든 정치역정과 2차 세계대전 참전, 예일 대학 학창시절 바바라 부시여사와의 연애편지 등 전 생애의 기록이 보존 전시돼 있다. 이번 가을 이 대학 부설로 개원, 19명의 신입생을 뽑은 조지 부시 행정대학원과 함께 부시에 대한 연구가 체계적으로 이뤄지는 계기가 됐다.

현재 미국 내 존재하는 대통령도서관은 모두 11개. 국립문서보관소의 관할 아래 31대 후버 대통령부터 주로 생가 혹은 정치적 입신지에 건립돼 있다. 건립은 대통령 후원회나 지인들이 맡아서 하고 관리는 국가에서 맡아 주는 형태로 운영되고 있으며 ▲재임 시 공식적으로 만들거나 받은 모든 문서 및 사신 ▲취임 전과 퇴임 후의 모든 자료 ▲오디오 비디오 자료 ▲개인소장 물품과 공식적 선물 등으로 구분되고 있다.

미 대통령도서관이 생기기 시작한 것은 대통령의 모든 행위는 국가 역사상 중요한 자료가 되기 때문에 효율적으로 관리되고 국민들에게 공개돼야 한다는 신념을 갖고 있던 프랭클린 루스벨트 대통령에 의해서였다. 그는 1939년 자신의 1기 임기 때의 모든 자료를 국가에 기증했고 도서관 건물은 이듬해 후원회에서 건립, 국가에 헌납했다. 의회에서는 1955년 대통령도서관법을 제정, 국가가 관리토록 했다.

부시 대통령도서관의 건립 취지는 단순히 전 대통령의 업적과 생애의 이해를 돕는 데 머무르지 않는다. 이른바 '부시 시대'가 본격적인 역사의 도마 위에 올랐다는 의미가 된다. 그의 공과(功過)와 역사적 평가를 위한 작업의 개시를 의미하는 것이다. 물론 그것은 미래의 교훈을 얻기 위해서라는 전제가 붙어 있다. 모든 과거를 미래의 거름으로 삼는 미국인들의 지혜를 곰곰 생각해 볼 때다.

[오늘의 눈] 〈1997. 11. 7.〉

친구같은 대통령

　뉴욕 맨해튼 서쪽 끝의 헨리 허드슨 파크웨이를 타고 두 시간쯤 북쪽으로 올라가면 하이드 파크라는 작은 도시가 나온다. 그 도시 중앙의 허드슨강 언덕에 프랭클린 루스벨트의 생가가 자리 잡고 있으며, 도서관과 묘가 한데 어우러져 역사공원을 이루고 있다. 이 작은 도시가 매년 수백만 명의 관광객으로 붐비는 것은 루스벨트가 경제와 안보의 두 위기, 즉 대공황과 2차 세계대전이라는 극단적 상황에서 미국을 구한 현대적 미 대통령의 이상형으로 미국민들의 마음에 살아 있기 때문이다.

　미국민이 그에게 3권(權)을 초월하는 막강한 권한을 부여하고 미 역사상 전무후무의 4선 대통령에 당선시킨 것은 그의 정치적 업적 때문이라기보다는 그가 국민의 친구가 됐기 때문이다. 그는 취임 직후부터 '노변정담(爐邊情談)'이라는 라디오연설 시간을 만들어 수시로 국민과 대화를 나눴다. "친구 여러분…."으로 시작하는 그의 연설은 어떤 어려운 상황의 사람에게도 힘과 용기를 불어넣어 주었다.

　국민들은 그의 연설을 듣고 있으면 배도 고프지 않았고 춥지도 않고 두렵지도 않았다. 힘이 솟았다. 내가 대통령과 직접 대화를 나누는 착각에 빠지곤 했다. 그가 현대적 대통령직의 본보기로 추앙받은 것은 바로 이러한 대통령과 국민과의 새로운 관계설정 때문이었다. 그의 취임 후 백악관에는 하루 4천 통 이상의 편지가 날아들었다. 전임자 후버 대통령의 40통과는 비교가 되지 않았다.

　1992년 무명의 빌 클린턴 아칸소 주지사가 거목 부시를 꺾고 일약 미 대통령에 당선됐을 때 워싱턴 포스트는 18세 이하를 대상으로 '친애하는 대통령께'라는 제목하에 미지의 대통령에게 하고 싶은 말이 있는 청소년들의 편지를 모았다. 3주 만에 10만 700통이 응모됐다. 그렇게 할 말이 많은지 미처 상상치도 못했으며 기발한 내용들로 가득 차 있었다. 이들 편지는 클린턴 당선자에게 전달되었다.

우리 대통령선거 날 TV가 다투어 비춰 주는 김대중 당선자의 하의도 생가를 바라보면서 루스벨트의 하이드 파크를 떠올려 본다. 그리고 하의도가 '친구대통령'을 탄생시킨 한국 대통령문화의 새 출발지가 되기를 기대해 보면서 짧은 편지도 써본다.

"국민들은 친구같은 대통령을 원합니다. 할 말이 너무 많기 때문에. 그리고 솔직한 대통령을 원합니다. 믿기를 너무 좋아하기 때문에."

[오늘의 눈] 〈1997. 12. 20.〉

다음 전직 대통령

　지난 연말 뉴욕에서 발행되는 주간지 '뉴요커'는 사회 각 분야별로 다가오는 21세기의 변화를 예측한 '다음(Next)'이라는 특집을 마련해 관심을 끌었다. '다음 대학' '다음 범죄' '다음 패션' 등 15개 분야 중 눈에 띄는 것은 '다음 전직 대통령'이라는 테마였다. 재선과 함께 오는 2001년 초 다음 전직 대통령이 될 것이 확실시된 클린턴 대통령의 퇴임 후에 대한 예측이었다. 특히 클린턴 대통령의 경우 퇴임 시 연령이 54세에 불과, 정치인으로서는 한창 꽃필 나이이기 때문에 왕왕 그의 퇴임 후가 관심 있게 거론되고 있는 것이다.

　이 특집에서는 그가 첫째 정치인으로서 아칸소주 출신 상원의원 또는 유엔 사무총장, 둘째 교육자로서 모교 예일대 총장 혹은 고향 아칸소대 총장, 셋째 기업인으로서 유명기업의 회장 혹은 고문, 넷째 언론인으로서 유명 TV의 정치평론 진행자, 마지막으로는 야인으로서 고향 리틀록에 세워질 자신의 대통령도서관에 머물며 저술과 강연으로 소일하는 모습 등을 상정했다.

　미국민들이 이같이 전직 대통령에 관심을 갖는 이유는 한번 대통령이면 영원한 대통령이라는 신념 때문이다. 그렇기 때문에 "현직 대통령은 그의 능력을 드러내고, 전직 대통령은 그의 인간됨을 드러낸다."는 말이 있을 정도다. 이는 자신들이 뽑은 대통령에 대한 일종의 영원한 '품질보증'을 기대하는 심리에서 나온 것이라고도 볼 수 있다. 따라서 미 전직 대통령들은 퇴임 후 여러 가지 모습으로 국민봉사 또는 국익에 기여했음을 알 수 있다. 6대 퀸시 애덤스는 8선 하원의원으로, 17대 앤드류 존슨은 상원의원을, 27대 윌리엄 태프트는 대법원장을 역임했다. 또한 31대 후버는 해외 원조 책임자로의 업적, 39대 카터는 세계평화의 사도로 활약하는 등으로 현직시의 무능 비난을 만회하고 있다.

24일 자정 김영삼 대통령의 퇴임으로 우리나라는 4명의 전직 대통령을 갖게 된다. 한 시대 최고의 경륜을 펼쳤던 그들의 경험은 그 누구의 것보다도 소중하지 않을 수 없다. 대통령의 퇴임이 끝이 아니라 진정으로 국가와 민족을 위하여 사심 없이 일할 수 있는 출발점이라는 인식이 본인들은 물론 국민들에게도 필요한 시점이다.

전직 대통령의 자리매김이 바르게 이뤄질 때 오욕으로 점철된 우리의 대통령문화가 바로서고, 그것은 바로 한국 민주주의의 만개를 뜻하게 될 것이다.

[오늘의 눈] 〈1998. 2. 24.〉

세계지도력의 산실 백악관

　미국 대통령문화의 산실인 워싱턴D.C.에는 미 대통령의 체취를 느끼려는 수백만의 관광객들이 매년 몰려든다. '펜실베이니아 애비뉴 1600번지'라는 별칭으로도 알려진 백악관, 스미스소니언 초상화박물관 등은 차치하고라도, 워싱턴기념탑, 링컨기념관, 제퍼슨기념관, 프랭클린 루스벨트 기념관, 시어도어 루스벨트 기념관 등 개인 기념관에 이르기까지 도처에 역대 대통령들의 기념물이 널려 있기 때문이다.

　포토맥강과 잔디광장 '더 몰'이 어우러져 이뤄내는 아름다움 사이로는 또 케네디센터, 월슨센터, 조지 워싱턴 대학, 루스벨트 브릿지, 린든 B. 존슨 기념공원, 제임스 매디슨 빌딩 등 대통령의 이름이 붙은 시설물들도 많다. 따라서 시내 곳곳 어디를 가도 대통령을 쉽게 만날 수 있다. 특히 백악관은 미 대통령의 권위를 상징함과 동시에 세계 지도력의 산실로 역대 대통령의 삶의 흔적이 그대로 남아 있어 가장 인기를 끄는 곳이다.

　이곳은 내국인이건 외국인이건 누구에게나 개방된다. 백악관 남쪽의 '방문자센터'에 가서 줄을 서기만 하면 된다. 그러나 백악관 방문을 원하는 사람은 누구보다 부지런해야 한다. 화요일부터 토요일까지 매일 아침 7시부터 선착순으로 줄을 선 사람들에게 3천 매, 단체관광객에게 1천 500매 등 모두 4천 500매의 입장권을 나눠 준다. 입장권 분배를 시작하면 30분이면 동이 나기 때문에 하늘의 별따기라고 할 정도다. 입장은 당일 오전 10시부터 정오까지만 허용된다.

　그러나 막상 들어가 봐야 실제 가 볼 수 있는 곳은 얼마 되지 않는다. 지하 1층의 회랑을 통해 첫 방인 '라이브러리룸'에서 출발하여 지상 1층의 '국가만찬장'까지 모두 6개의 방만 일반에 공개된다. 전체 20여 분간의 투어다.

백악관은 보통 관광객들이 배경으로 사진을 찍는 남쪽에서는 4개 층으로, 정문 쪽인 펜실베이니아 애비뉴 쪽에서는 3개 층으로 보인다. 따라서 관광객들은 지하 1층 동쪽 회랑의 출입문으로 입장하여 첫 방인 '라이브러리룸'만을 본 후 지상 1층으로 올라가게 된다. 지하 1층의 다른 방으로는 금도금한 은제품들을 진열한 '버메일(금도금)룸', 대통령의 식기 세트를 진열한 '차이나룸', 중앙의 '외교사절 영접룸', 그 좌측에 2차 대전 시 루스벨트 대통령이 전황을 체크하기 위해 사용했던 '맵(지도)룸' 등이 있다.

지상 1층에는 리셉션이 열리는 가장 큰 방인 '이스트룸', 응접실인 '그린룸'과 '블루룸', 퍼스트레이디의 응접실인 '레드룸', 연회실인 '국가만찬장' 등이 있고 이들 5개의 방은 모두 공개된다. 또한 이들 방을 연결하는 중앙회랑에는 대통령들의 흉상과 퍼스트레이디들의 초상화로 장식돼 있다.

대통령의 집무실과 침실 등 사적 공간이 있는 2, 3층은 공개되지 않는다. 중앙의 거실인 '옐로 오벌룸'을 중심으로 양측에 대통령의 서재와 조약체결 시 사용하던 '트리티룸'이 있고 그 양측 옆으로 대통령의 침실과 손님방으로 사용되는 '링컨룸'이 있다. 대통령 집무실인 '오벌 오피스'와 각료회의장인 '캐비닛룸'은 서쪽 부속건물에 있다.

1792년 초대 워싱턴 대통령의 임기 중 착공된 후 1800년 11월, 2대 존 애덤스 대통령이 퇴임 2개월여를 남기고 미완성인 채로 입주함으로써 시작된 백악관에서의 대통령 스토리는 198주년에 이르게 된다. 그동안 워싱턴을 제외하고 42대 클린턴 대통령까지 40명의 대통령(22대 클리블랜드 대통령이 24대를 또 역임했으므로 인원수는 한 명이 적음)을 거쳐 오며 조금씩 중·개축되어 오늘의 모습을 보이고 있다. 이들의 거주기간은 9대 윌리엄 해리슨의 1개월부터 32대 프랭클린 루스벨트의 12년까지 다양하다. 임기 중 사망한 대통령은 모두 8명으로 4명은 암살, 4명은 병사로 기록되어 있다.

한편 3대 토머스 제퍼슨 대통령은 대통령 되기 이전에 상처하여 독신으로 입주한 유일한 대통령이었고, 22대 클리블랜드 대통령은 입주 이듬해 득녀, 백악관에서 자녀를 얻은 유일한 대통령이 됐다. 자녀 수가 가장 많은 대통령은 20대 자카리 테일러로 전처와 후처로부터 모두 8남 6녀를 얻었다. 다음은 9대 윌리엄 해리슨으로 6남 4녀를 기록했다. 가족 대통령으로는 2대 존 애덤스와 6대 존 퀸시 애덤스가 부자지간이었고, 9대 윌리엄 해리슨과 23대 벤저민 해리슨은 조손(祖孫) 사이로 유명하다.

워싱턴에서 또 하나 빼놓을 수 없는 대통령문화의 본거지는 스미소니언 국립초상화박물관이다. 2층의 대통령갤러리에는 역대 대통령들의 사진과 흉상, 부조 등이 전시돼 있다. 특별 전시실은 그때그때 이슈에 따라 전시회가 열린다.

시대를 초월한 국민과 대통령의 교감이 바로 민주주의의 근원을 이루는 또 하나의 현장이기도 하다. 백악관 '국가만찬장'의 벽난로 위에 새겨진 2대 대통령 애덤스의 글귀는 긴 여운으로 남는다. "정직하고 현명한 사람들만이 이 지붕 아래 살게 하소서."

[데스크시각] 〈1998. 5. 7.〉

'대통령기념관' 건립에 대한 提言

　김대중(金大中) 대통령이 13일 대구에서 밝힌 박정희(朴正熙) 전 대통령 기념사업에 대한 정부 차원의 지원 약속은 대승(大乘)적 차원의 큰 정치틀에서 나온 것이다.

　전·현직 대통령의 사이가 껄끄럽고 또 역대 전직 대통령들의 퇴임 후가 치욕과 불명예로 점철돼온 우리의 정치문화에서 현직 대통령이 전임자의 공을 인정하고 그 명예회복에 발벗고 나선다는 사실은 국민들에게 우리 정치의 새로운 희망을 보여 주는 것이기도 하다.

　그러나 이같은 대통령의 선의가 자칫 또 하나의 정쟁이나 형평성 시비 등 잘못된 방향으로 발전될 수 있기 때문에 앞으로 이 문제를 다루는 것은 대단히 신중하게 임해야 한다. 벌써부터 박대통령 기념관 유치를 위해 자치단체들이 경쟁을 벌이네, 선심용이네, 왜 특정 대통령만 정부가 싸고도나 등 시비가 노출되고 있다.

　그렇기 때문에 이 문제에 대해 두 가지를 제언하고자 한다. 첫째, 대통령기념관 건립 자체에 정부 예산을 써서는 안 된다. 박대통령처럼 역사적 평가가 크게 엇갈리는 경우일수록 더욱 그렇다. 박대통령 기념관을 국민의 세금으로 지을 경우 그로부터 억울하게 피해를 입은 당사자나 그 가족들은 결사반대할 일이다. 예산 집행과정에서 당리에 따른 논란도 예상된다. 또 형평성 문제도 따른다. 다른 전직 대통령들의 기념관 건립 요구를 거절할 명분도 없다.

　따라서 기념관의 건립은 박대통령을 흠모하고 따랐던 시민들과 그 유족들에게 맡겨야 한다. 추모자들이 기금을 모으건 재산을 희사받건 적당한 곳에 건물을 짓도록 해야 한다. 재직 시의 업적도 인기도 없어 추모자들이 없는 전직 대통령은 그나마 불가능할 것이다. 그러므로 전직 대통령기념관 건립은 정부가 무조건 나서지 말고 자연스러운 시민 자율기능에 맡겨야 한다. 그렇게 되면 정부가 지탄을 받을 일도 형평성 시비도 있을 수 없다.

다만 정부는 그다음을 맡으면 된다. 일단 건물이 들어선 후에 그 운영과 유지를 정부가 책임지는 것이다. 건물이라는 하드웨어보다는 그 소프트웨어가 훨씬 중요하다. 그동안 번지르르한 국가 시설물들이 준공 이후 관리 소홀로 무용지물이 돼온 예를 숱하게 보아 왔기 때문이다.

또 한가지 제언은 기왕이면 공과에 대한 평가가 엇갈리는 상황에서 '기념관'이 아니라 가치중립적인 '대통령도서관'을 만들자는 것이다. 대통령 개인소장 도서나 문건, 재임 당시의 각종 자료 등 대통령 재임 기간 중에 있었던 모든 것을 소장해 해당 대통령 당대의 시대적 연구의 총본산이 되도록 해야 한다. 정부가 업적에 대한 평가까지 내리려 해서는 안 된다. 그에 대한 평가는 학생, 시민, 학자 등 이용하는 관람객들이 스스로 내리도록 해야 한다. 건립 장소는 생가도 좋고, 출신 모교도 좋고, 아니면 주로 성장한 도시도 좋다. 무상으로 땅을 기증받을 수도 있다. 문화 향수 기회의 확대라는 측면에서는 가급적이면 지방 소도시가 좋다.

1939년 두 번째 임기에 들어간 프랭클린 루스벨트 미 대통령이 첫 번째 임기 때의 자료들을 보관키 위해 도서관 건립을 착안, 뉴욕주 하이드 파크의 고향땅을 내놓고 후원회가 건립, 정부가 운영을 맡음으로써 시작된 미국의 대통령도서관 시스템은 이제 11개의 도서관군을 거느린 미 현대정치사 자료의 보고로 간주되고 있다.

한번 대통령은 임기에 관계없이 영원한 대통령이다. 김대통령의 결단

으로 새로운 전기를 맞게 된 우리의 대통령문화가 운용상의 서투름으로
퇴색되어서는 안 되겠다는 생각이 간절하다.

[데스크시각] 〈1999. 5. 15.〉

헤밍웨이와 '사람 냄새'

　미국에 가서 새롭게 느껴지는 것 가운데 하나는 '사람 냄새'다. 어디를 가든지 그곳에 과거에 있었던 사람이건, 현재 있는 사람이건, 장차 있을 사람이건 그 냄새를 맛볼 수 있다.

　미국민의 우상이랄 수 있는, 케네디가의 막내격인 케네디 2세의 갑작스런 죽음에 온 미국이 훌쩍이고 있는 것도 바로 이 '사람 냄새' 때문이다. 그래서 당사자뿐 아니라 그 부모의 묘소, 별장까지 어디건 '케네디가'의 체취가 서려 있는 곳이면 사람들이 몰려들고 있다. 40년 가까이 미국민의 가슴 한편에 희망의 심벌로 자리잡아온 '케네디'의 상실은 경제적 호황에도 불구하고 미국민 마음속에 만연해 있던 세기말의 상실감을 더욱 증폭시키고 있기도 하다.

　올여름은 케네디 2세의 죽음에 가려 있지만 미국은 매년 7월이 되면 또 하나의 사람 냄새에 흥건히 젖어든다. 어니스트 헤밍웨이가 바로 그 장본인이다. 2일은 1961년 그가 스스로 목숨을 끊은 날이고 21일은 1899년 그가 탄생한 100주년이 되는 날이다. 그는 1차 세계대전과 스페인 내전 때 위생병과 종군기자 등으로 참전한 경험이 있고 다양한 작품을 발표, 1953년 퓰리처상, 이듬해에는 노벨문학상을 수상하는 등 세계적인 대문호로 성장했다.

　헤밍웨이 추모행사는 크게 세 지역에서 대대적으로 전개된다. 그가 출생하고 성장한 미 중부 일리노이주 시카고 교외의 오크 파크, 장년기 왕성한 집필욕을 불사르던 남서부 플로리다주의 키 웨스트, 말년을 보내다 자살하고 마지막 부인과 함께 묻힌 북서부 아이다호주의 선 밸리 등이다. 이들 세 지역에서는 각종 공연, 전시회, 문학회 등 저마다 특색 있고 다양한 헤밍웨이 관련 행사들이 다투어 열리고 있다. 선 밸리에서는 국제헤밍웨이학회도 개최된다.

또 그가 자주 가던 키 웨스트의 술집 '슬로피 조스 카페'는 7월 한 달 내내 특별 공연과 특별 메뉴를 선보인다. '누구를 위하여 종은 울리나'를 탈고하고 생을 마감했던 선 밸리의 호텔 '선 밸리 롯지'는 그가 묵었던 방(206호)에서 자고 그의 산책로 등을 답사하는 특별 패키지 상품도 내놓고 있다. 그밖의 도시에서도 헤밍웨이를 만나기는 어렵지 않다. 워싱턴 스미소니언의 초상화박물관에서는 헤밍웨이 사진전을 개최하고 있다, 대도시의 서점들에서는 헤밍웨이 도서전과 특별코너 등을 설치해 사실상 전국적인 행사로 치러지고 있다.

헤밍웨이가 이처럼 미국민에게 대대적인 반향을 불러일으키는 것은 그의 작품에 나타나는 인물들의 역동성 때문이다. 사냥꾼으로, 낚시꾼으로, 투우사로 또 군인으로 그가 묘사해 낸 주인공들의 용감하고 정열적이고 적극적인 삶의 모습들은 미국을 20세기 들어 최고의 국가로 만든 힘의 원천이기도 했다. 헤밍웨이 100주년이 더욱 열기를 띠는 것은 냉전 체제가 와해된 후 미국이 유일 초강대국으로서 맞게 되는 불확실성의 21세기를 목전에 두고 심성이 점점 나약해져 간다는 비난에 직면한 미국민 스스로의 자성의 외침인지도 모른다.

존 F. 케네디 전 대통령은 보스턴의 케네디 대통령도서관뿐 아니라 버지니아의 알링턴 미 국립묘지 한복판에 '꺼지지 않는 불(Eternal Flame)'로 살아 있다. 그 불은 영원히 꺼지지 않을 것이다. 헤밍웨이도 형태만 다를 뿐이지 작품으로는 물론 기념관에도, 선술집에도 영원히 남아 있을 것이다. 그래서 미국은 늘 '사람 냄새'로 가득차 있게 되는 모양이다.

[데스크시각] 〈1999. 7. 21.〉

기념관과 대통령 평가

　강의 중 학생들에게 "우리나라 역대 대통령을 생각할 때 첫 번째 떠오르는 '단어'는 무엇인가?"라는 질문을 던진 적이 있다. 답으로 나온 단어들은 '독재자', '부정축재자', '탄압'에 심지어는 '사기꾼'까지 온통 부정적인 단어뿐이었다. 어느 정도 예상은 했지만 대통령에 대한 불신이 학생들에게까지 뿌리 깊게 박혀 있다는 사실에 다시 한번 놀라지 않을 수 없었다. 미국의 경우에는 학생들로부터 나온 단어가 '명예', '존경', '자부심' 등 온통 긍정적인 것이었음을 어느 보도에서 본 기억이 있는 터라 그 이유를 곰곰이 생각해 보게 되었다.

　임기 중 나라를 대표하고 국민들의 생사가 달린 중요한 문제들을 최종 결정하는 가장 중요한 인물인 대통령에 대한 이같은 부정적 평가는 매우 놀랍고 우리 국민 전체의 불행이 아닐 수 없다. 정말로 우리의 대통령들은 국민들로부터 지탄받을 만한 일 외에는 한 일이 없을까? 일제 식민통치와 민족 전쟁으로 황폐화되었던 대한민국이 건국 50년 만에 세계에서 주목받는 선진국가로 부상할 때까지 대통령들의 역할은 전혀 없었다는 말인가. 물론 온 국민이 힘을 합쳐 이룬 것이라고 말할 수 있다. 그러나 그렇다고 역대 대통령들의 역할은 전혀 없었다고 단정해 말할 수도 없을 것이다.

　박정희 대통령기념관 문제로 우리 사회는 수년 째 소모적인 논란을 거듭해 오고 있다. 건립해야 한다는 측과 건립해서는 안 된다는 측 사이의 주장이 팽팽히 맞서고 있다. 평가가 첨예하게 대립되는 인물일수록 나와 다른 상대방의 견해도 있을 수 있음을 인정해야 한다. 그 견해에 동조하지 않는다고 해서 아예 부정해 버리는 것은 바람직한 민주시민의 태도가 아니다.

정주영 씨 사망 후 '정주영기념관' 건립계획이 알려졌을 때. 그에게도 많은 사람들이 애증을 안고 있음에도 불구하고 아무도 그 계획에 이의를 나타내지 않았다. 대기업가의 유족이나 친지들이 자신들의 돈을 모아 기념관을 세운다는 데 시비할 이유가 없는 것이다. 싫은 사람은 돈도 안 내고 가지도 않으면 그만이기 때문이다.

그 같은 논리라면 박정희 대통령기념관 문제도 유족이나 추종하는 사람들이 자신들의 돈으로 세우는 것은 말릴 이유가 없다. 다만 국민적 합의를 이룰 수 없는 상황에서 국민의 세금을 지원하고 땅을 제공해 주는 등의 일이 있어서는 안 된다. 정부도 미적거릴 것이 아니라 지원계획을 즉각 철회해 더 이상 시끄럽지 않게 해야 한다.

그리고 좋아하는 사람들끼리 건립하는 것은 그대로 놓아두자. 싫어하는 사람은 안 가면 된다. 내가 싫어하니까 너도 좋아해서는 안 된다고 강요해서는 안 된다. 세우는 것 자체를 막을 것이 아니라 어떻게 활용하느냐가 중요하다. 그곳을 한국경제 발전을 이룩한 위대한 지도자의 학습장으로 활용하기도 하고, 또 민주주의를 짓밟은 군사독재에 대한 반성과 결의의 학습장으로 활용할 수도 있다. 모두가 손해 보는 '네거티브 섬' 게임이 아니라 모두가 득을 보는 '포지티브 섬' 게임 전략이 우리 사회에 절실한 때다.

[굄돌] 〈서울신문, 2001. 4. 5.〉

【라윤도 건양대 교수】

전직 대통령의 정치활동

노무현 전 대통령의 정치활동이 심상치 않게 언론에 등장하고 있다. 얼마 전 대통령 퇴임 후 청와대 기록물을 상당량 반출하여 청와대와 대립각을 세우더니 최근에는 노무현 공식 홈페이지(www.knowhow. or.kr)에 인터넷 토론사이트인 '민주주의 2.0'을 구축하는 등 국민들과의 지속적인 소통을 위하여 무던히 애쓰는 모습을 보이고 있다. 또 "정치활동은 앞으로도 안 할 것"이라고 말은 하면서도 정치적 행보를 계속하고 있다.

지난달 30일 노 전 대통령의 사저 인근에 조성된 봉하마을 잔디공원에서 열린 민주당 경남도당 전진대회에서 노 전 대통령은 "대통령 그만두고 민주당 편들어 핏대 올리는 것도 중요하지만 민주주의 2.0을 하면서 시민들의 정치의식과 안목을 향상시키는 게 더 중요하다."고 강조해 어떤 형태로든 정치참여 의사를 밝힌 것으로 분석되고 있다. 노 전 대통령은 62세로 역대 전직 대통령들과 비교해 보면 아직 한창때라고 할 수 있는 나이이며 건강도 좋다. 김대중 전 대통령이 77세, 김영삼 전 대통령이 71세에 퇴임한 것에 비하면 상당히 젊다. 물론 더 젊은 나이에 퇴임한 전두환 전 대통령(57세), 노태우 전 대통령(61세)도 있지만 그들은 퇴임 후 범법자가 되어 정치활동 자체가 불가능했다.

대통령제의 선진국인 미국의 경우 역대 42명의 전직 대통령들이 대부분 고향으로 돌아가 정치와 초연한 생활을 즐겼지만 일부는 적극적으로 정치에 참여하기도 했다. 대표적인 사람은 22대 대통령을 지냈던 클리블랜드로 그는 1888년 51세 나이로 퇴임한 후 4년 후 다시 대선에 도전, 24

대 대통령에 당선됨으로써 댓수를 건너 두 차례 대통령에 당선되는 유일한 기록을 갖게 되었다.

또 변호사 출신으로 27대 대통령을 역임했던 윌리엄 태프트는 차차기 하딩 행정부에서 연방 대법원장에 임명되어 사법부 수장으로서 9년을 봉사했다. 링컨 대통령의 피살로 대통령직을 승계한 17대 앤드류 존슨 대통령은 재선에 실패했지만 꾸준한 정치 재개 노력으로 8년 만에 연방 상원의원에 당선되었다. 6대 존 퀸시 애덤스 대통령은 단임의 한을 연방 하원의원직을 17년 동안 봉직하며 풀었다. 자신이 대통령 재임 시 소수파 정부에서 풀지 못했던 노예제 반대, 텍사스 병합 반대, 멕시코전쟁 반대 등을 앞장서서 이끌었다. 31대 허버트 후버 대통령은 대공황으로 말미암아 재선에는 실패했지만 후임 루스벨트 행정부에서 행정부의 비능률과 낭비를 막기 위한 2개의 연방위원회 위원장을 맡아 행정조직의 효율성을 높이는 개혁작업을 잘 이끌었다.

공직이 아닌 일을 수행한 사람들도 있다. 29대 하딩 대통령이 식중독으로 급서하자 30대 대통령에 취임한 존 쿨리지는 잔여 임기에 이어 재선되었으며 퇴임 후 뉴욕생명보험회사의 이사를 역임했다. 앞서 언급했던 두 번의 임기를 마친 클리블랜드 대통령은 퇴임 후 프린스턴대 교수에 이어 생명보험회사 사장단협회장을 맡기도 했다. 한편 39대 지미 카터 대통령은 재임 시보다 퇴임 후 더 많은 능력을 발휘한 대통령으로 알려져 있다. 그는 고향 조지아주 애틀랜타에 '카터센터'라는 국제평화운동 본부를 세우고 세계 곳곳의 분쟁지역을 찾아다니며 분쟁의 조정자 역할을 충실하게 해냈다. 또한 전쟁과 재난 등으로 집을 잃은 사람들에게 집을 지어 주는 운동인 '국제해비타트운동'을 창시하여 수많은 사람들을 집 짓기 봉사대열에 참여시키고 있다.

전직 대통령이 정치에 참여하는 것은 전적으로 개인의 역량에 따른 것이지 개인적 욕심 때문이라고 몰아붙일 수 없다. 한번 해 본 일이기 때문에 누구보다 잘할 수 있으리라는 생각도 든다. 자신의 과오를 솔직히 반성하고 그 원인을 분석하여 그 같은 잘못에 대한 되풀이를 미연에 방지하게 해 준다면 새 정부에 시너지 효과를 가져올 수도 있을 것이다. 단, 전직 대통령의 정치활동이 옛날의 자기세력들을 모아 현 정부에 사사건건 트집이나 잡고, 그 활동이 과거의 한풀이 수준에 머문다면 차라리 가만히 있는 것이 나을 것이다.

　수권(受權)의 경험이 있는 중후한 원로 정치인으로서 보다 큰 차원에서의 미래의 비전을 제시하고, 현 행정부가 미처 신경쓰지 못하는 부분을 일깨워주고 보완해 주는 역할을 한다면 전직 대통령의 정치참여를 막을 이유가 없다. 그런 점에서 노무현 전 대통령의 '민주주의 2.0' 활동이 기대되는 바 크다.

[시론] 〈선진한국, 2008. 9. 4〉

【라윤도 건양대 교수】

참고문헌

*김상철, 『성공의 가치 좌절의 가치』, 생각의길, 2016

*김형곤, 『미국 대통령의 초상』, 선인, 2003

*김형곤, 『원칙의 힘』, 살림Biz, 2007

*김형곤, 『조지 워싱턴』, 선인, 2011

*김형곤, 『조지 원싱턴의 정직의 힘』, 새문사, 2012

*이홍환, 『대통령의 욕조』, 삼인, 2015

*조지형, 『대통령의 탄생』, 살림, 2008

*함성득, 『대통령학』, 나남출판, 1999

*찰스 파버 & 리처드 파버, 『대통령의 성적표』, 김형곤 옮김, 혜안, 2003

*윌리엄 라이딩스 JR. & 스튜어트 매키버, 『위대한 대통령 끔찍한 대통령』, 김형곤 옮김, 한·언, 2000

*월러 R. 뉴웰, 『대통령은 없다』, 박수철 옮김, 21세기북스, 2016

*조지프 나이, 『미국의 세기는 끝났는가』, 이기동 옮김, 프리뷰, 2015

*조지프 나이, 『미 대통령 리더십과 미국시대의 창조』, 박광철·구용회 옮김, 인간사랑, 2015

*마이클 베슐로스, 『대통령의 리더십』, 정상환 옮김, 넥서스BIZ, 2009

*Barber, James, To the President Folk Portraits, National Portrait Gallery, 1993

*Clotworthy, William G., Homes and Libraries of the Presidents (3rd. ed.), Ohio: Granville, 2010.

*Cooke, Donald E., Atlas of the Presidents, Maple Wood(NJ): Hammond, 1977

*Eisenhower Foundation, Educator's Guide 2015~1016, Dwight D. Eisenhower Presidential Library, Museum and Boyhood Home, 2015

*Ens, Jim, Gerald Ford Museum, Grand Rapids(Michigan): Shumarker Designer,

1994.

*Foundation for the National Archives, Poetry and Power - The Inaugural Address of President John F. Kennedy, National Archives and Records Administration, 2009

*Herbert Hoover Historic Site, Herbert Hoover National Historic Site and Presidential Library Museum, West Brench(Iowa): The Creative Company, 2006

*Holt, Betsy, Abraham Lincoln Presidential Library and Museum, Nashville(TN): Beckon Books, 2011

*Kaplan, Howard S., John F. Kennedy-a photographic story of life, New York: DK Publishing, 2004

*Kochmann, Rachel M., Presidents-Birthplaces, Homes, and Burial Sites, Bemidiji(Minnesota): Arrow Printing, 1996

*Martorano, John (3rd. ed.), Reagan Presidential Library and Museum, Washington D.C.: Library of Congress, 2014

*Mason, P. Reinest, The National Archives Building, Washington D.C.: Library of Congress, 2009

*NATF, "2015 Annual Report", Washington D.C.: NARA, 2016

*Nelson, Michael(ed.), The Presidency, N.Y.: Smithmark, 1996

*Official Guidebook, Mount Vernon Ladies' Association, Virginia: Mount Vernon, 2015.

*Ridings, J. William & McIver, B. Stuart, Rating the Presidents, Secaucus(New Jersey): Carol Communications, 1997

*Smith, C. Carter(ed.), Presidents in a Time of Change, Washington, Washington D.C.: The Millbrook Press.

*Smith, C. Carter(ed.), Presidents in a World Power, Washington, Washington D.C.: The Millbrook Press.

*Smithsonian Donald W. Reynolds Center, American Art and Portraiture, Washington D.C.: National Portrait Gallery Smithsonian American Art Museum, 2015.

*American History, Special Issue, August 2015

*Prologue, Summer 2015. Vol 47 No.3

*Tomorrow, Summer 2015, Vol. II, No.2

https://www.archives.gov/presidential-libraries

대통령문화와
민주주의

ⓒ 라윤도, 2021

초판 1쇄 발행 2021년 9월 1일
　　　2쇄 발행 2022년 2월 9일

지은이　　라윤도
펴낸이　　이기봉
편집　　　좋은땅 편집팀
펴낸곳　　도서출판 좋은땅
주소　　　서울특별시 마포구 양화로12길 26 지월드빌딩 (서교동 395-7)
전화　　　02)374-8616~7
팩스　　　02)374-8614
이메일　　gworldbook@naver.com
홈페이지　www.g-world.co.kr

ISBN　979-11-388-0147-8 (03940)